Dr. med. L. F. C. Mees

TIERE SIND, WAS MENSCHEN HABEN

Dr. med. L. F. C. Mees

TIERE SIND, WAS MENSCHEN HABEN

Aus dem Holländischen übersetzt
von L. Gibiser u. R. Hausmann

J. CH. MELLINGER VERLAG · STUTTGART

Einbandgestaltung: Wolfgang Marquardt, Grafiker, Stuttgart
Die Originalausgabe erschien unter dem Titel: Dieren zijn wat Mensen
hebben, bei: Uitgeverij Vrij Geestesleven, Zeist

ISBN 3-88069-223-8

Gesamtherstellung: Wiener Verlag, Himberg bei Wien
Printed in Austria

Dieses Buch ist dem Andenken
an
LOUIS BOLK
gewidmet

Inhalt

DRITTER TEIL – DIE SCHAFFENDE WELT

VIERTER TEIL – SCHLUSSFOLGERUNGEN

Vorwort

Gewisse Umstände und Begebenheiten haben in meiner Jugend die Richtung bestimmt, in welcher mein Interesse für die Natur sich entwickelte. Dreißig Jahre wohnte ich in derselben Ortschaft, in Hilversum. Zwölf Jahre hindurch besuchte ich dort die Grund- und Oberrealschule mit im wesentlichen denselben Schülern.

Obwohl Hilversum sich schnell ausbreitete, hat es für mich doch immer seinen dörflichen Charakter behalten mit Heide, Wäldern, kleinen Seen usw. in unmittelbarer Nähe.

Es gab damals in Hilversum nur ein Auto. Man kann sich vielleicht vorstellen, was das bedeutete. Wir konnten den ganzen Tag auf der Straße spielen. Tatsächlich hatte es niemand eilig.

Das Kennenlernen von Steinen, Pflanzen und Tieren verursachte keine Schwierigkeiten in einer solchen freien Natur. Steine fanden wir in Sandgruben, auf der Heide oder in Flüssen. Pflanzen gab es im Überfluß. Viele von uns hatten ein Herbarium. Tiere lernte man leicht kennen, unter anderem Fische und Schmetterlinge. Schmetterlinge spielten damals eine größere Rolle als heutzutage. Weiß man noch, wie früher die Heiden und Felder voller Bläulinge, Augenfalter und Kohlweißlinge waren? Kann man sich vorstellen, daß der Atalanta und das Tagpfauenauge ganz gewöhnliche Schmetterlinge waren, daß die Hausmütter (ein Eulenfalter und Nachtfalter) abends, wenn man draußen saß, einem um den Kopf schwärmten?

Da war noch etwas, wodurch meine Naturliebe sich so entwickelte, daß ich anfangs beabsichtigte, Biologie zu studieren: Das waren die begeisternden Unterrichtsstunden von unserem Lehrer Roelants auf der Oberrealschule. Es gab damals noch keine Biochemie. Die Stunden waren hauptsächlich ein Kennenlernen der Steine, Pflanzen und Tiere und ihrer Einteilung.

Ich darf dabei nicht verschweigen, daß Roelants für seine Zeit ein sehr fortschrittlicher Materialist war. Er war ein treuer Anhänger des Darwinismus, und ich werde nie vergessen, wie er im Unterricht den „Kampf ums Dasein“ lehrte, indem er die Wandtafel mit kleinen Kreisen vollzeichnete, die er dann größer machte, bis sie anfingen, sich zu berühren.

Er leugnete in jeder Hinsicht die Wirklichkeit einer geistigen Welt. Ich weiß noch gut, wie er sagte: „Geist muß Stoff sein, sonst kann der Geist keinen Stoff verbrauchen.“

Und was war der Mensch? Einmal hielt er einen Vortrag im Foyer von Het Hof van Holland auf der Kerkbrink (damals der modernste Konzertsaal von Hilversum). Natürlich habe ich den Inhalt des Vortrages nicht mehr genau im Gedächtnis. Doch ich erinnere mich, daß es um den Unterschied der Eigenschaften des Blutes von Affe und Mensch ging und auch, daß er seinen Vortrag beendete mit den Worten: „Und so, meine Damen und Herren, muß ich zur Schlußfolgerung kommen, daß der Mensch durch Zufall entstanden ist. – Ich danke Ihnen“, und er verbeugte sich wie ein Schnappmesser.

Er war ein ausgezeichneter Redner, die Zuhörer waren gefesselt. Schon damals war ich mit seiner Schlußfolgerung nicht einverstanden. Wenn ich auch in diesem Buche zu einer ganz anderen Einsicht komme als er, so frage ich mich doch, ob seine Lektionen und Gedanken nicht trotzdem einen wertvollen Anstoß gaben, daß ich mich einerseits immer mehr für die Natur und ihre Erscheinungen interessierte und andererseits in mir die Verantwortung wachgerufen wurde, die Anschauung, bei der mit einem Geistigen als einer Wirklichkeit gerechnet wird, mit der gleichen Überzeugungskraft zu vertreten, mit der er seinen Gedankengang vertrat.

Die Frage, um die es in diesem Buche geht, ist ernster als die meisten Menschen denken. Man kann sogar sagen: Es geht um die Entdeckung der Voraussetzungen, durch die das menschliche Leben wieder einen Sinn bekommen kann. Der Zusammenhang zwischen der Sinnfrage und dem Evolutionsgedanken kann gefunden werden, wenn man sich bewußt wird, daß viele Dinge, die im Augenblick in der Welt geschehen, „unmenschlich“ genannt werden. Ja, man spricht oft genug von „Bestialität“.

Wenn der Mensch, wie es von vielen Anthropologen behauptet wird, schließlich nichts anderes ist als das höchstentwickelte – wenn man will, gesellschaftlich außergewöhnlich konditionierbare – Säugetier, so ist er am Ende doch nur ein Tier! Abgesehen von dieser Meinung wird das menschliche Handeln mehr und mehr nach den gleichen Maßstäben beurteilt wie das tierische Tun und Lassen. Man geht sogar so weit, von einem „sozialen“ Leben des Tieres (innerhalb der eigenen Gruppe) zu sprechen, das der Mensch sich bis zu einem gewissen Grade zum Vorbild nehmen könnte.

Wie man die Sache auch dreht und wendet, der Mensch bleibt dann doch ein Tier, und er hat das Recht, sich tierisch zu verhalten.

Man wird diese Schlußfolgerung nicht ziehen. Man wird sagen, daß man es durchaus nicht so gemeint hat. Davon bin ich völlig überzeugt, doch muß gesagt werden: Wenn junge Menschen mit solchen Gedanken erzogen werden, dann wird man auch die möglichen Folgen auf sich nehmen müssen. Ich meine, wir befinden uns mitten in dieser Tragik.

Nachzuweisen, daß der Mensch ein total anderes Wesen ist als das Tier, ist die Absicht dieses Buches. Eine der Folgen davon wird sein, daß der Mensch lernen wird, mit den Tieren, aber auch mit Pflanzen und Mineralien anders umzugehen.

Es sind die Namen Bolk, Blechschmidt, Teilhard de Chardin und Portmann, die hier genannt werden müssen. Unter ihnen war Bolk der Bahnbrechende. Es wird ihm ein ausführliches Kapitel gewidmet, aus dem verständlich werden wird, warum ich dieses Buch seinem Andenken widme.

Daß das Ganze nur möglich war durch die geisteswissenschaftliche Betrachtungsweise der Anthroposophie Rudolf Steiners, wird sich deutlich herausstellen.

Driebergen, August 1986 L. F. C. Mees

Erster Teil

DIE EVOLUTIONSFRAGE IN UNSERER ZEIT

I. Schöpfung und Evolution

Im April 1980 erschien das Buch „Die Entstehung der Welt“* herausgegeben von Pfarrer W. J. J. Glashouwer. Darin werden zwei Standpunkte beschrieben, die ganz und gar gegensätzlich sind. Der eine ist der, daß die Welt eine Schöpfung geistiger Wesen ist, d. h. die Schöpfung „Gottes“. Diese Schöpfung – so wird gesagt – erfolgte, gemäß der Beschreibung des Alten Testaments, in sechs Tagen. Das Zeitproblem der sechs Tage wird nicht behandelt. Man gibt zu, daß tatsächlich erst von „Tag“ gesprochen werden kann, wenn die Sonne geschaffen ist, doch man fügt noch hinzu: Es gibt keinen Grund anzunehmen, daß „Tag“ vor dieser Zeit eine andere Dauer bedeuten sollte als nach dieser Zeit. Dieser Gedanke beinhaltet gleichzeitig, daß, obwohl die Erde mit ihren Naturreichen bereits viele tausend Jahre bestanden hat, sie in ihrem Wesen unverändert geblieben ist. Das Chaotische, das wir in der Struktur der Erde entdecken, soll die Folge von Naturkatastrophen sein, die sich in den Tausenden von Jahren abgespielt haben, worunter die „Sintflut“ bei weitem die wichtigste war. Der Gedanke, es hätte sich auf Erden eine Evolution abspielen können, wird völlig verworfen.

Der andere Standpunkt ist der, den ich als die „orthodoxe Evolutionslehre“ bezeichnen möchte. Man geht hier von der Annahme aus, daß die Erde aus einer Reihe von stofflichen Kombinationen entstanden ist, „materielle Agglomerationen“ im weitesten Sinne des Wortes. In einem bestimmten Augenblick entstand Materie in ihrer primitivsten Form als Elementarteilchen. Durch Anhäufung, Verdichtung und Verbindung entstanden immer kompliziertere Stoffzusammenstellungen. Allmählich nahmen diese Formen zu und entwickelten sich zu immer komplizierteren Formen durch die Einflüsse aus der Umgebung, worüber ich später noch eingehender sprechen

---

* Siehe die Literatur auf S. 251

werde. Mineralreich, Pflanzenreich, Tierreich und Menschenreich sind in dieser Hinsicht eine Illustration dieser Evolution. Außerdem kennt man in jedem Reich für sich auch wieder die gleiche Erscheinung der Entwicklung von primitiven zu höherentwickelten Formen.

Mit diesen wenigen Worten wurden bloß die Umrisse dieses Gedankens angedeutet: Die einzelnen Probleme, die dadurch entstehen, sind kompliziert und werden auch so empfunden. Im allgemeinen begegnet man der Einstellung, daß wir noch am Anfang einer tieferen Einsicht in diese Geschichte des Werdens stehen.

Wir werden innerhalb dieser Schrift einer Anzahl solcher Probleme begegnen. Vorläufig muß ich jedoch feststellen, daß die orthodoxe Evolutionslehre den Begriff „Schöpfer“ prinzipiell verwirft. Wenn man fragt, wie die Elementarteilchen „am Anfang“ entstanden sind, so wird häufig geantwortet: Mit dem „Urknall“. Der Urknall war der Augenblick, wo in mysteriöser Weise die elementar-materielle Welt entstanden sein soll. Man kann dieses wie folgt formulieren: „Am Anfang war der Urknall.“ Es ist interessant, diesen Satz dem anderen Satz gegenüberzustellen, in dem ebenfalls vom Ausgangspunkt der Schöpfung die Rede ist: „Im Urbeginne war das Wort.“

Man merkt, wie gegensätzlich diese beiden Standpunkte sind. Die eine Auffassung, bei der die Welt durch eine göttliche Schöpfungstat entstand, ist unzertrennlich mit der Überzeugung verbunden, daß keine Evolution stattgefunden hat; die andere Strömung ist der Ansicht, daß alles „Evolution“ ist, ohne daß von einer schaffenden Welt gesprochen werden darf.

Es ist notwendig, beide Standpunkte gleich kritisch zu betrachten. Wenn diejenigen, welche die Schöpfung als Ausgangspunkt nehmen und sich Kreationisten nennen (ich werde diesen Ausdruck auch weiterhin gebrauchen), sagen, daß keine Evolution stattgefunden hat, so können sie doch nicht leugnen, daß die Inhalte der Naturreiche um uns herum, die wir wahrnehmen, auf jeden Fall das „Bild einer Evolution“ zeigen. Es ist nicht aus der Luft gegriffen, wenn die Rede von niederen und höheren Pflanzen, von niederen und höheren Tieren ist. Die schon genannten Reiche der Mineralien, Pflanzen, Tiere und Menschen stehen auch nicht in einer willkürlichen Reihenfolge. Wenn eine schaffende Welt alle Tiere gleichzeitig geschaffen hat, so bleibt die Frage unbeantwortet, warum es niedere und höhere Tiere gibt. Einige geben sich damit zufrieden, andere nicht.

Warum halten die Kreationisten eine Evolution für durchaus ausgeschlossen? Möge man über den Begriff „Schöpfungstage" auch denken, wie es vorher geschildert wurde, so ist es durchaus möglich, eine andere Auffassung zu haben, ohne deswegen mit dem Begriff „schaffende Welt" in Konflikt kommen zu müssen. Daß dieses für die Kreationisten – so wie es im genannten Buch mitgeteilt wird – unmöglich ist, beruht meines Erachtens auf nichts anderem als auf einem Vorurteil, auf einem Dogma.

Bei den Evolutionisten stehen wir vor einem ähnlichen Dilemma. Warum darf nicht von einer Schöpfung durch schaffende Wesen gesprochen werden? Man könnte antworten, daß „Schöpfer" eine saubere Erfindung ist, wodurch man sich gut aus der Affäre zieht; doch selbst eine ganz oberflächliche Betrachtung kann diese Behauptung widerlegen. Was die lebenden Formen in unserer Umgebung betrifft (auf das Mineralreich komme ich später noch zurück), sind wir durch Jahrhunderte hindurch gewöhnt, von „Schöpfungen" zu sprechen.

Woher kommt diese Bezeichnung?

Sollte man darauf antworten: „Die hat der Mensch einfach so erfunden", so müßte ich mit Nachdruck widersprechen. Wir berühren hier einen der schwächsten Punkte der heutigen Evolutionslehre. Daß lebende Formen Schöpfungen sind, hat der Mensch nie erfunden, sondern er hat es immer gewußt; er hat es erkannt. Menschen wissen, was eine Schöpfung ist, weil sie selber schaffen. Weit vorgreifend auf später Behandeltes kann ich jetzt schon sagen, daß hier der große Unterschied zwischen Mensch und Tier liegt. Tiere schaffen nicht, Tiere wiederholen. Der Mensch kann von einer Schöpfung sprechen, weil er weiß, was schaffen ist. Daß man die Welt um uns herum nicht mehr als Schöpfung betrachtet, das ist neu! Doch diese Hypothese stößt auf große Schwierigkeiten, wenn man die Enstehung der lebenden Formen erklären will.

Es wird der Wissenschaft nie gelingen, die Entstehung einer Form durch eine Agglomeration von Teilchen zu erklären, wobei man Form und Umriß nicht miteinander verwechseln darf.* So hat man zum Beispiel die Hypothese aufgestellt, daß die Formen lebender Wesen durch ihre genetische Struktur bestimmt sind. Dieser Satz klingt so wissenschaftlich, daß fast alle Menschen davon geblendet werden; und doch beruht er als Erklärung auf einer völligen Illusion. Sagt man, daß die Form durch die genetische Struktur entsteht, so stellt sich folgerichtig die Frage: Woraus entsteht die genetische Struktur? Dadurch ist es möglich aufzudecken, daß man mit der Behauptung, die Form sei durch die genetische Struktur zu erklären, auf dem Holzweg ist. Man kann eine Form doch nicht durch eine andere Form erklären, auch nicht durch eine kleine Form, auch nicht durch eine Formel! Die genetische Struktur ist eine Formel, daß heißt eine kleine Form, und dieses bedeutet, daß man also mit der obigen Hypothese tatsächlich eine Form durch eine andere Form zu erklären sucht. Man tut nichts anderes, als das Problem an einen anderen Punkt zu verlegen, wo es unverändert weiterbesteht.

Dennoch ist die Frage nach dem Ursprung der Form faktisch nicht einfach zu beantworten: Jede Form ist eine Schöpfung. Formen entstehen aus einem bestimmten Gesichtspunkt. Jeder einzelne Teil einer Form steht mit jedem anderen Teil in einem gesetzmäßigen Zusammenhang. So können wir sagen: Eine Form ist immer die Schöpfung eines geistigen Wesens, das die Form bis in alle Einzelheiten, bis ins kleinste Teilchen, bis in die Formel, bis in die genetische Struktur hinein geschaffen hat.

Warum wollen die modernen Evolutionisten davon nichts wissen? Weil sie voraussetzen, daß keine schaffenden Wesen existieren. Praktisch wird das so formuliert: Es ist selbstverständlich, daß eine Uhr vom Uhrmacher geschaffen wird; aber

---

* Darüber spricht u. a. Blechschmidt unverblümt in seinem Buch „Sein und Werden".

das gilt nur für die vom Menschen hergestellten Dinge. Ein schaffendes Wesen, das die Formen in der Natur geschaffen haben soll, muß entschieden verneint werden. Hier darf man nicht von einem „Uhrmacher" sprechen. Im wissenschaftlichen Jargon der modernen Evolutionisten kulminiert dieser Gedanke in dem Ausdruck: „No watchmaker!"

Auch das ist ein Dogma, das im Laufe der Jahre entstanden ist. Man hat allmählich das Gefühl für die Wirklichkeit einer schaffenden Welt verloren und sich in einem bestimmten Augenblick gefragt, ob man diesen Begriff nicht ruhig fallenlassen kann. Der Beschluß dazu wurde von einer Anzahl Menschen auf einem Kongreß in Berlin im Jahre 1842 gefaßt. Dabei waren die wichtigsten Wissenschaftler: Du Bois-Reymond und Brükke. Die gesamte moderne Wissenschaft hat sich mehr oder weniger diesem Gedankengang angeschlossen, ohne ihn nochmals kritisch zu hinterfragen.

Es wäre nämlich falsch zu glauben, daß die Aussage, die materielle Welt – wenn man will, die Welt der Elementarteilchen – sei die einzige Wirklichkeit, auf einer Schlußfolgerung beruht. Sie ist vielmehr in erster Linie dadurch entstanden, daß man dem sogenannten Unsichtbaren gegenüber – dazu gehören also auch die Gedanken, die Gefühle usw. – nicht das gleiche Realitätsgefühl aufbringen konnte, wie das im Hinblick auf die sinnlich wahrnehmbaren Fakten der Fall ist.

Daß Wissenschaftler wie Du Bois-Reymond und Brücke so eine Aussage machten, finde ich mutig und originell. Übernimmt jedoch ein anderer so eine Behauptung ohne weiteres, so kann diese Beurteilung nicht mehr gelten. Ich könnte mir gut vorstellen, wenn Du Bois-Reymond und Brücke jetzt noch lebten, würden sie sich vielleicht mit Verwunderung fragen, wie es denn möglich ist, daß man immer noch nicht zu anderen Einsichten gekommen ist.

Schließlich will ich noch auf den Gedanken eingehen, daß Formen, die aus Materie durch „Zufall" entstanden sein sollen, die Erscheinungen „Leben", „Seele" und „Geist" hervorbringen könnten. Dabei geht man davon aus, daß die Formen als solche funktionieren.

Demgegenüber meine ich sagen zu dürfen, daß der Ausdruck „Funktionieren" einer Form im täglichen Leben zwar oft gebraucht wird, aber beim näheren Hinsehen niemals stimmt. Wenn wir sagen: Das Messer schneidet nicht gut, der Füllfederhalter schreibt nicht, das Auto fährt wieder nicht usw., so weiß jeder, was damit gemeint ist. Aber im wesentlichen ist es doch nicht richtig, denn das Messer schneidet nie, der Füllfederhalter schreibt nie, und ein Auto fährt nie. *Wir* schneiden mit dem Meser, *wir* schreiben mit dem Füllfederhalter, *wir* fahren mit dem Auto. Da wir selbst die Schöpfer dieser Form sind, so kann man ohne Mühe folgern: Das schaffende Wesen, das eine Form geschaffen hat, kann in dieser Form funktionieren. Wenn wir das Paradigma*, es gäbe keine schaffenden Wesen, beiseite legen und Leben, Seele und Geist als Offenbarungen von – verschiedenen – schaffenden Wesen sehen, dann kann man unmittelbar daraus schließen, daß diese Wesen in den durch sie geschaffenen Formen als Leben, Seele und Geist funktionieren.

Ich habe es einmal auch so formuliert: Eigentlich soll man nicht sagen: Die Pflanze lebt, sondern das Leben „pflanzt"; nicht, das Tier ist ein beseeltes Wesen, sondern das Seelenwesen „tiert"; beim Menschen würde man sagen: Der Mensch hat nicht einen Geist, sondern der Geist „menscht". Ich brauche diese Ausdrücke natürlich nur, um meine Auffassung so anschaulich wie möglich darzustellen.**

Vorgreifend auf später zu Besprechendes will ich in diesem Zusammenhang noch bemerken, daß die ablehnende Haltung, die die Evolutionisten gegenüber der Idee der „Schöpfung" haben, ohne Zweifel mit der Tatsache zusammenhängt, daß man sich im Lauf der Jahrhunderte eine besondere Vorstellung von der Materie gebildet hat. Geist und Materie stellen dabei zwei total verschiedene Welten dar. Materie ist konkret, sichtbar

* Verburgh, „Paradigmata"

** Näher erläutert in „Der bekleidete Engel" von L. F. C. Mees, Mellinger Verlag und wahrnehmbar. Geist – wie man ihn sich denkt – besitzt diese Qualitäten nicht.

Wenn der Begriff „Formen schaffen aus dem Geiste" in dieser Weise abgelehnt wird, so wird der Evolutionist sagen: Der Mensch ist materiell. Daß er Formen schafft, sieht jeder, doch auch diese Formen sind aus Materie. Der Mensch kann als materielles Wesen Materie „anfassen". Auch wenn man mit noch so großer Überzeugung von einer Schöpfung durch Gott, durch geistige Wesen oder durch eine schaffende Welt spricht, so wird man doch gezwungen, für die Entstehung der Formen in der Natur anzunehmen, daß – primitiv ausgesprochen – „Geist die Materie anfassen kann".

Ich möchte nochmals sagen, daß dieses Problem unzertrennlich verbunden ist mit der Vorstellung, die man sich im Laufe der Jahrhunderte von der Materie gemacht hat, und ich muß hinzufügen, daß ich die materialistische Auffassung völlig begreifen kann. Wollen wir mit dem Begriff „Schöpfung durch geistige Wesen in der Natur" etwas anfangen können, dann muß unsere Vorstellung der Materie eine ganz andere werden. Auf jeden Fall bleibt die Frage, wie die Formen in der Natur entstanden sind, für den Evolutionisten vorläufig ein ungelöstes Rätsel.

Wenn der moderne Evolutionist die Schöpfung verneint, so beruht das also auf einem Dogma, genauso wie die Behauptung des Kreationisten, es habe keine Evolution gegeben, auf einem Dogma beruht.

Für mich ist ein Dogma prinzipiell unwissenschaftlich. Wir können getrost von einer bestimmten Voraussetzung ausgehen, wenn wir etwas erklären wollen. Das ist, wissenschaftlich gesprochen, jedoch nur dann korrekt, wenn man bereit ist, den eingenommenen Standpunkt wieder aufzugeben, falls er nicht weiterführt. Die Freiheit, das tun zu können, ist eine Bedingung für die Entwicklung unserer Einsichten.

In diesem Buch geht es um die Entwicklung einer neuen Auffassung der Evolutionsfrage, bei der man den Schöpfungsgedanken nicht aufzugeben braucht, aber gleichzeitig den Entdeckungen auf den Gebieten der Archäologie, der Paläontologie und der Geologie Rechnung trägt.

Ich werde zeigen, daß zu diesen drei Gebieten, welche die wichtigsten Einsichtsquellen für die Vergangenheit des modernen Menschen sind, noch ein viertes Gebiet hinzugefügt werden kann, woraus mindestens ebenso wertvolle Daten zu gewinnen sind. Das ist das Gebiet der Mythologie. Richtig gehandhabt, kann diese Erkenntnisquelle von unschätzbarem Wert sein, besonders, wenn man sie im Zusammenhang mit den drei oben genannten Wissenschaftszweigen studiert.

II. Das Bild der Evolution in den Naturreichen

Ich finde den Begriff der Evolution „schön". Er hat etwas Befreiendes. Er ist einem Versprechen ähnlich. Er drückt etwas Werdendes aus. Auch ohne ihn genau zu definieren, weiß doch jeder, was im Prinzip damit gemeint ist: Es entsteht oder es erscheint jedenfalls andauernd ein „Höheres" (dieser Begriff braucht vorläufig nicht näher definiert zu werden).

Wenn heute in den Schulen von Evolution gesprochen wird, so denkt man normalerweise gleich an das Verhältnis Tier–Mensch, bei dem Mensch dieses „Höhere" im Vergleich zum Tier verkörpern soll. Im letzten Jahrhundert beschäftigte man sich hauptsächlich mit der Evolution, die sich im Tierreich selber abgespielt haben soll. Es wurde über niedere und höhere Tiere gesprochen, wobei sehr bald der Schluß gezogen wurde, die höheren Tiere wären nicht nur „nach", sondern auch „aus" den niederen Tieren entstanden. Der Gedanke, daß der Mensch sich aus einer Tierform entwickelt haben soll, lag dann auf der Hand. Wollen wir den Evolutionsgedanken konsequent aufbauen, so müssen wir sagen: Wenn der Mensch aus dem Tierreich hervorgegangen ist, dann muß in irgendeiner Weise das Tierreich aus dem Pflanzenreich hervorgegangen sein, und dieses wiederum aus dem Mineralreich. Hier entstehen viele neue Probleme, das ist deutlich.

Bevor wir zu diesen Problemen übergehen, müssen wir nach den wesentlichen Unterschieden zwischen den verschiedenen Naturreichen fragen. Der Mensch hat Minerale, Pflanzen, Tiere und Menschen in seiner Umgebung. Es scheint wichtig zu sein, uns nicht nur zu fragen, wie jedes Naturreich aussieht, sondern auch, was sich in jedem Naturreich abspielt, was dort „geschieht".

Dieses „was geschieht" müssen wir sehr konkret auffassen. Die Vorstellungen, die ein Teil der modernen Forscher von dem in den Naturreichen Stattfindenden entwickelt hat, sind hauptsächlich chemische und biochemische. Erscheinungen wie Leben, Seele und Geist, die wir im täglichen Leben den Pflanzen, Tieren und Menschen zugestehen, werden von vielen Forschern als Funktionen einer biochemischen Zusammenstellung aufgefaßt. Wenn wir uns fragen, was in den Naturreichen geschieht, so sollten wir uns die Freiheit nehmen, die Erscheinungen in unserer Umgebung unbefangen zu studieren, d. h. die gewohnten Gedanken einmal zurückzustellen.

Was sich in den Naturreichen abspielt

Vor Jahren, noch als Student, kam ich einmal nach einigen Stunden in mein Zimmer zurück, wo auf einem Tisch eine Vase stand mit einem blühenden Fliederzweig. Obwohl dieser Zweig schon einige Tage dort stand, wurde mir plötzlich bewußt, daß mir noch nicht aufgefallen war, wie hier etwas „geschah" – ein Wachsen und Blühen, ein Erscheinen neuer Formen im Sich-Öffnen der Knospen. Tatsächlich, ich hatte etwas verpaßt. Hier geschah etwas, das ich aus den Augen verloren hatte. Wir Menschen, so könnte man sagen, rennen den ganzen Tag unseren Beschäftigungen nach, während in der ganzen Welt das Pflanzenreich beschäftigt ist, etwas zu tun, was wir uns nur selten klarmachen. Es ist nicht schwierig, dieses Geschehen in der Pflanze, ohne es präzise mit Worten zu umschreiben, doch fühlen und erkennen zu lernen als etwas, das sich mit einer großen Intensität immer wieder behauptet, sich immer wieder abspielt und offenbart. Gleichzeitig ist dieses Pflanzenreich größtenteils an den Jahreslauf gebunden. Es sprießt im Frühling und zieht sich zum größten Teil im Herbst wieder zurück. Das Leben, das Pflanzenleben offenbart sich in erster Linie in den Formen, in lebenden Formen, wobei auch Farben und Düfte zum Vorschein kommen können. Insofern möchte ich vom Pflanzenreich sagen, daß es, solange es sich bildet, immer damit beschäftigt ist, sich weiter und erneut zu formen. Wir haben es hauptsächlich mit einer sich formenden Welt zu tun. Diese formende Kraft ist in meinen Augen unzertrennlich verbunden mit dem Begriff „Leben".

Was ist denn das „Leben“? Merkwürdig, wie schwierig diese Frage zu beantworten ist. Wie gesagt, heutzutage neigt man dazu, das Leben bloß als ein Ergebnis biochemischer Prozesse aufzufassen. Man vergißt dann, daß das Leben sich immer in *Formen* offenbart.

Prof. Dr. L. Bolk (1866–1930), Anthropologe und Anatom der Amsterdamer Universität, hat in seinem Werk „Hersenen en Cultuur“ („Gehirn und Kultur“) geschrieben: „Für mich ist das Leben ein Form-Prinzip sui generis“, d. h. unzertrennlich verbunden mit dem Schaffen von *Formen.* Ich bin völlig seiner Meinung. Daß dennoch viele Fragen unbeantwortet bleiben, ist deutlich.

Wenn wir auf das Tier schauen, so können wir sagen: Auch im Tier lebt das formenbildende Prinzip wie in der Pflanze. Viele Tiere machen auch den Jahreslauf in ihrer Entwicklung mit, so wie ich es für die Pflanzenwelt angedeutet habe. Die Schmetterlinge, die Bienen usw. hängen besonders intensiv mit der Pflanzenwelt zusammen; von den Vögeln sagt man nicht umsonst: „Im Mai legen alle Vögelchen ein Ei.“

Aber damit ist das Tierleben noch nicht ausreichend charakterisiert. Dies möchte ich auf folgende Weise tun:

Nehmen wir einmal an, ich komme in ein dunkles Zimmer. Dort liegt etwas auf dem Boden, das vorher nicht da war. Ich möchte wissen, was es ist. Deshalb berühre ich es. Aha, ein Tier! Woher weiß ich das? Weil es etwas getan hat, weil es sich bewegt hat. Warum hat es sich bewegt? Weil es etwas gespürt hat.

Nun können wir fragen: Woher weiß ich, daß es etwas gespürt hat? Weil es sich bewegte. Warum bewegte es sich? Weil es etwas gespürt hat usw. ... Hier machen wir eine interessante Entdeckung. Das Tierleben offenbart sich als „Spüren und Tun“. Was sich zwischen diesen beiden Aktivitäten abspielt, das entgeht uns; es ist sein Innenleben.

Es ist interessant, sich zu fragen: Woher weiß ich, daß Tiere etwas fühlen? Woher weiß ich, was sich zwischen Wahrnehmen und Tun abspielt? Wir können sogar noch weiter gehen und fragen: Woher weiß ich, daß ein Hund Schmerzen „fühlt“, wenn er jault, weil ich ihm auf die Pfote trat? Nur dadurch, daß ich eine gleiche Erfahrung kenne und eine bestimmte Verwandtschaft mit dem Tier habe. Diese Verwandtschaft erlaubt mir die Schlußfolgerung zu ziehen: „Das Tier hat Schmerzen." Wir können sagen: Beim Tier steht zwischen Spüren und Tun ein „Erleben". So wie vom Pflanzenleben gesagt wurde, daß es sich im Entstehen von Formen zeigt, so muß man das eigentliche Tierleben als ein Sich-Erleben, als ein Sich-Fühlen charakterisieren.

Gehen wir jetzt zum Menschen über, so können wir uns kurz fassen. Der Mensch hat auch einen lebenden Körper und kennt das Sich-Erleben. Aber es existiert noch eine dritte Qualität, die mit den folgenden Worten beschrieben wird: Der Mensch kann sich dieses „Sich-Erleben" bewußtmachen. Er verfügt über die Möglichkeit, sich selbst zu erkennen. So wie die Pflanze das Leben verdeutlicht und das Tier über ein Seelenleben verfügt, so hat der Mensch die „Selbsterkenntnis".

Wie steht es mit dem Mineralreich? „Geschieht" hier etwas? Auch hier möchte ich eine Erinnerung aus meiner frühen Jugend heranziehen. Ich war eine Junge von ungefähr zehn Jahren und saß neben meinem Onkel, einem Kunstmaler, der ein Stück schwarzen Marmor in der Hand hielt, das vom Kamingesims abgebrochen war. Ich hörte, wie er vor sich hinmurmelte: „Eigenartig, das wird jetzt nie mehr ganz."

Ich weiß noch, diese Bemerkung beeindruckte mich sehr. Ich fühlte gleichsam die Wahrheit, die hinter den Worten steckte. Ich war alt genug, um einzusehen, daß so ein Stück geleimt oder gekittet werden konnte; aber dadurch wäre es nie mehr „heil" im eigentlichen Sinne des Wortes geworden.

Wenn wir nun an typische Beispiele aus der Mineralwelt denken – Kristalle, Gesteine, Felsmassive – und uns fragen, was darin geschieht, dann möchte ich dieses mit den Worten „ganz-sein" oder „ganz-bleiben" ausdrücken. Es bringt nichts, dieses mit Begriffen wie „Kohäsion der Moleküle" erklären zu wollen. Man bleibt mit solchen Erklärungen hinter den Phänomenen stehen. Wir suchen eine Erklärung für etwas, das wir vorher als Phänomen festgestellt haben. Wir haben nicht entdeckt, daß ein Kristall durch Kohäsion zusammengehalten wird. Aber die Tatsache, daß ein Kristall „eins-bleibt" hat zur Vorstellung der Kohäsion geführt – so könnte man es hinstellen.

Unwillkürlich kann uns das Bewußtsein einer Kraft, die dieses „Ganz-Bleiben" bewirkt, mit Ehrfurcht erfüllen. Es müssen unvorstellbare Kräfte sein, die in einem Brocken Materie arbeiten, um ihn ganz zu erhalten.

Diese Eindrücke können in einem Schema zusammengestellt werden:

für die Minerale	gilt	:	sich erhalten
für die Pflanze	gilt	:	sich formen
für das Tier	gilt	:	sich fühlen
für den Menschen	gilt	:	sich erkennen

Damit wurde versucht, etwas auszudrücken, das sich in den Naturreichen erfahren läßt.

Unsere Beziehung zu den ersten Naturreichen

Es ist interessant, festzustellen, daß auf die Frage nach dem am besten bekannten Naturreich, im allgemeinen geantwortet wird: das Mineralreich. Man meint dann für gewöhnlich, hauptsächlich auf dem Gebiet der Naturkunde und der Chemie unvorstellbar viele Experimente mit dem Mineralreich gemacht zu haben, wodurch man die Eigenschaften allmählich kennengelernt hat.

Dagegen ist nichts einzuwenden, wenn man „kennenlernen" ausdrückt durch „mit etwas experimentieren können". Es ist jedoch möglich, dieses Problem von einer anderen Seite anzupacken, wodurch andere Ergebnisse erreicht werden.

Mache ich einem Menschen eine Mitteilung, die wiederum ein anderer Mensch mir machte, und er fragt zurück: „Woher weißt du das?", dann lautet meine Antwort: „Er hat es mir selber gesagt." Das Interessante ist nun, daß dieses „Er hat es mir selber gesagt" auf eine direkte Erfahrung hinweist, die ich nur mit Menschen machen kann. Nur ein Mensch kann mir „selber etwas sagen". In dieser Weise kann ich in Wirklichkeit niemals mit einem Tier in Beziehung treten. Ich kann mit einem Hund spielen, eine Katze streicheln oder ein Pferd reiten: Obwohl ich mit diesen Tieren in einer besonderen Beziehung stehe, muß ich doch alle Eindrücke von diesen Tieren „übersetzen". Wir haben zu den Tieren eine starke Beziehung, aber niemals so wie zu Menschen. Ein Mensch, der sich mir öffnen will, ist ohne weiteres zugänglich. Ja, wir schätzen es, wenn jemand ganz „offenherzig" ist. Demgegenüber wird in bezug auf das im Tier sich Abspielende stets ein Fragezeichen bleiben.

Haben wir eine Beziehung zu Pflanzen? Ganz sicher weniger als zu Tieren und noch weniger als zu Menschen, wenn wir vom Umgang im Alltagsleben sprechen. Man kann jedoch nicht behaupten, es wäre „keine" Beziehung vorhanden. Das ist für jeden Menschen anders. Es gibt Menschen, bei denen es den Pflanzen besonders „gut geht", während bei anderen das Gegenteil der Fall ist. Der Ausdruck „green thumb", grüner Daumen, „tangan dingin" (malaiisch: kalte Hand) sagt in dieser Hinsicht genug aus. Dabei ist nicht zu leugnen, daß, wenn wir Blumen anschauen, ganz entschieden etwas in uns vorgeht. Blumen „sagen uns etwas". Sie können sogar vermitteln; nicht umsonst gibt es die Redensart: „Sag' es mit Blumen." Natürlich ist dieses bildlich gemeint, doch es drückt gleichzeitig etwas vom Charme der Blumensprache aus. Wir lesen die Sprache der Blumen mit unseren Augen. Wir können diesen Gedanken weiterführen und sagen, daß wir die Pflanze in ihrer Entwicklung vom Samen zur Blüte verfolgen. Es handelt sich um eine Beziehung zur Pflanze, die dadurch genährt wird, daß wir sie betrachten.

Auf diesem Wege fühlen wir, bei den Mineralien angelangt, wie das Wort „Beziehung" hier faktisch nicht mehr gebraucht werden kann. Man könnte fast sagen: Die unglaubliche Menge von Experimenten und Versuchen, die man mit dem Mineralreich gemacht hat, weist gerade auf die Tatsache hin, daß wir zu diesem Gebiet keine Beziehung haben in dem Sinne, wie es für Mensch, Tier und sogar Pflanze angedeutet wurde.

Das Mineralreich ist das größte Rätsel in unserer Umgebung.

Wir können ein Stück Materie anfassen, das Gewicht fühlen und messen, die Farbe sehen; aber es bleibt eine total fremde Welt. Ich meine, es ist nicht umsonst so, daß wir, die Enthüllungen über die Struktur der Materie während der letzten Jahrhunderte ins Auge fassend, immer noch nicht behaupten können, den Kern der Sache gefunden zu haben. Die Tatsache, daß wir in unseren Vorstellungen von der Materie zu hypothetischen Bestandteilen gekommen sind (Elektronen, Neutronen usw.), die eigenschaftslos sind, diese Tatsache zeigt deutlich, in welche Sackgasse man in Wirklichkeit geraten ist. Es wäre gut, in den folgenden Betrachtungen sich ab und zu dieser Eindrücke zu erinnern.

Wir können das alles mit ein paar Worten zusammenfassen:

das Mineral	können wir	:	anfassen
die Pflanze	können wir	:	anschauen
das Tier	können wir	:	anrühren
den Menschen	können wir	:	ansprechen

Hiermit wurde etwas von unserer Beziehung zu den Naturreichen charakterisiert.

Die Bedeutung der Naturreiche für uns

Der nächste Punkt betrifft die Frage nach der Bedeutung der Naturreiche in unserem Alltagsleben, wobei ich hier nur einige wesentliche Aspekte in den Vordergrund stellen möchte.

Das Mineralreich, das Gestein, ist das, worauf wir stehen können. Die Erwähnung dieser Tatsache hätte nicht den geringsten Wert, wenn wir nicht auch bei dieser Erfahrung feststellen würden, daß wir in dieser Beziehung dem Mineralreich gegenüber dankbar sein können. Stehen zu können ist herrlich, ohne Übertreibung. Wenn wir uns vorstellen, wie wir durch lockeren Sand oder durch ein Sumpfgebiet laufen und dann wieder festen Boden unter die Füße bekommen, so kann jeder fühlen, was hier gemeint ist. Ich komme später auf das Stehen des Menschen zurück, hier stelle ich es nur in den Vordergrund wegen der Tatsache, daß wir es dem Mineralreich verdanken, uns auf dem Boden erheben zu können. Obendrein gebrauchen wir ständig das Mineralreich. Wir verwenden es im Alltagsleben in allem, was mit der Technik zusammenhängt, wo es um Gegenstände, Werkzeuge oder Gebäude usw. geht.

Es gibt aber noch einen dritten Punkt, den wir dem Mineralreich verdanken. Das ist unsere Sichtbarkeit; selbstverständlich auch die Sichtbarkeit der Pflanzen und Tiere. Alle Naturreiche sind nur deshalb sichtbar, weil sie vom Mineralreich durchdrungen sind. Dieses Sichtbare der Pflanzen, Tiere und Menschen möchte ich als den eigentlichen Körper bezeichnen.

Wenn man die Beispiele vom „Stehen können auf", vom „Arbeiten können mit" und vom „Sichtbar sein mit Hilfe des Mineralreichs" zusammenfaßt, dann kann man auch sagen: Das Mineralreich versetzt uns in die Lage, uns auf Erden erhalten zu können.

Was wir dem Pflanzenreich zu verdanken haben, verdient faktisch ein Kapitel für sich. Nahezu jeder weiß, daß der Sauerstoff, den wir einatmen, von den Pflanzen ausgeschieden wird. Im übrigen kommt alles, was mit der Erwärmung zusammenhängt – Holz, Kohle, Öl, Gas –, aus dem Pflanzenreich. Sollte man behaupten, daß auch Öle existieren, die vom Tierreich abstammen, so darf man nicht vergessen, daß diese Öle ihren Ursprung in dem finden, was aus dem Pflanzenreich von diesen Tieren aufgenommen wurde. Insofern ein Tier einen lebenden Körper hat – und das gilt auch für den Menschen –, ist es verwandt mit den Pflanzen.

Eine wichtige Rolle spielt die Pflanze in unserem Leben bei der Ernährung. Ohne Ernährung ist das Leben unmöglich. Außerdem liefern die Pflanzen viele Heilmittel, wobei wir das Wort „Kräuter" gebrauchen können. Man braucht an diesem Wort nicht Anstoß zu nehmen, obschon ein Teil der gegenwärtigen Wissenschaftler dieses Wort verachtet. Sagt man: „Dieser oder jener bekommt Fingerhutkraut", so ist man „alternativ". Gibt man dem Patienten „Digitalis", so ist man ein wissenschaftlicher Mensch. Beide Benennungen enthalten das Geheimnis der Pflanzenform im „Großen" wie im „Kleinen", wobei wir dann von einer „Formel" sprechen (Seite 20).

Schließlich dürfen wir nicht vergessen, was es für uns bedeutet, eine Pflanze anschauen zu können! Warum beklagen sich die Menschen, wenn sie in den Städten kein Grün mehr sehen? Warum ist in der ganzen Welt kein Haus zu finden, in dem nicht irgendwo ein Pflänzchen steht? Warum gibt es fast keinen einzigen Garten, in dem nicht Blumen wachsen? Sieht man den Eifer, mit dem die Menschen auf Märkten Blumen kaufen, so könnte man meinen, daß diese Menschen ohne Blumen nicht leben können. Ich meine das nicht nur als eine zufällige Bemerkung. Dies bedeutet viel mehr. Wir können in der Tat nicht ohne Blumen leben. In dieser Beziehung ist die Betrachtung der Blumen ein viel wichtigerer Faktor, als wir für gewöhnlich meinen. Auf jeden Fall ist es der Mühe wert zu bedenken, daß wir zu vielen Anlässen Blumen schenken: Geburt, Tod, Geburtstag, Verlobung, Hochzeit, Krankenhaus usw.

Wir können mit Recht sagen: Die Pflanzenwelt ist die Quelle unseres Lebens.

Wie steht es mit dem Tier? Was bedeuten uns die Tiere? An erster Stelle beantworte ich diese Frage mit dem Hinweis auf die Rolle, welche die Haustiere in unserem Leben spielen. Wir verdanken diesen Tieren natürlich auch einen Teil unserer Nahrung: Fleisch, Butter, Käse, Milch, Eier usw. Doch da hat man es noch nicht mit dem eigentlichen Tier zu tun. Das Tier ist Träger einer Seele. Wir haben in dieser Hinsicht zu den Tieren eine besondere Beziehung, das Gefühl einer gewissen Verwandtschaft. Das führte zur Haustierzucht (Pferde, Rinder, Schafe, Hühner, Hunde, Katzen), wobei man ohne Sentimentalität sagen kann: Diese Tiere sind unsere Freunde, und sie dienen uns in vieler Hinsicht.

Kommen wir nun zum Menschen, so müssen wir den Begriff „Gesellschaft" einführen. Dieser deutet auf viel komplexere Zusammenhänge hin. Hier geht es um das bewußte Bilden von Gemeinschaften mit all ihren Problemen. Ich gehe darauf nicht weiter ein. Jeder kann das Leben der Menschen „untereinander" in eigener Weise charakterisieren. Dieses Wort „unter" ist der Schlußstein einer neuen Ausdrucksreihe.

Wir können jetzt sagen, daß der Mensch „auf" dem Mineral,

„von“ den Pflanzen, „mit“ den Tieren und „unter“ Menschen lebt.

Mit den Worten „auf“, „von“, „mit“ und „unter“, kann ich noch besser das Wesentliche unserer Beziehung zu den Naturreichen charakterisieren, als wenn ich ausgedehnte Beschreibungen mache. Dort entsteht nämlich immer wieder die Frage, ob sie auch genau mit der Wirklichkeit übereinstimmen. Das hier Gesagte hat mit „übereinstimmen“ nichts zu tun; es ist nur ein Versuch, das Wesentliche in einem einzigen Wort auszudrücken.

Eine Sache kann uns dabei auffallen. Die Erde, die uns trägt, ist im Prinzip „eine“ Ganzheit. Ich stehe natürlich auf einem kleinen Fleck der Erde, aber die ganze übrige Erde steht mit ihm in einem Zusammenhang. Das Pflanzenreich ist auch „eine“ Ganzheit. Hole ich Atem, so kann ich das tun, weil das Pflanzenreich uns mit Sauerstoff versorgt: Obwohl das an erster Stelle für die Pflanzen in meiner Wohngegend gilt, so ist man doch berechtigt, diesen Sauerstoffmantel der Erde als ein durchgehendes Ganzes anzuschauen.

Im Hinblick auf das Tierreich mußten wir uns (bei der Beantwortung der Frage nach seiner Bedeutung für den Menschen) auf eine verhältnismäßig kleine Gruppe beschränken, nämlich auf die Haustiere. Natürlich kann man von vielen anderen Tieren sagen, daß sie zum bekannten ökologischen Gleichgewicht der Natur beitragen. Aber es ist nicht zu leugnen, daß wir dieses nur in ganz besonderen Fällen nachweisen können. Es gibt Tausende, Hunderttausende von Tierarten, die Luft, Erde und Wasser bevölkern und die ganz sicher untereinander in einem bestimmten wechselseitigen Verhältnis stehen. (Schon Thompson sagte einmal: „Alle Tiere haben ihre starke Seite, sonst könnten sie nicht leben; alle Tiere haben ihre schwache Seite, sonst könnten die anderen nicht leben.“) Aber eine direkte Verbindung mit dem Leben des Menschen stellt sich dabei nicht heraus. Die Frage nach der Bedeutung des Tieres für den Menschen ist mit diesen wenigen Bemerkungen noch nicht ausreichend beantwortet.

Viele werden hier sagen: Warum sollte das übrige Tierreich

für den Menschen etwas bedeuten? Warum kann der Mensch nicht mit der Tatsache zufrieden sein, daß er „auf“ dem Mineralreich und „von“ den Pflanzen leben kann und „mit“ einer Anzahl von Tieren? Warum sollte eine Beziehung zwischen ihm und dem Tierreich bestehen? Ich kann diese Bemerkung gut verstehen. Geht man davon aus, daß das Mineralreich, das Pflanzenreich, das Tierreich und das Menschenreich nebeneinander bestehende Reiche sind, die in der einen oder anderen Weise nacheinander entstanden sind, so ist dieses vollkommen logisch.

Es gibt aber zwei Dinge, die noch nicht besprochen wurden. Das erste ist der besondere Platz, den der Mensch inmitten der Naturreiche einnimmt. Er sieht sie ständig, erforscht, studiert sie und erkennt seine eigene Stellung zu ihnen. Das führte schließlich zu dem Ausspruch: „Der Mensch ist die Krone der Schöpfung.“ Wie wäre das möglich, wenn man in den Erscheinungen der Naturreiche nur etwas Willkürliches oder Zufälliges sehen würde? Man könnte sagen, daß es reine Überheblichkeit ist, wenn der Mensch so etwas von sich behauptet. Dann bleibt aber zu fragen, wie denn der Mensch zu dieser „Überheblichkeit“ gekommen ist.

Zweitens dürfen wir nicht vergessen, daß wir es mit der Evolutionsfrage zu tun haben. Wenn wir die Reihenfolge – Mineral, Pflanze, Tier und Mensch – als Ausgangspunkt nehmen und dabei bedenken, daß der Mensch auf die Evolutionsidee gekommen ist, weil er zurückblicken kann, d. h. in der genannten Reihenfolge das Bild einer Entwicklung erkennt, dann können wir begreifen, daß die Frage nach dem Wesen des Menschen nicht zu trennen ist von der Art und Weise, wie diese Evolution zustande gekommen ist. Es soll meine Aufgabe sein, hier so viel Klarheit wie möglich zu schaffen. Zusammenfassend können wir wiederholen:

	„auf“ dem Mineral
	„von“ den Pflanzen
Der Mensch lebt	„mit“ den Tieren
	„unter“ Menschen

Was die Naturreiche enthalten

Das nun folgende wird hier mehr der Vollständigkeit halber angeführt. Sagte ich bis jetzt, daß die Naturreiche selbstverständlich eine Kette bilden, so ist es berechtigt, eine deutlichere Erklärung zu fordern. Diese Reihenfolge läßt sich beschreiben mit den Worten: Körper, Seele und Geist.

Im allgemeinen weiß jeder, was damit „gemeint" ist. Im täglichen Leben sprechen wir ganz problemlos von Steinen, Pflanzen, Tieren und Menschen. Fragt man jedoch nach einer wissenschaftlichen Definition, so gerät man schnell in Schwierigkeiten.

Ich erinnere mich sehr gut an den Botanikunterricht an der Amsterdamer Universität, in dem mir während der ersten Vorlesung mitgeteilt wurde, daß eine Definition des Lebens sehr schwer zu geben sei. Die Eigenschaften, die wir dem Leben für gewöhnlich zuordnen, wie geboren werden, Ernährung, Wachstum, Fortpflanzung und Sterben, diese Eigenschaften können wir auch bei bestimmten Mineralien (Kristallen) wiederfinden. Auch hier finden wir ein „Entstehen" (geboren werden), eine Aufnahme bestimmter Farbstoffe aus der Umgebung (Ernährung), ein „Größerwerden" (Wachsen), ein „Sich-Teilen" (Fortpflanzung), eine Verwitterung oder Vergänglichkeit (Sterben). Dem Professor ging es nicht darum zu zeigen, daß kein Unterschied zwischen Mineralien und Pflanzen besteht. Er wollte deutlich machen, wie schwierig es ist, den wesentlichen Unterschied in Worte zu fassen.

Aber ich glaube, wir stehen hier vor einer Schwelle, die gleichzeitig einen Niveauunterschied bedeutet. „Entstehung" ist nicht dasselbe wie geboren werden; „Aufnahme" aus der Umgebung ist nicht dasselbe wie Ernährung; „größer werden" ist nicht dasselbe wie wachsen; „sich teilen" ist nicht dasselbe wie Fortpflanzung.

Das Umgekehrte ist wohl klar: Wenn etwas geboren wird, so entsteht es; ernährt sich etwas, so nimmt es etwas von der Umgebung auf; wächst etwas, so wird es größer; pflanzt sich etwas fort, so findet eine Teilung statt.

Fragt man, was geboren werden, Ernährung, Fortpflanzung und sterben ist, so kann meine Antwort nur sein: Geboren werden heißt geboren werden. Ernährung ist Ernährung usw. ... Daß solche Antworten Ärger erregend sind, kann ich begreifen. Aber es gibt im Moment keine andere Möglichkeit, um die Aufmerksamkeit auf folgendes zu lenken.

Es ist meine feste Überzeugung, daß man vom „Leben" niemals eine Definition wird geben können, indem man Qualitäten, die im Bereich des Leblosen liegen, verwendet. Die Schwierigkeit ist, daß viele das Gefühl haben werden, den Boden unter den Füßen zu verlieren, wenn sie sich nicht mehr an den leblosen Qualitäten festhalten können.

Auch das ist ohne weiteres verständlich, doch halte ich es für einen großen Fehler zu sagen: Also gehen wir nicht weiter. Ich meine auch, daß im Weitergehen keine Gefahr liegt, vorausgesetzt, man behält die genannte Schwelle im Bewußtsein. Die Erfahrungen in der Mineralwelt behalten dann absolut ihre Gültigkeit.

Kehren wir zum Begriff des Lebens zurück, so können wir ihn zwar nicht definieren, wie eben gesagt wurde, wohl aber können Erfahrungen gesammelt werden, wodurch die Wirklichkeit des Lebens „umschrieben" werden kann. Inmitten dieser Erfahrungen erscheint dann in uns ein „Begriff" des Lebens. Der Umgang mit diesem Begriff muß gelernt werden. Und zwar in der Weise, daß wir ihn kennenlernen als eine Sache, die in ihrem eigenen Gebiet eine genauso unumstößliche Wirklichkeit werden kann, wie es für den Begriff „Materie" im Bereich der Mineralwelt der Fall ist.

Man ahnt bestimmt, daß ich diesen Gedankengang vollständig durchziehen will bis ins Gebiet des Seelenlebens – das Tierreich betreffend – und bis ins Gebiet des Geistes, wenn es um den Menschen geht. Wir beschäftigen uns immer wieder mit einer Schwelle, die wir nicht aus den Augen verlieren dürfen!

Ich sagte schon, daß die Wirklichkeit des Lebens – und wir können jetzt auch von der Seelen- und Geisteswirklichkeit sprechen – in diesem Fall „umschrieben" werden muß. Genau das versuchte ich im vorher Geschriebenen zu verwirklichen!

Liest man die Schemata der vorigen Kapitel nochmals durch, so wird man das begreifen!

In dieser Weise wurde angedeutet, was mit Körper, Leben, Seele und Geist gemeint ist in bezug auf Minerale, Pflanzen, Tiere und Menschen. In der Beziehung zum Vorigen können wir das Schema noch vervollständigen und sagen: Das Mineral hat einen „Körper“; die Pflanze hat „Körper und Leben“; das Tier hat „Körper, Leben und Seele“; der Mensch hat „Körper, Leben, Seele und Geist“.

Hier finde ich es angebracht, einen Gedanken von Adolf Portmann wiederzugeben aus seiner Schrift „Zoologie und das neue Bild des Menschen“. Seiner Meinung nach werden in der Finsternis der Welt, die wir ergründen wollen, Gebiete wahrnehmbar, in denen das Denken Phänomene einer unbekannten Wirklichkeit beleuchtet. Dieses Denken, wir nennen es Wissenschaft, arbeitet an derselben Sache mit zwei völlig verschiedenen Methoden. Deshalb hat sich die Biologie in zwei ganz verschiedene Richtungen entwickelt.

Die Ergebnisse dieser Wege ergänzen sich: Was auf dem einen nicht gesehen wird, wird auf dem anderen gesehen. Der eine Weg ist die Untersuchung lebender Formen mit den Mitteln der Biochemie und die Einsicht in die Molekularstruktur der lebenden Materie. Der andere Weg führt zu einem ganz anderen Einblick in den Organismus: zur Einsicht, daß lebende Formen (Portmann spricht hier besonders von der Tierwelt) Wesen mit einem eigenen Inneren sind, einem eigenen Verhalten, einer eigenen Wahrnehmung usw. ... Da erscheinen die Dinge unserer Umgebung nicht als Folge biochemischer Prozesse, sondern als Träger des einen Lebens, das seine Bedeutung aus sich selber nimmt. In den Tiefen der Wirklichkeit, die wir studieren wollen, entdecken wir kein Chaos, sondern Formgeheimnisse.

Meines Erachtens können wir diese Worte von Portmann gar nicht ernst genug nehmen.

Zusammenfassung der behandelten Schemata:

	Mineral	Pflanze	Tier	Mensch
Was geschieht im	sich „erhalten“	sich formen	sich fühlen	sich erkennen
Art unserer Beziehung zu	anfassen	anschauen	anrühren	ansprechen
Bedeutung für uns, wir leben	auf	von	mit	unter
Sie enthalten	Körper	Leben (+ Körper)	Seele (+ Leben + Körper)	Geist (+ Seele + Leben + Körper)

Das Verhältnis von Leben, Seele und Geist zu den Naturreichen

Ich möchte nun versuchen, das vorige Schema noch in einer anderen Weise zu charakterisieren. Dafür vergleiche ich zuerst die Pflanze mit dem Tier.

Einen größeren Gegensatz könnten wir uns kaum vorstellen. Die Pflanze ist ein ganz „offenes“ Wesen. Licht, Wärme, Luft, Wasser und Mineralstoffe, alles strömt von außen in die Pflanze ein. Gleichzeitig fühlt man, wie die Pflanze mit der Umgebung ständig im Austausch steht.

Es wird sehr wahrscheinlich einige Vorstellungskraft notwendig sein, um es einzusehen, aber ich glaube doch sagen zu dürfen, daß die Pflanze im wesentlichen nur aus Linien und Flächen besteht. Daß Blätter und Stengel natürlich eine bestimmte Dicke haben, daß auch abweichende Pflanzenformen existieren, die kugelig sind (Kaktus), steht damit nicht im Widerspruch!

Wenn wir dann an das Tier denken, so müssen wir zuerst feststellen, daß es von seiner Umgebung getrennt ist, wodurch es wahrnehmen und sich bewegen kann. Das ist unzertrennlich mit der Tatsache verbunden, daß es ein Inneres hat: ein Inneres, das abgeschlossen ist. Genauso wie die Pflanze prinzipiell ein „offenes“ Wesen ist, so ist das Tier prinzipiell ein „geschlossenes“ Wesen. In einer früheren Schrift („Lebende Metalle“*) habe ich dieses Problem ausführlicher beschrieben.

Zwei Dinge sind unvereinbar: Etwas wahrnehmen und mit etwas verbunden sein. Das Tier kann die Umgebung wahrnehmen, weil es durch seine Sinnesorganisation von ihr getrennt ist. Eine Pflanze kann niemals wahrnehmen, weil sie völlig mit der Umgebung verbunden ist.

Mir ist bekannt, daß viele Menschen ausführlich vom Seelenleben der Pflanze sprechen.** Man vergißt dann, einen Unterschied zu machen zwischen dem „Wahrnehmen“ einer Umgebung und dem „Beeinflußtwerden“ durch eine Umgebung. Wenn eine Pflanze dem Licht entgegenwächst, dann ist sie dem Lichteinfluß ausgesetzt. Daß die Pflanze auch auf andere Einflüsse der Umgebung „reagiert“, kann ich akzeptieren. Aber ein wahrnehmendes Erleben dieser Umgebung ist ausgeschlossen, wenn ein Ding nicht über Sinnesorgane verfügt, d. h. nicht von seiner Umgebung getrennt ist.

Wenn das Tier „geschlossen“ und die Pflanze „offen“ ist, kann ich sagen: Die Seele erscheint „im“ Tier; das Leben erscheint „an“ der Pflanze.

Den Menschen betreffend ist es nicht schwierig zu fühlen, wie das Prinzip des „Sich-Erlebens“ – das eng verbunden ist mit dem „im“ – eine neue Qualität und Steigerung erfährt, da wir jetzt dem Prinzip der Selbsterkenntnis begegnen. Mit dem Menschen erscheint etwas in der Welt, das wir am einfachsten mit dem Wort „Kultur“ umschreiben können. Da es jetzt um eine erste Charakterisierung der vier Naturreiche geht, möchte ich mich auf die Bemerkung beschränken: Das Geistige erscheint „durch“ den Menschen. Pflanze, Tier und Mensch: „an“, „in“ und „durch“. Das Leben offenbart sich „an“ der Pflanze; die Seele offenbart sich „im“ Tier, und der Geist offenbart sich „durch“ den Menschen. So konnte ich auch zu der

---

* J. Ch. Mellinger Verlag, Stuttgart

** Peter Tompkins und Christopher Bird, „Das verborgene Leben der Pflanze“ u. a. mit im 1. Kapitel dem Experiment von Baxter)

Aussage kommen: Der Mensch ist das einzige „schaffende“ Wesen auf Erden.

Jetzt muß das Mineralreich noch in diese Reihenfolge eingeordnet werden. Leben, Seele und Geist sind hier nicht zu finden, das ist deutlich; sondern nur, was als „Körper“ charakterisiert wurde. Suchen wir nach einer Beziehung zwischen dem Mineralreich und den Qualitäten von Leben, Seele und Geist, so müssen wir die Art und Weise, wie wir eine Gegend der Erde bezeichnen, wo kein Mensch wohnt, wo kein Tier lebt und kein Pflänzchen wächst, ins Bewußtsein heben. Wir nennen diese Gegend eine Wüste; auf Englisch „desert“, auf Französisch „désert“; alles Worte, die „verlassen“ bedeuten. Natürlich liegt es auf der Hand, zu sagen: Das gibt nur den Eindruck wieder, den eine solche Gegend auf uns macht. Vielleicht sollte man aber noch etwas weiter gehen und den Ausdruck „verlassen“ auch mit dem „Wesen“ des Mineralischen in Verbindung bringen. Daraus würde sich ergeben, daß in Urzeiten das Mineralreich möglicherweise eine Phase durchgemacht hat, wo es noch mit etwas verbunden war, das es später verlassen hat. Mit der Gültigkeit dieser Annahme könnte ich die Reihenfolge, „an“ der Pflanze, „im“ Tier und „durch“ den Menschen fortsetzen mit „aus“ dem Mineral. In welcher Weise wir Leben, Seele und Geist mit diesem „aus“ dem Mineral in Verbindung bringen, soll später besprochen werden.

Wir können das Schema wieder weiterentwickeln (siehe S. 39):

	Mineral	Pflanze	Tier	Mensch
Was geschieht in	sich „erhalten“	sich formen	sich fühlen	sich erkennen
Art unserer Beziehung zu	anfassen	anschauen	anrühren	ansprechen
Bedeutung für uns, wir leben	auf	von	mit	unter
Sie enthalten	Körper	Leben	Seele	Geist
Verhältnis der schaffenden Welt zu den Naturreichen	aus	an	in	durch

III. Herrschende Auffassungen über die Evolution

Ein neues Buch über die Evolution hat nicht anzufangen mit einer ausführlichen Beschreibung von dem, was man darunter versteht. Mit dieser Frage ist die Welt schon so viele Jahre konfrontiert, daß wir alle mehr oder weniger mit diesem Begriff vertraut sind, genauso wie mit den vorläufigen Ergebnissen der Evolutionstheorie.

Das Wort „vorläufig" gebrauche ich deswegen, weil meines Erachtens darüber das letzte Wort noch nicht gesprochen ist. Das steht freilich im Gegensatz zu der Meinung vieler moderner Evolutionisten, welche die Evolution als einen Vorgang betrachten, der sich so abgespielt hat, wie es im ersten Kapitel wiedergegeben wurde.

Ich sprach dort von zwei Standpunkten, d. h. von zwei Dogmen: vom Dogma der Kreationisten – sie verwerfen die Evolution – und vom Dogma der Evolutionisten – sie verwerfen die Schöpfung. Hier können wir feststellen, daß der Standpunkt der ersten Gruppe zu einem bestimmten Fanatismus, der Standpunkt der zweiten Gruppe zu einer bestimmten autoritären Haltung führt. D. h., man findet es fast nicht mehr der Mühe wert, darüber noch ein Wort zu verlieren.

Ich möchte nun versuchen aufzudecken, inwiefern bei einer näheren Betrachtung nicht doch schwache Stellen in der modernen Evolutionstheorie zu finden sind. Dazu ist es interessant, die Geschichte ihrer Entstehung näher anzuschauen.

Obwohl schon bei Aristoteles und auch bei einigen anderen in den folgenden Jahrhunderten Gedanken in Richtung Evolution zu finden sind, so ist doch auffallend, daß bis zum Ende des achtzehnten Jahrhunderts die wissenschaftliche Welt offiziell darüber nicht gesprochen hat. Karl von Linné (1707–1778), der schwedische Biologe und Zoologe, stand noch fest auf dem Standpunkt, daß alle Arten lebender Wesen direkte Schöpfungen der göttlichen Welt sind.

Es stellt sich die Frage: Warum mußte es so lange dauern, bis die Menschen von diesem Standpunkt abwichen? Das kam daher, weil die Kirche schon bald nach dem Beginn unserer Zeitrechnung des Dekret erließ: Der Mensch braucht nicht mehr als Aristoteles zu wissen, und er soll nicht mehr über die Evolution sprechen. Evolution, so wurde gesagt, würde bedeuten, daß die Welt unvollkommen ist. Es kann sein, daß der Mensch als sündiges Wesen einer Korrektur bedarf, aber die Schöpfung als solche ist eine Tat Gottes und kann insofern nicht unvollkommen sein.

Die Bemerkung, der Mensch brauche nicht „mehr" zu wissen als Aristoteles, kann uns erstaunen. Viele werden sogar geneigt sein zu sagen: Wie ist es denn möglich, daß die Menschen so primitiv und so dumm gewesen sind, das wissenschaftliche Denken aufhalten zu wollen. Aber meiner Meinung nach steckt hinter diesem Dekret mehr Weisheit, als man auf den ersten Blick vermutet. Wir werden im Augenblick mit Auffassungen konfrontiert, die im genauen Widerspruch zu dem religiösen Dogma stehen. Aber der Mensch hat in fast zweitausend Jahren eine „kritische Geisteskraft" entwickelt. Im Hinblick auf wissenschaftliche Dogmen ist er in der Lage, kritisch zu sein. Er kann sie ablehnen. Wären die Menschen schon am Anfang der modernen Kultur (die für mich in der griechischen Zeit anfängt) der Anziehungskraft – man könnte fast sagen: der Verführung – einer ungehemmten Entwicklung des Faktenwissens ausgeliefert gewesen, stellte sich die Frage, ob der damalige Mensch demgegenüber einen selbständigen Standpunkt hätte einnehmen können.

Die damaligen Menschen waren natürlich ganz anders als die heutigen. Von Materialismus konnte noch nicht die Rede sein. Die Verneinung einer schaffenden Welt war damals eine Unmöglichkeit. Eine zu schnelle Entwicklung der Wissenschaft hätte den Menschen zu früh mit materialistischen Gedanken bekanntgemacht, während sein eigenes Urteilsvermögen noch zu schwach gewesen wäre, um Widerstand leisten zu können. Es war damals eine Zeit, in der die Menschheit, eingeteilt in Gruppen oder Länder, noch mehr oder weniger als eine Ganzheit funktionierte, wobei die eigentlichen Kulturträger Ausnahmen waren. Seit dieser Zeit geschah eine unerhörte Individualisierung. Besonders in den letzten sechzig bis siebzig Jahren (jetzt haben wir 1986) hat sich das stürmisch entwickelt. Aber es ist deutlich, wie die Vorbereitung dazu in den vergangenen Jahrhunderten stattfand.

Lamarck und Darwin

Die Tatsache, daß Lamarck (1744–1829) am Ende des achtzehnten Jahrhunderts nahezu unerwartet seine Evolutionstheorie der Welt präsentierte, geht für mich Hand in Hand mit dem Umstand, daß die Emanzipation des Menschen fortgeschritten war, auch im Hinblick auf die Autorität der Kirche. Aber ich kann die Haltung der Kirche am Anfang unserer Zeitrechnung sehr gut begreifen und auch anerkennen.

Was ist das Überraschende an Lamarcks Enthüllungen? Daß er etwas aussprach, was er im Buche der Natur gelesen hatte. Um die Evolution zu erklären, stellte er die Hypothese von der (aktiven) Anpassung an die Umgebung auf. Er stellte sich vor, der intensive Gebrauch von bestimmten Organen würde diese Organe an ihre Funktion anpassen. Ein Maulwurf entwickelt also seine „Grabpfoten“, indem er gräbt; eine Giraffe ihren langen Hals durch den ständigen Versuch, höhere Baumblätter zu erreichen. Eine Schlange verliert ihre Beine durch das ständige Hineinschlüpfen in schmale Löcher oder Schlupfwinkel usw. *So hat Lamarck sich die Evolution wirklich vorgestellt!*

Es wurde schon in der Einleitung angedeutet: Die Naturreiche um den Menschen zeigen das deutliche Bild einer Evolution. Das können die Kreationisten niemals leugnen. Sie könnten es höchstens für unnötig halten, diesem Evolutionsbild ihre Aufmerksamkeit zu schenken. Lamarck aber schenkte dieser Angelegenheit seine Aufmerksamkeit, und er fragte sich, ob es nicht möglich wäre, daß höhere Formen im Tierreich (und mutatis mutandis gilt das auch für das Pflanzenreich) sich aus niederen entwickelt haben.

Hauptsächlich die Entwicklung der Paläontologie, der Wissenschaft von den Fossilien, hat zu dieser völlig neuen Haltung gegenüber den Phänomenen der Natur beigetragen. Ist es nicht auffallend, daß die Fossilien zu Linnés Zeiten (1707–1778) – sie waren damals schon lange bekannt – noch als Spiel der Natur angesehen wurden? Wenn ich über die Naturreiche in ihrer Beziehung zum genannten Evolutionsbild spreche, so muß das im Zusammenhang mit der Tatsache gesehen werden, daß man in der Paläontologie anfing zu entdecken, daß sowohl die Mineralien, die Pflanzen, die Tiere und die Menschen wie auch die Reihenfolge der niederen bis höheren Tiere *ungefähr* in dieser Reihenfolge im Laufe der Erdengeschichte erschienen sind.

Ich deutete schon an, daß die Kreationisten diesen Gedanken verwerfen, aber ich sagte auch, daß ihre Ablehnung vor allem auf einem Dogma beruht. Das Verbinden von Schöpfung und Evolution ist aber gerade mein Ziel.

In diesem Buche soll ausgeführt werden, wie der Gedanke der Entstehung der höheren Naturformen aus den niederen großen Schwierigkeiten begegnet. Nichtsdestoweniger liegt dieser Gedanke offensichtlich auf der Hand. Daß jemand wie Lamarck den Mut hatte, ihn entgegen den damals herrschenden Auffassungen als erster anzusprechen, können wir nicht genug bewundern.

Mit Lamarck können wir im gleichen Atemzug Darwin (1809–1882), Lamarcks Nachfolger, nennen. Er war begeistert von Lamarcks Theorien. Seine später aufgestellten Gesetze – die „natürliche Zuchtwahl", der „Kampf ums Dasein" (survival of the fittest) und die „geschlechtliche Zuchtwahl" – waren faktisch Fortsetzungen von Lamarcks Werk. Lamarcks und Darwins Theorien beschreiben den Einfluß der Umgebung auf die tierischen Formen, die in Wechselwirkung mit dieser Umgebung stehen. Beide fühlen sich verpflichtet zu zeigen, daß die dadurch entstandenen Veränderungen auch weitervererbt werden können. Diese Behauptung wurde ein wichtiger Teil der wissenschaftlichen Diskussion des vorigen Jahrhunderts. Ich habe nicht die Absicht, weitschweifig darüber zu berichten. Jeder kann sich in dieser Beziehung selber informieren. Im Westen basieren alle Lehrbücher über dieses Thema – soweit mir bekannt – auf Darwin.

Trotz einer gewissen Bewunderung für Lamarck und Darwin muß gesagt werden: Es ist nicht schwer, das Illusorische dieser Theorie zu entdecken. Man könnte sagen: Wie kann das enorme Werk solcher Forscher so schnell vom Tisch gefegt werden? Ich lebe hundertfünfzig Jahre danach, das ist die einzige Entschuldigung! Meine Bewunderung für diese Forscher ist in nichts geringer geworden, aber ich fühle mich gezwungen, neue Wege einzuschlagen.

Um was geht es? Lamarck und Darwin beschreiben den Einfluß der Umgebung auf die Tierformen. Die gegenwärtigen Tierformen sind demnach aus früheren entstanden, die diesen Einflüssen ausgesetzt waren. Obwohl man beweisen will, daß dadurch niedere Tierformen sich zu höheren entwickelt haben, müssen wir doch objektiv bleiben und Beispiele suchen, die in unserem Erfahrungsbereich liegen. Die einzigen Formen, von denen mit Sicherheit gesagt werden kann, daß unsere gegenwärtigen Tiere von ihnen abstammen, sind die prähistorischen Tierformen. Wir kennen von sehr vielen gegenwärtigen Tierarten solche prähistorischen Formen, die heute ausgestorben sind.

Wollen wir diesen Gedankengang Schritt für Schritt entwikkeln. Angenommen, wir haben es mit einem prähistorischen Tier zu tun. Dieses unterliegt dem Einfluß seiner Umgebung. Es paßt sich an, wie es Lamarck und Darwin beschrieben haben. Wir können die drei Faktoren – Anpassung an die Umgebung, natürliche Zuchtwahl und Kampf ums Dasein – getrost vereinen. Sie bedeuten alle einen Einfluß der Umgebung auf das – wie angenommen wurde – evoluierende Leben. Als Folge hätten wir dann im wesentlichen eine zunehmend engere Verbindung zwischen Tierform und Umgebung, so daß das Tier immer besser in seine Umgebung hineinpassen wird. Die Anpassung führt also zur „Einpassung“, Eingliederung!

Es ist nicht schwierig zu empfinden, daß hier ein Problem liegt. Wir können zwar begreifen, daß eine prähistorische Form weiter ausgebildet wird, doch wir werden einsehen müssen: Die Chance der Entwicklung einer neuen Form wird in Wirklichkeit immer kleiner. Grob ausgedrückt: Ein prähistorisches Pferd wird ein immer „besseres“ Pferd, gleichzeitig aber verliert es immer mehr die Möglichkeit zu evoluieren.

Man könnte natürlich fragen, ob diese Entwicklung des prähistorischen zum gegenwärtigen Pferd eine Evolution ist. Die Frage muß ich entschieden verneinen. Sowohl Veränderungen einer Art im Laufe der Erdenentwicklung – vom prähistorischen zum historischen – als auch Veränderungen in der historischen Zeit – die ich Variationen nennen möchte – haben in meinen Augen nichts mit der Evolution zu tun.[*]

Vorgreifend auf ein späteres Schema möchte ich die Entwicklung eines prähistorischen Pferdes zum historischen Pferd schematisch, um die Entwicklung in der Zeit anzugeben, mit einer vertikalen Linie nach unten andeuten. Die Evolution einer bestimmten Form (auch wieder in der Zeit gesehen) muß in einer horizontalen Linie von links nach rechts dargestellt werden. Die genannten Gesetze können jedoch nur wirken im Sinne des vertikalen Pfeils, d. h. von der prähistorischen zur historischen Form. Meines Erachtens bedeutet das: Die Theorien von Lamarck und Darwin sind anti-evolutionär.

↓ Entwicklung von prähistorischer zu historischer Form

⟶ Entwicklung von niederer zu höherer Form

Ein anderes Problem muß aber auch noch behandelt werden: der Ausdruck „Anpassung an die Umgebung“. Dieser klingt so einfach und beinhaltet doch einen rätselhaften Faktor. Dieser Ausdruck bedeutet nämlich, daß etwas zuerst unangepaßt ist und sich dann anpaßt. Wenn ich mir die Form eines Tieres als „der Umgebung angepaßt“ vorstellen muß, wie müßte ich mir

[*] Auch die Beispiele zur Verdeutlichung von Lamarcks Theorie zeigen deutlich, daß die dort beschriebenen erworbenen „Neuerungen“ nicht begreiflich machen, wie eine neue Tierform hätte entstehen können.

dann diese Form als (noch) nicht an die Umgebung angepaßt vorstellen?

Hier kann man natürlich seiner Phantasie freien Lauf lassen. Man könnte sagen: Wir haben das Beispiel der prähistorischen Pferde mit fünf, vier oder weniger Zehen als Beweis einer immer besseren Anpassung an die Umgebung.

Auf der einen Seite sehen wir also den Zusammenhang von Anpassung und Vereinseitigung, worauf vorher hingewiesen wurde. Andererseits erhebt sich die Frage: Wie ist die noch nicht angepaßte Form des Tieres entstanden? Welche Einflüsse aus welcher Umgebung oder was auch immer haben zur Entstehung von Tierformen geführt, die sich danach erst der Umgebung anpassen mußten?

Man kann einwenden, daß das Beispiel des mehrzehigen Pferdes doch eine deutliche Sprache spricht. Das wäre tatsächlich der Fall, wenn ich sicher sein könnte, daß die Umgebung des prähistorischen und des historischen Pferdes prinzipiell die gleiche war und ist. Dieses beruht jedoch auf einer Hypothese, die davon ausgeht, daß das Menschenreich, das Pflanzenreich und das Tierreich zwar evoluiert haben, das Mineralreich jedoch in einer bestimmten Hinsicht nicht. Die Faltungen, die stattfanden, die Berge, die sich erhoben, die Eiszeiten und die vulkanischen Perioden, die einander abwechselten, die Kontinente, die sich verschoben haben: man stellt sich vor, das alles hätte sich in einer Materie abgespielt, wie wir sie jetzt vor uns haben.

Der Gedanke, das Tier hätte sich immer an eine in sich konstante Umgebung angepaßt, könnte schon auf einem grundsätzlichen Irrtum beruhen. Man sollte zu der Einsicht kommen können, daß das Tier von Anfang an immer angepaßt war und daß die Veränderungen der Tiere im Laufe der Zeit mehr auf einer Veränderung der Umgebung beruhen! Damit wird die „Anpassung" zur Anpassung eines im wesentlichen konstant bleibenden Prinzips an eine sich verändernde Umgebung. Auch die Erscheinung der Mimikry (Schutzfärbung) kann dadurch besser verstanden werden. Nämlich als ein Beispiel der (konstanten) Einheit von Tierform und Umgebung! Zwar haben wir dadurch noch keine Ahnung, *wie* das alles zustande kommt. Wenn wir die Mimikry als eine aktive Anpassung des Tieres an die Umgebung auffassen, haben wir zumindest eine leise Ahnung, wie es vor sich gegangen sein könnte. Aber es gibt natürlich schon Beispiele, bei denen wir gründlich eine neue Anpassung an eine schon bestehende Umgebung studieren und erkennen können. Zum Beispiel der Proteus (Lurch), der in unterirdischen Höhlen lebt und sein Sehvermögen verloren hat. Hier hat man es jedoch nicht mit einem Evolutionsprinzip zu tun, sondern mit einem Anpassungsvermögen des Tierwesens im allgemeinen. Dieses gilt aber für eine Zeit, in der die Tiere und die Umgebung ihre *eigentliche* Evolution schon hinter sich hatten.

Um eine Lösung zu finden, wäre es gut, den folgenden Gedanken zu beachten: Zwischen Tier und Umgebung muß von Anfang an eine viel intensivere Verbindung bestanden haben, als durch den Begriff „Anpassung an die Umgebung" angedeutet wird. Dabei möchte ich es vorläufig belassen.

Die Mutationstheorie

Obwohl man in der wissenschaftlichen Welt den Gedankengang, den ich soeben äußerte, nicht angesprochen findet, hat man doch entdeckt, daß Lamarcks und Darwins Theorien die Evolution nicht befriedigend erklären können. Denn zwischen den verschiedenen Tierformen in der Evolutionsreihe liegen sprunghafte Übergänge, die durch die genannten Theorien nicht ohne weiteres überbrückt werden können. Das führte zu einer dritten Theorie, der Theorie der Mutationisten.

Besonders mein Landsmann Hugo de Vries hat sich ausführlich mit dem Problem der Mutationen beschäftigt. In der ganzen Welt sind sie ein wichtiges Element der modernen Evolutionstheorie geworden. Ihr Gedankengang ist folgender: Warum entsteht aus der einen Eizelle ein Kaninchen, aus der anderen ein Pferd? Weil dieses beschlossen liegt in der „genetischen" Struktur, lautet die Antwort. Neue Formen können nur entstehen, wenn sich die genetische Struktur verändert. Genetische Struktur bedeutet die Rangordnung der Gene; sie sind die Träger der erblichen Eigenschaften in den Chromosomen. Die Evolution wäre also entstanden durch Strukturveränderungen in den Genen. So entstand eine Veränderungstheorie, eine Mutationstheorie. Die Entwicklung dieser Theorie strebt nach der Auffindung der Ursachen der Veränderungen in der genetischen Struktur.

Ob aus der genetischen Struktur heraus die endgültige Form zu erklären ist, diese Frage habe ich schon im ersten Kapitel besprochen. Wir wollen jedoch diese These, bei der die Formen in der Natur Resultate der genetischen Struktur sind, einmal anhören. Man kann nämlich vorbringen, daß es bewiesen sei, daß künstliche Eingriffe in die genetische Struktur Veränderungen des Tieres bewirkt haben. Tiereier (das bekannteste Beispiel ist wohl die Drosophila, die Fruchtfliege) wurden verschiedenen Einflüssen ausgesetzt (Temperatur, Flüssigkeitsmilieu, Bestrahlungen usw.), und dadurch wurden Fliegen gezüchtet, die Abweichungen aufwiesen. Das sind experimentelle Fakten, aber die Schlußfolgerungen, die man daraus gezogen hat, sind äußerst fragwürdig.

Tierformen, die Veränderungen aufweisen, wenn die betreffende Eizelle in solcher Weise manipuliert wird, brauchen nicht zu verwundern. Die Schlußfolgerung, die endgültige Form sei das Ergebnis der genetischen Struktur, würde der Behauptung gleichkommen, daß, wenn wir am Klavier ein Stück spielen und danach eine Anzahl Saiten kaputtmachen, eine neue Musik entsteht. Das ist falsch. Die neue Situation ist, daß die ursprüngliche Form (Tier oder Musikstück) beschädigt erscheint.

Mehr als sechshundert verschiedene Veränderungen wurden bei der Drosophila bewirkt. Sie alle sind Fruchtfliegen geblieben, welche die Folgen des Eingriffs zeigten. Das ist faktisch nichts Neues. Durch verschiedene Eingriffe züchten wir auch verschiedene Rosensorten. Da brauchen wir keine Theorien über die genetische Struktur heranzuziehen. Sie sind alle Rosen geblieben, das ist die Hauptsache, und es verwundert auch keinen Menschen.

Trotzdem gibt es viele Forscher, die ohne Bedenken behaupten werden, man könne mit entsprechenden Veränderungen an der genetischen Struktur eine neue Tier- oder Pflanzenart schaffen. Die Vorstellung, daß man aus bestimmten einzelligen Lebewesen – Bakterien, Viren usw. – durch solche Manipulationen für den Menschen gefährliche Produkte züchten kann, hat diese Forscher in ihrem Gedankengang noch bestärkt. Aber man geriet hier unbemerkt auf eine falsche Spur. Ich möchte das wie folgt charakterisieren.

Wir bescheinigen einem Menschen logisches Denkvermögen, wenn er in der Lage ist, einen bestimmten Gedankengang so aufzubauen, wie wir es im allgemeinen normalerweise gewöhnt sind. Wenn wir finden, daß jemand „unlogisch denkt" und „falsche Schlußfolgerungen" zieht oder wenn er „chaotisch" mit Begriffen umgeht, so sind das Beurteilungen, die wir selber aussprechen. Ein „logisch denkender Mensch" ist kein willkürlich aufgestellter Begriff. Der Ausdruck beruht auf einer Erfahrung, die jeder Mensch selbst in seinem Leben macht, worüber er höchstens später eine philosophische Betrachtung anstellen kann.

Dieses logische Denken entwickelt der Mensch in einer Welt, mit der er durch seine Sinnesorgane in Verbindung steht: mit den Augen und mit dem inneren Blick. „Sehe ich das richtig?" ist ein bekannter Ausdruck. Wenn das logische Denken sich nur aufgrund einer genauen Wahrnehmung aufbauen kann, so muß eine ungenaue Wahrnehmung zu falschen Schlüssen führen.

Wenn jemand in einer für jeden „richtig denkenden Menschen" völlig unbegreiflichen Weise denkt, wenn jemand Wahrnehmungen zu haben scheint, zu denen wir in keiner Hinsicht mehr eine Beziehung finden können, dann bezeichnen wir ihn für gewöhnlich als einen „anormalen" Menschen. Wie wir bei einem Menschen mit normalem Denken und Wahrnehmen von einem gesunden Menschen sprechen, so gebrauchen wir im anderen Fall die Worte krankhaft oder irrsinnig. Läßt man einen solchen Ausdruck nicht gelten, so bedeutet das, daß man so tut, als ob zwischen einem normalen und einem irrsinnigen Menschen kein Unterschied bestünde. Meines Erachtens empfinden nicht viele von uns in dieser Weise.

Kehre ich nun zur Frage der Manipulation mit genetischen Strukturen zurück, bei der prinzipiell eine bestehende Form beschädigt wird, so ist die Frage berechtigt, ob hier ohne weiteres von zwei verschiedenen Formen gesprochen werden darf, die gleichwertig sind. Denn ich meine: Wie bei einem gestörten Denken und Wahrnehmen von „Irrsinn" gesprochen wird, so könnte auch im zweiten Fall von einer „Formkrankheit" oder „Irrform" die Rede sein. Ein Irrsinniger kann gefährlich werden. Genauso kann auch ein „irrförmiges Ding" gefährlich werden, ohne daß es ein Recht hätte, eine neue Form genannt zu werden.

Ich mache diese Bemerkung, weil bekannt geworden ist, daß durch das Kombinieren von genetischem Material vielleicht Bakterien gezüchtet werden können, die in einer bestimmten Kriegsführung brauchbar wären.

Andererseits werden viele auf die Kombinationen verweisen, die als Impfstoffe für Tiere entwickelt wurden, um sie vor einer bestimmten Krankheit zu bewahren. Das wird nur erwähnt, um aufzuzeigen, daß auch positive Ergebnisse genannt werden können. Es geht hier aber nicht um die Beurteilung des einen oder anderen, sondern ausschließlich darum, daß wir es hier mit Mutationen zu tun haben, die nicht ganz von selber, nur so, entstanden sind. Es waren Menschen, d. h. „Schöpfer" am Werk. Sagt man: „No watchmaker", dann müßte man auch sagen: keine experimentellen Mutationisten!

Wenn wir nämlich die Entstehung neuer Formen in der Natur durch Mutationen erklären wollen, wenn wir also von der Voraussetzung ausgehen, daß Veränderungen (Mutationen) in der genetischen Struktur eine neue Tierart entstehen lassen können, dann ist noch nicht verständlich, warum diese Veränderungen eine „im Laufe der Zeit erschienene" deutliche *Reihenfolge* von den niederen bis zu den höheren Tieren aufweisen. Mutationen in der Weise, wie sie hätten zustande kommen sollen – gesetzt den Fall, es war so –, hätten nur „at random", d. h. ziellos, also zufällig sein können. Aber der Eindruck, den wir von den niederen bis zu den höheren Tieren bekommen, ist entschieden kein willkürlicher, so als ob das höhere Tier nur deshalb als „höher“ bezeichnet wird, weil es später erschienen ist! Im Gegenteil, vom Früheren zum Späteren zeigt sich eine deutliche Linie. Das wird im Laufe dieser Schrift immer verständlicher werden.

Erklärt man die offensichtliche Reihenfolge durch Mutationen, so würde man unvermeidlich den Gedanken eines leitenden Prinzips einführen, was der Einstellung „No watchmaker“ völlig entgegengesetzt ist!

Lamarcks und Darwins Theorien sowie die Mutationstheorie sind meines Erachtens unzureichend, wenn man versucht, mit ihnen die Evolution zu erklären. Will man letzteres tun, dann in der Weise, daß diese Erklärung bis in die Details hinein klar und logisch erscheint. Mit den bestehenden Theorien wurde das nicht erreicht.

Ich hatte die Gelegenheit, mit vielen Menschen zu sprechen, die von der Wirklichkeit der Evolution überzeugt waren, so wie man im Augenblick meint, daß sie sich vollzogen habe.

Man zeigte mir die unglaublichsten Schemata, größtenteils bestehend aus Zahlen, mit denen man zu zeigen versuchte, wie minimale Veränderungen durch Extrapolation zu tiefgreifenden Neuerungen führen könnten. Das Wort „Extrapolation“ bedingt auch: wenn man nur lange genug wartet. Es gibt viele Forscher, die sich mit diesen Problemen beschäftigen und die völlig überzeugt sind von der Richtigkeit des traditionellen Evolutionsgedankens (Ronald Fischer, „The genetical theory of natural selection“ und Sewall Wright, „Physiological genetics, ecology of populations and natural selection“).

Ich habe nicht das geringste Bedürfnis, diese Gedanken zu bestreiten. Wenn jemand sie entschieden denken will, so muß er das tun. Wenn sie jemanden befriedigen, so ist das seine Sache. Ich bin nur dagegen, daß man gleichzeitig die Haltung einnimmt, dies als einzig richtige Weise wissenschaftlichen Denkens darzustellen. Ich möchte noch eine einzige Bemerkung machen. Diese Theorien basieren alle auf dem gleichen Ausgangspunkt: daß wir die Ursache der Evolution im Verhältnis des Tieres zu seiner Umgebung suchen müssen und niemals von einem schaffenden Prinzip sprechen dürfen. Ich werde mir erlauben, mit diesem Dogma zu brechen und werde versuchen, einem anderen Dogma nicht zu verfallen, so wie es im ersten Kapitel dargestellt wurde.

Der Ausgangspunkt dieses Buches läuft darauf hinaus, daß ich an erster Stelle versuchen werde, mit dem Dogma „No watchmaker“ zu brechen. Daß ich mir dabei unter „watchmaker“ auch etwas anderes vorstellen kann als das, was im allgemeinen mit dem Begriff „Gott“ – besonders bei den Kreationisten – gemeint ist, muß dabei ausdrücklich gesagt werden.

Ich möchte hier eine vielleicht überflüssige Bemerkung machen. Viele, die das Vorhergehende gelesen haben, werden sagen: Kein Evolutionist auf der Höhe seiner Zeit wird sich jemals vorstellen können, daß die Tiere, denen wir jetzt begegnen, sich plötzlich einmal zu höheren Formen entwickelt haben. Man verlegt dieses Problem in die Vergangenheit. Man stelle sich vor, daß diese Entwicklung „aus sich selbst heraus“ in viel früheren Phasen der Evolution stattgefunden hat, als die verschiedenen Formen noch nicht so spezialisiert waren und noch leichter in andere übergehen konnten. In dieser Weise kam man zum Bild des „Stammbaums“ der Tiere, wobei der Stamm das Fortschreiten der Evolution darstellt, während die Äste die spezialisierten Tierformen bezeichnen.

Man versuchte also, den Übergang einer Form in die andere annehmbar zu machen, indem diese Formen dort gesucht wurden, wo sie am wenigsten differenziert, also ganz nahe am Stamm, waren. Meine Antwort darauf ist: Jeder Punkt, der außerhalb dieses Stammes gedacht wird, birgt bereits eine Differenzierung in sich, die nach den Gesetzen von Lamarck und Darwin unwiderruflich zur spezialisierten Tierform führt.

Man wird das Evolutionsgeheimnis im Stamm selber suchen müssen. Dabei kann man jedoch keinen Gebrauch von den zitierten Gesetzen machen. Es ist gerade die Absicht dieses Buches, die Faktoren aufzusuchen, die im Zentrum arbeiten und die wohl an den bestehenden Formen abgelesen, doch niemals in diesen Formen gefunden werden können.

IV. Das Bild der Evolution im Tierreich

Die Reihenfolge der Tierarten

Indem man die vielen Tierarten, die auf der Erde leben, kennenlernt, wird einem deutlich, daß ohne Mühe bestimmte Tiergruppen unterschieden werden können. Es gibt viele Vogelarten, doch alle sind Vögel. Keinem fällt es schwer, einen Fisch als Fisch zu erkennen, wie viele Fische es auch geben mag. Auch werden alle Säugetiere deutlich in einer Gruppe gesehen, obwohl jeder imstande ist, das Nagetier vom Raubtier zu unterscheiden.

Neben der Tatsache, daß man deutlich verschiedene Tiergruppen unterscheiden kann, liegt es auf der Hand, von niederen und höheren Tieren zu sprechen. Der Grund dieser Einteilung braucht hier nicht besprochen zu werden; jeder fühlt spontan den Unterschied zwischen einer Schnecke, einer Mükke, einer Schlange, einem Vogel und einem Löwen. Das geht sogar so weit, daß Naturkenner, ohne auf den Evolutionsgedanken zu schauen, die Tiere im allgemeinen in der gleichen Reihenfolge aufzählen würden.

Überblicken wir also alles Getier und beachten das, was in der Paläontologie, in der Fossilienkunde, entdeckt wurde, nämlich daß die Tiere langsam in der Reihenfolge von den „niederen" bis zu den „höheren" Tieren erschienen sind, dann stellt sich die Frage: Wie können wir das Tierreich in einer übersichtlichen Weise einteilen?

Eine Einteilung ist einleuchtend: die in Wirbeltiere und in Wirbellose. Die Wirbeltiere werden in fünf große Gruppen eingeteilt, und es braucht uns nicht zu verwundern, daß diese Einteilung von jedem Zoologen ohne weiteres angenommen wird. Das sind die Gruppen der Fische, der Lurche, der Kriechtiere (Reptilien), der Vögel und der Säugetiere. Diese Einteilung ist für jeden deutlich. (Daß es auch immer wieder Tiere gibt, bei denen nicht gleich erkannt werden kann, zu welcher Gruppe sie gehören, kann hier unberücksichtigt bleiben.)

Zu den Lurchen gehören unter anderem die Frösche, die Salamander und die Kröten; zu den Reptilien die Schlangen, die Krokodile, die Eidechsen und die Schildkröten. Vögel und Säugetiere sind schon unmittelbar gekennzeichnet durch ihre Federn beziehungsweise ihr Haarkleid.

Bei den wirbellosen Tieren ist eine Einteilung nicht so einfach. Im großen gesehen wird eine solche Einteilung durch die verschiedenen Erdschichten bestimmt, wo die Fossilienformen zu finden sind, die es uns ermöglichen, eine sichere Zeitskala zu erkennen. Wenn man jedoch eine Gruppeneinteilung machen will, so wird man des öfteren auf Zweifelsfälle stoßen. Das ist der Grund, warum so viele Forscher die Wirbellosen in verschiedener Weise einteilen. Weil dieses Buch kein Lehrbuch über Tierkunde ist, sondern sich mit dem Problem der Evolution als solcher beschäftigt, finde ich es berechtigt, aus den vielen Einteilungen eine herauszugreifen, mit der ich etwas anfangen kann. Dafür wählte ich die Einteilung, wie sie Rudolf Steiner im vorigen Jahrhundert gemacht hat.

Man wird vielleicht erstaunt sein, daß ich die Anweisungen von Rudolf Steiner zum Ausgangspunkt nehme. Das tue ich deshalb, weil man in der modernen Wissenschaft auf diesem Gebiet nicht auf der Höhe von Steiners Pionierwerk steht. Im Jahre 1882 empfahl ihn Professor Karl Julius Schröer dem Verleger Kürschner für die Bearbeitung von Goethes naturwissenschaftlichen Schriften. Rudolf Steiner war damals einundzwanzig Jahre alt.

Wir begegnen einer anderen bemerkenswerten Tatsache, wenn wir hören, daß Rudolf Steiner in diesen Jahren auch den Auftrag bekam, das Kapitel über Geologie und Paläontologie in „Pierers Lexikon“ zu besorgen.

Rudolf Steiner war selber sehr an der Evolutionsfrage interessiert, und er führte mit Persönlichkeiten wie Haeckel einen intensiven Briefwechsel.

Er teilt die Wirbellosen in sieben Gruppen ein: die Einzeller, die Hohltiere, die Stachelhäuter, die Manteltiere, die Weichtiere, die Würmer und die Gliederfüßer.

Zu den Einzellern gehören außer den bekannten Amöben

auch Urtierchen, die ein äußeres Kalk- oder Kieselskelett besitzen. Für die ersten sind die Foraminiferen, für die zweiten die Radiolarien (Strahlentierchen) bekannte Beispiele. Ihre äuße-

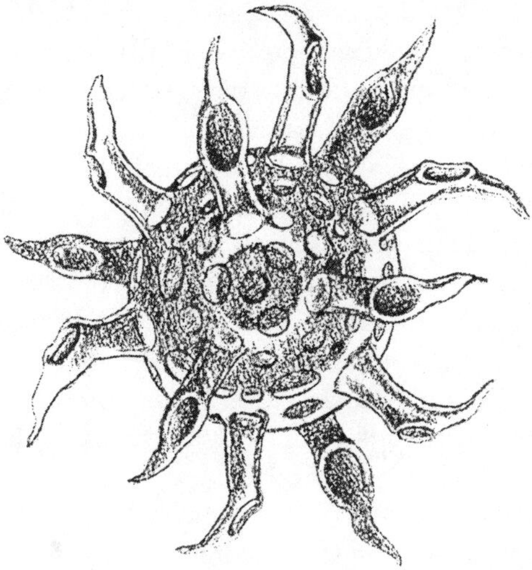

Beispiel eines Strahlentierchens (radiolar), gezeichnet nach Haeckel

ren Skelette weisen oft eine prächtige Struktur auf, die zuweilen an den Bau einer gotischen Kirche erinnert. Davon war vor allem Haeckel in hohem Maße fasziniert. Er hat mit unendlicher Geduld Hunderte davon gezeichnet, so gefesselt war er von der großen Schönheit dieser „Bauwerke". Viele Kreideberge, wie die Kreidefelsen Südenglands, sind ganz aus Foraminiferenkalk aufgebaut. Man muß sich einmal vorstellen, wieviele Milliarden dieser mikroskopisch kleinen Tierchen notwendig waren, um diese Formation entstehen zu lassen.

Unter die Hohltiere fallen in erster Linie die Polypen, die Seerosen, die Seeanemonen, die Korallen usw. Das sind Tiere, die im wesentlichen aus einem unten abgeschlossenen Hohlraum bestehen, mit einer Innen- und Außenseite. Das Wasser kann ohne weiteres ein- und ausströmen. Ein besonderes Merkmal ist, daß sie meistens radiärsymmetrisch sind, so wie es in der Pflanzenwelt am Beispiel des Gänseblümchens zu sehen ist.

Zu den Stachelhäutern gehören unter anderem der Seestern, der Seeigel und die Seewalze. Ihre Struktur ist schon kompliziert, aber im wesentlichen weist ihr Körperbau noch viel Ähnlichkeit mit den Hohltieren auf. Sie beginnen jedoch, eine bilaterale Symmetrie zu zeigen, was in der Pflanzenwelt zum Beispiel bei den Papilionaten (Schmetterlingsblütler) zu finden ist.

Die vierte Gruppe, die Manteltiere, wird, soviel ich weiß, nur von Rudolf Steiner als eine Gruppe für sich angesehen. Von vielen anderen wird sie als ein Unterstamm (subphylum) aufgefaßt. Wenn man ein erwachsenes Tier sieht, zum Beispiel eine Seescheide, so macht es den Eindruck eines Hohltieres, dem es auch sehr ähnlich ist. Das Interessante ist, daß die jungen Formen dieser Tiere einen viel komplizierteren Bau haben, sogar die Andeutung eines Rückgrates, einer Körperhöhle, eines Blutkreislaufs, alles ganz primitiv, aber trotzdem! Im Verlauf ihrer Entwicklung verschwindet diese anfängliche Struktur wieder, eine außerordentlich ungewöhnliche Erscheinung. Deshalb rechnet man sie für gewöhnlich zu den Hohltieren. Ich neige zur Aussage: Es scheint hier wirklich eine allgemeine Wiederholung stattzufinden von dem, was erst später zum Abschluß kommen soll.

Zu den Weichtieren gehören zum Beispiel die Muscheln, die Schnecken, die zum Teil die ersten eigentlichen Landtiere sind, und die Tintenfische. Sie haben eine viel abgeschlossenere Organisation, einen eigenen Blutkreislauf und primitive innere Organe. Es treten hier die ersten Augen auf, so wie bei den Schnecken – die schwarze Beule auf ihren Fühlhörnern – und bei den Tintenfischen. Im letzten Fall hat man es sogar mit einer ähnlichen Situation zu tun wie bei den jungen Formen der Manteltiere. Das Auge eines Tintenfisches ist nämlich auffallend gut gebaut. Obwohl die Augen auf beiden Seiten des Körpers liegen, also von einer „Blickrichtung" nicht die Rede sein kann, so fällt doch auf, wie stark dieser Bau dem der Wirbeltiere gleicht, die jedoch erst viel später in der Entwicklungsfolge auftreten, während die anschließenden Gruppen (die Würmer und die Gliederfüßer) entweder keine oder nur viel „primitivere" Augen haben.

Manteltier: Die Seescheide

Über die Würmer braucht nicht viel gesagt zu werden: Jeder weiß, was ein Wurm ist. Es gibt viele Arten davon: Ringelwürmer, Plattwürmer, Schnurwürmer, Schlauchwürmer usw. Man findet sie genauso im Wasser wie auf dem Lande.

Zu den Gliederfüßern gehören unter anderem die Krebse, die Strandkrabben, die Insekten, die Spinnen und die Tausendfüßler. Die Charakteristik ihres Baus ist schon in ihrem Namen angedeutet: Aber nicht nur die Beine, auch der ganze Körper ist deutlich gegliedert, was übrigens schon bei vielen Formen angedeutet ist. Sie haben, wie gesagt, auch Augen: Die meisten von uns kennen wohl das typische Insektenauge einer Fliege oder eines Schmetterlings: Kugelförmige Augen, die von einer großen Anzahl kleiner Facetten (Facetten-Auge) gebildet werden.

Danach folgen die Fische und die weiteren Tiere, die schon genannt wurden.

Hier noch einmal die Reihenfolge der Tiere:

Einzeller	Manteltiere	Gliederfüßer	Reptilien
Hohltiere	Weichtiere	Fische	Vögel
Stachelhäuter	Würmer	Lurche	Säugetiere

Indem wir die Reihenfolge dieser zwölf Tierarten in ihrer Ganzheit überblicken, können wir feststellen, daß erst von den Fischen an die Rede ist von Wirbeltieren. Sie haben ein inneres Skelett. Bei den niederen Tieren stoßen wir oft auf ein äußeres Skelett, ob das nun ein Kalk- oder Kieselskelett (wie wir bei den Einzellern sahen), eine andersartig verhärtete Außenseite (ein Schneckenhaus oder ein Paar Muschelhälften) oder ein Chitinskelett (wie bei den Insekten) ist. Die Stütze liegt in der Umhüllung. Wir können diesen Übergang von einem äußeren zu einem inneren Skelett als etwas beschreiben, das von außen nach innen geht.

Diese „Gebärde" werden wir in mancher Hinsicht wiederfinden. Bei den niedrigsten Tieren haben wir gesehen, daß das Wasser der Umgebung ein- und ausströmt. Man könnte fast sagen, das Meer sei das Blut der Polypen; diese Tiere haben noch keine eigene Flüssigkeitsorganisation. Erst bei den jungen Formen der Manteltiere tritt etwas derartiges auf, aber nur zeitlich begrenzt. Erst ab den Weichtieren können wir von einem geschlossenen Blutkreislauf sprechen.

Alle Tiere haben Sauerstoff nötig für ihr Dasein, aber bis inklusive der Fische können wir nicht von einer eigentlichen Atmung sprechen, so wie wir sie bei den höheren Tieren finden, obwohl es schon Tiere gibt, bei denen die Luft eindringt (z. B. in die Tracheen der Insekten). Ab den Lurchen muß man die Atmung ganz anders beschreiben, da die Luft zu einem Teil der inneren Körperorganisation wird. Hier finden wir zum ersten Mal Lungen vor; jetzt erst kann von einem Atemholen gesprochen werden. Die Kiemenbewegungen der Fische könnte man dagegen als ein „Wasserholen" bezeichnen.

Man fühlt schon, daß der folgende Schritt, wenn ich über die Warmblüter sprechen werde, diese Reihenfolge dann fortsetzt und abschließt. Alle Tiere benötigen Wärme, aber nur die Warmblüter haben eine innere Wärme, eine eigene Wärmeorganisation.

In dieser Weise kann man deutlich sehen, wie nacheinander von den niederen bis zu den höheren Tieren das Wasser, die Luft und die Wärme jeweils einen Teil des eigenen Organismus ausmachen. Man kann das auch so ausdrücken: Die niederen Tiere sind offen, die höheren geschlossen. Das ist selbstverständlich nur ein Hinweis auf die Tatsache, daß die niederen Tiere von der Umgebung viel abhängiger sind als die höheren.

Ein weiteres Beispiel, das sich hier anschließen läßt, betrifft die Fortpflanzung und das Verhältnis zur Nachkommenschaft. Bei vielen niederen Tieren findet die Fortpflanzung durch Knospenbildung (ungeschlechtliche Fortpflanzung) statt. Wo das nicht der Fall ist, geschieht sie – bis inklusive den Vögeln – durch Eiablage. Bei vielen niederen Tieren findet die Befruchtung irgendwo außerhalb des Körpers statt. Aber auch wo das nicht so ist, gibt es keine weitere Beziehung zu den befruchteten Eiern. Der Gegensatz zur Art und Weise, wie das Junge im Säugetier heranwächst, ist bezeichnend. Während die Eier der niederen Tiere (auch noch der Reptilien) durch die Sonnenwärme ausgebrütet werden, tritt bei den Vögeln ein neuer Zustand auf, weil sie mit der eigenen Körperwärme ihre Eier ausbrüten. Wenn wir dann an die Säugetiere denken, wo die ganze Entwicklung der Frucht sich im Muttertier vollzieht, so steht das Bild „von außen nach innen“ wieder deutlich vor uns.

Es gibt einige scheinbare Ausnahmen, die aber das Ganze gerade noch mehr verdeutlichen. Nur von den Säugetieren pflegt man zu sagen, daß sie lebende Junge bekommen. Trotzdem finden wir auch bei den Fischen und bei einigen Salamandern lebendgebärende Gattungen, doch dieser scheinbare Widerspruch fiel weg, als man entdeckte, daß es sich nur um ein verspätetes Eierlegen handelt, weil das Junge schon in dem Eileiter des Muttertieres ausschlüpft. Dieses Ei ist jedoch unabhängig von der Mutter. Das Junge wird ausschließlich durch die Dottersubstanz gefüttert, während es das Kennzeichen der Säugetiere ist, daß das Junge auch während seines weiteren Wachstums im Mutterleib noch immer von diesem Mutterkörper ernährt wird.

Das Umgekehrte von dem, was wir bei den lebendgebärenden Fischen antreffen, finden wir bei den eierlegenden Säugetieren wie beim Schnabeltier und beim Ameisenigel. Diese „Eier“ sind nur viel zu „früh geboren“, und sie entwickeln sich weiter in einer Hautfalte (Beutel). In dieser Hautfalte wird das junge Tier durch Ausscheidung an der Innenseite gefüttert, also durch die Mutter, worin das Ei als Ganzes wächst, wie es sonst in der Gebärmutter geschieht.

Beim Känguruh wie bei anderen Beuteltieren wird tatsächlich das Junge wie bei allen Säugetieren geboren, aber in einer Entwicklungsphase, in der selbständiges Leben ausgeschlossen ist. Es kriecht dann auch nach der Geburt in den Beutel zurück, der Mund saugt sich an einer Zitze fest, er verwächst sogar manchmal eine Zeitlang damit – und das Wachstum findet auch hier im Beutel statt, via Muttertier. Man kann ruhig sagen, daß wir es beim Känguruh fortwährend mit Frühgeburten zu tun haben, wobei in wunderbarer Weise die sonst nicht lebensfähige Frucht sich doch weiterentwickeln kann.

Auch auf dem Gebiet des Empfindungslebens können wir eine solche Entwicklung von außen nach innen wiederfinden. Bei den Weichtieren sprach ich als erstes von den Augen, und ich bemerkte auch, daß von einer (einseitigen) Blickrichtung noch nicht die Rede sein kann. Die empfindlichen Zellen auf den Fühlern der Schnecke, die vorquellenden Augen des Tintenfisches, die Insektenaugen sitzen alle noch ganz an der Außenseite des Körpers. Aber auch die Augen der Fische, der Lurche, der Reptilien und sogar der Vögel sind noch nicht von Höhlen umgeben und liegen deutlich an der Außenseite des Schädels. Nur beim Säugetier werden die Augen mehr *im* Schädel aufgenommen. Selbst dann ist noch auffallend, daß sowohl bei den Wiederkäuern und den Raubtieren als auch bei allen anderen Säugetieren – ausgenommen die Affen – noch nicht von wirklich geschlossenen Augenhöhlen gesprochen werden kann. Sie treten also erst bei den Affen auf.

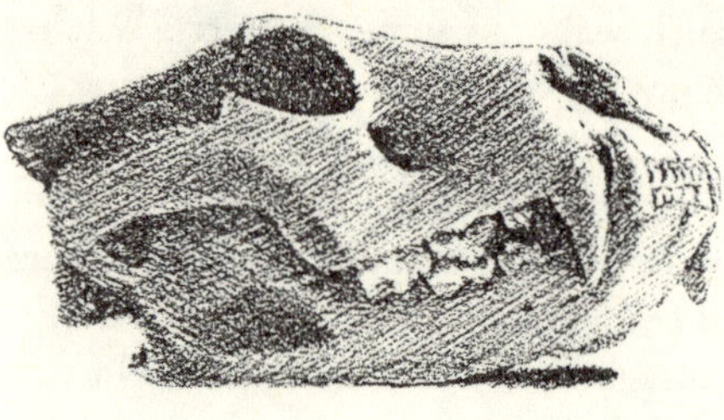

Schädel eines Tigers. Die Augenhöhle ist noch verbunden mit der Ohrenhöhle.)

Nun folgt aber noch eine andere interessante Bemerkung, nämlich, daß bei den niederen Tierformen von einem „Blick“ in eine bestimmte Richtung noch nicht gesprochen werden kann. Die meisten Vögel und Säugetiere haben völlig getrennte Gesichtsfelder. Nur einige Vögel (wie die Eulen), auch einige Säugetiere (so die Katzen, einige Hunde und auch die Seehunde) haben beide Augen nach vorn gerichtet. Man könnte sagen, daß die Blicke sich zuerst nach links und rechts „verlieren“. Aber wenn sie nach vorn gerichtet werden, dann neigen sie zur Vereinigung. Bei den Affen, die vollkommen geschlossene Augenhöhlen haben, bekommt man den Eindruck von einem Blick, der immer mehr nach innen gerichtet wird, während er beim niederen Tier in der Peripherie verloren bleibt. Wir haben es wieder mit einem „von außen nach innen“ zu tun; jetzt in der wahrnehmenden Wechselwirkung zwischen dem Tier und seiner Umgebung.

Es ist übrigens leicht, auch für andere Sinnenseindrücke etwas Ähnliches festzustellen. Eine bestimmte Gebärde wird da deutlich. Je höher das Tier in der Entwicklungslinie steht, desto mehr konzentriert und nach vorn gerichtet werden die Sinnesorgane. Sieht man zum Beispiel ein Nagetier mit seinen Augen, seiner Nase und seinen Ohren, die in ganz verschiedene Richtungen orientiert sind, und vergleicht das mit einem Menschenaffen, bei dem alles deutlich nach vorne gerichtet ist, so könnte man auch diese Gebärde als ein „Innerlich-Werden“ des Wahrnehmungsvermögens auffassen.

Ich möchte noch ein letztes Beispiel von dieser „Verinnerlichungsgebärde“ im Tierleben geben. Dazu müssen wir die Ton- oder Schallwelt betrachten. In den Tierreichen erscheint der Schall erst mit den Insekten. Man kann sagen, die Insektengeräusche werden ganz an der Außenseite des Körpers produziert. Viele Grillen zirpen. Sie reiben mit ihren Beinen gegen ihre Deckflügel. Das wird in schnellem Tempo gemacht, und dadurch entsteht dieses merkwürdig „zirpende“ Geräusch, dem das Tier vermutlich seinen Namen verdankt. Die Fische bilden ein stilles Reich, obwohl es auch da „Geräusche“ gibt, die durch äußere Organe produziert werden. Sollte man hier von einer Kommunikation sprechen wollen, die durch Schwingungen vermittelt wird, so ist das meines Erachtens noch lange kein Geräusch. In meinen Augen gehört das Wort „Geräusch" nur zu dem, was „in der Luft hörbar" ist.

Bei den Lurchen erscheinen wieder stärkere Geräusche: das Quaken der Frösche. Die Salamander sind natürlich stumm. Einige Kröten können einen riesigen Krach veranstalten (in Holland z. B. die Rückenstrichkröte). Der Froschlärm – hauptsächlich in den Tropen – ist oft so ohrenbetäubend, daß man nicht umsonst von einem Konzert spricht. Dieser Lärm wird mit den Schallblasen am Kopf produziert. Er hat noch immer einen sehr äußerlichen Charakter.

Die Reptilien sind ein auffallend stilles Reich. Man hat wohl Krokodile einmal brüllen und Schlangen zischen gehört; das sind jedoch Ausnahmen.

Von den Vögeln ist genügend bekannt, wie ihre oft jubelnden Töne zu den schönsten Erlebnissen zählen, die man in der Natur haben kann. Der Ton entsteht auch viel mehr im Innern, im Syrinx. Die Vögel haben noch keine Stimmbänder. Diese treten erst bei den Säugetieren auf, wo die „Stimmen" eine ganz andere Nuance bekommen. Wie entzückend auch die Lerche ihren „Trillergesang" produziert, wie sehr wir den Schlag der Nachtigall bewundern, so sind es doch mehr gattungshafte allgemeine Naturgeräusche, die wenig Innerlichkeit verraten. Sie wirken geradezu extrovertiert. Bei den Säugetieren, besonders bei unseren Haustieren, ist das ganz anders. Es wird wohl ab und zu gesagt, daß der Vogelgesang viel schöner ist als die „Laute" der Säugetiere (wie ich einmal gelesen habe, sollen letztere sogar häßlich sein). Das klingt natürlich sehr subjektiv, und doch möchte ich nicht widersprechen. Aber dieser Eindruck muß meines Erachtens verbunden werden mit der bestimmten Anstrengung, die wir auf dem Hintergrund dieser Laute fühlen können. Es ist deutlich, daß man es hier mit einer viel stärkeren Innerlichkeit zu tun hat. Es mag vielleicht ein kindisches Beispiel sein, aber wenn jemand zu seinem bellenden Hund oder seiner miauenden Katze sagt: „Was ist denn?" oder „Sag's doch dem Herrchen", so sind das Redewendungen, die man zu anderen Tierarten nie sagen wird. Die Tatsache, daß man zu den Säugetieren durchgehend eine viel innigere Beziehung als zu anderen Gattungen hat, ist hiermit eng verbunden.

Es gibt noch einen anderen bemerkenswerten Unterschied. Im großen und ganzen sind die Geräusche der Insekten, Lurche und Vögel zeitgebunden. Sie sind im allgemeinen an einen bestimmten Tagesrhythmus gebunden und deutlich abhängig von den Witterungsverhältnissen: Wärme, Kälte, Sonne und Wind. Alles beeinflußt diese Geräusche. Bei den Säugetieren begegnet man zum erstenmal einem „Geräusche-Machen", das an den Augenblick selbst gebunden ist, in Verbindung mit Stimmungen, mit Behaglichkeit oder Unbehaglichkeit. Es ist natürlich bekannt, daß auch Vögel ihre Register ziehen, wenn eine Katze in die Nachbarschaft kommt. Das ändert nichts an der Tatsache, daß die Vogelgeräusche viel abhängiger vom Tagesablauf sind.

Endlich ist es auch interessant, daß die höchsten Säugetiere, die Menschenaffen, wieder viel stiller sind. Selten wird jemand einen Orang-Utan brüllen hören. Auch die Gorillas und sogar die Schimpansen, die doch immer gesellig klatschen können, sind für gewöhnlich stillere Tiere.

Es ist für mich eine interessante Erscheinung, daß die Tierstimmen eine so auf- und niederschwingende Linie (laut–leise) aufweisen, neben der Tatsache, daß sie auch deutlich immer innerlicher werden. Man könnte die Extreme des Tierreichs, wie sie hier beschrieben wurden, in ihrer Gegenüberstellung nicht nur mit von „offen zu geschlossener", von „abhängig zu unabhängiger" charakterisieren, sondern auch mit von „äußerlich nach innerlicher". Hiermit ist ein Gedanke eingeführt, der die Linie, welche die Evolutionisten im Tierreich immer sehen, noch in einer anderen Weise beschreibt.

Zusammenfassend können wir also im Tierreich neben dem Gegensatz zwischen nieder und höher auch noch unterscheiden zwischen:

äußerlich	→ innerlich
offen	→ geschlossen
abhängig	→ unabhängig

Es gibt aber noch eine andere Möglichkeit, diese Linie zu beschreiben. Als ich nämlich von „offenen" Tieren sprach, im Zusammenhang mit einer stärkeren Abhängigkeit von der Umgebung, wurden wir unwillkürlich an das Reich erinnert, das im gesamten Bild der Evolution *vor* dem Tierreich steht: an das Pflanzenreich. Wir haben schon gesehen, daß die Pflanzen prinzipiell völlig „offene" Wesen sind, ganz abhängig von ihrer Umgebung. Da zugleich Namen auftreten wie Seeanemonen, Seerosen, Seelilien und wir sehen, wie intensiv Würmer und Insekten mit der Pflanzenwelt verbunden sind, so ist es vielleicht erlaubt, die niederen Tiere auch als „Pflanzen– Tiere" zu bezeichnen. Wenden wir uns kurz den Warmblütern zu, den höchsten Tieren, namentlich den Haustieren und den Affen, so wird man begreifen, daß ich für diese Tiergruppe das Wort „Mensch–Tiere" gebrauchen möchte. Das bedeutet jedoch, daß eine mittlere Gruppe übrigbleibt, die den Ausdruck „Tier–Tiere" verdient.

Man fühlt wohl, daß wir hier das exakt Wissenschaftliche verlassen haben. Wir entwickelten eine Anschauung, die ein ganz anderes Element in unserer Seele anspricht. Das kann noch verstärkt werden, indem wir einmal verfolgen, wie unsere Beziehung zu diesen „Pflanzen-Tieren" tatsächlich ist. Wenn man an die Bücher von Maeterlinck „Das Leben der Bienen" und „Das Leben der Ameisen" denkt, wenn man an Schmetterling- und Muschelsammlungen denkt, so liegt es nicht so ferne, den Begriff „Pflanzen-Tiere" mit der Art und Weise, wie wir mit ihnen umgehen, zu verbinden. Wir schauen sie an. Das tun wir mit einem großen Teil des Pflanzenreiches auch!

Was sieht man bei der Betrachtung niederer Tiere? Was sah Maeterlinck bei den Bienen und Ameisen? Ihr Leben! Das Leben der niederen Tiere spielt sich hauptsächlich äußerlich ab. Schauen wir zu den höheren Tieren, besonders zu den Säugetieren, dann spielt sich der größte Teil ihres Lebens innerhalb ihrer Haut ab. Auch hier haben wir es mit der Polarität „innerlich und äußerlich" zu tun. Ich möchte die Pflanzen-Tiere deshalb auch „Anschau-Tiere" nennen.

Wie steht es mit den „Tier-Tieren"? Obwohl man natürlich

immer sagen kann, daß diese Tiere ebenso schön und interessant sind wie alle anderen auch, so reagieren die meisten Menschen hier spontan und meines Erachtens auch in begreiflicher Weise, indem sie sagen: „Frösche, Kröten, Schlangen und Krokodile empfinde ich als gruselige Tiere.“ Wer einmal durch eine afrikanische Landschaft gezogen ist, wo viele Schlangen vorkommen, wer Bäche mit „treibenden Baumstämmen“ – Krokodilen – durchquert hat, wer Frösche angefaßt hat, der wird das nachempfinden können. Besonders dann, wenn man an die Schuppen oder Schilde, an die oft so verborgene Lebensweise und hauptsächlich an die Tatsache denkt, daß sich unter diesen Tieren die Giftschlangen befinden. Man muß auch mit der Tatsache rechnen, daß diese Tiere auffallend „niedrig“ sind – die Schlangen sogar ganz ohne Beine –, um die spontane Ausdrucksweise zu begreifen. Ich möchte diese Tierart deshalb „Gruseltiere“ nennen, und für die Warmblüter, namentlich für die Säugetiere, möchte ich den Ausdruck „Streicheltiere“ gebrauchen. Dabei denke ich natürlich in erster Linie an die zwar kleine Gruppe der Haustiere. Die Einteilungen „Pflanzen-Tiere, Tier-Tiere, Mensch-Tiere“ und „Anschautiere, Gruseltiere und Streicheltiere“ sind natürlich nur erlaubt, wenn man die spontane Reaktion des Menschen diesen Tieren gegenüber ebenso objektiv wie streng als eine Tatsache studiert. Man darf keine Wertmaßstäbe damit verbinden. Es geht ja hier nicht um eine strikt wissenschaftliche Beschreibung der Tiere, sondern um eine Betrachtung des ganzen Tierreiches, um zu neuen Einsichten in bezug auf das Wesen der Evolution zu kommen. Inwiefern die eben gegebene Einteilung wertvoll sein kann, wird später deutlich werden.

Pflanzen–Tiere	Tier–Tiere	Mensch–Tiere
(Anschautiere)	(Gruseltiere)	(Streicheltiere)

Da ist noch etwas anderes, wenn man an die Tatsache denkt, daß von „niedrigen“ Tieren im Zusammenhang mit den Gruseltieren gesprochen wurde. Das war buchstäblich gemeint, und es wird deutlich, wenn man danach die „Pflanzen–Tiere“

und die „Mensch–Tiere“ in unserem Schema mit einem entsprechenden Maßstab vergleicht.

Es ist bekannt, daß die Säugetiere im Durchschnitt bei weitem die größten Tiere sind. Wenn man an die „Tier–Tiere“ denkt und danach die Gestalten eines Hundes, eines Pferdes, einer Giraffe, eines Elefanten und eines Walfisches anschaut, so bemerkt man eine starke Steigerung bis zu den ganz großen Tieren.

Schaut man dagegen im folgenden Schema auf die linke Gruppe – auf die Insekten oder auf die Weichtiere –, so hat man es mit anderen Eigenschaften zu tun: mit ihrer zügellosen Fortpflanzungskraft. Diese läßt es als berechtigt erscheinen, bei einer Mücke unmittelbar an einen Mückenschwarm, bei einer Biene an ein Bienenvolk, bei einer Ameise an einen Ameisenhaufen zu denken.

Sieht man dann auf die Produktivität einiger Tintenfische, wodurch manchmal treibende Inseln im Ozean entstehen, von kleinen Tintenfischen gebildet, dann könnte ich diese Gruppe auch die „ausgebreiteten Tiere“ nennen. Links die „ausgebreiteten Tiere“, rechts die „großen Tiere“ und in der Mitte die „niedrigen Tiere“.

Wenn man sich dann wieder an das Bild einer Evolution erinnert, die sich im Tierreich ausdrückt, so wird deutlich, daß man es nicht mit einer allmählichen Entwicklung zu tun hat, sondern mit etwas, worüber wir (obwohl wir noch nichts von den Hintergründen wissen) uns fragen können: Was drückt sich in dieser merkwürdigen Kurve von oben nach unten und dann wieder nach oben aus?

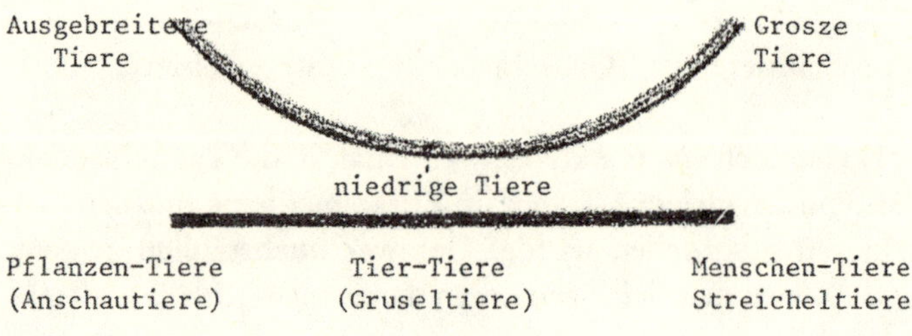

So wie ich für die „ausgebreiteten Tiere“ auf der linken Seite von einer enorm entwickelten Fortpflanzungskraft sprach, könnte ich bei den großen Tieren mit ihrer Innerlichkeit von der besonderen Bedeutung der Atmung sprechen. Diese Atmung hängt eng zusammen mit dem warmen Blutkreislauf. Das starke Wachstum der Warmblüter ist nicht zu trennen von der intensiven Atmung, die sie entwickeln.

Wenn wir dann fragen, welcher Lebensprozeß bei den Tier-Tieren, den Gruseltieren, den „niedrigen Tieren“, im Vordergrund steht, so entdecken wir, daß es die Kraft des Verdauens ist.

Verdauen heißt vernichten. Man könnte sogar von einer hauptsächlich nach innen gerichteten Aggression sprechen. Vergleicht man die Tier-Tiere mit den Säugetieren, so wird man geneigt sein zu sagen, daß besonders die Raubtiere eine starke Aggression an den Tag legen können. Das steht im Gegensatz zu den ruhig „treibenden Baumstämmen“ (Krokodile) oder zu den unter dem Gras verborgenen Schlangen. Von der Aggressivität dieser letzteren müssen wir also eine andere Beschreibung geben. Neben der Tatsache, daß sie beim Angriff auf ihr Opfer ein äußerst heftiges Bild von Aggression zeigen, ist die Kraft der Verdauung bei Reptilien und Schlangen in der Tat auffallend. Ich brauche nur zu fragen: Was findet man im Magen eines Krokodils? Wenn ich dann Uhren und goldene Armbänder sage, so begreift jeder, was ich damit meine und daß das kein Witz ist. Die Beute mit Haut und Haaren verschlingen und nahezu alles verdauen zu können, das kennzeichnet diese Tiere. Von den Schlangen ist bekannt, daß von ihrem Opfer zum Schluß außer einigen unverdaulichen Resten nur noch eine kleine Pfütze übrigbleibt.

Wir können dieses Bild noch erweitern. In der Schlangenwelt begegnen wir dem Schlangengift. Was ist dieses Schlangengift? Umgebildeter Speichel! Gibt man sich Rechenschaft darüber, wie vernichtend dieses Gift wirkt, so kann man es im Zusammenhang mit der Kraft sehen, die in der Verdauung zu finden ist und die schon mit dem Speichel beginnt. In Afrika gibt es sogar eine Schlange, die spuckende Mamba, die ihr Gift in die Augen ihres Opfers spuckt. Aggression und Verdauung sind in diesem Verhalten vereinigt!

Wenn man die Tierreihenfolge noch einmal ansieht, mit der betreffenden Linie darüber, und wenn man dann begreift, daß das ganze Tierreich das Bild einer Evolution zeigt, so stellt sich eine Frage: Was spielte sich in der Evolution ab, und wodurch konnte dieses Bild einer Tierreihe entstehen? Schaue ich diese konkave Linie an, so habe ich immer das Gefühl, daß sich in der einen oder anderen Weise ein „Drama“ in der Entstehung des Tierreiches abgespielt haben muß. Damit verpflichte ich mich selbstverständlich, in meiner Betrachtung eine Erklärung für den Ursprung dieses Dramas zu finden. Das heißt, daß ich noch mehr solcher Beobachtungen aufzeigen muß, um schließlich in befriedigender Weise eine Antwort auf meine Fragen zu bekommen. Es werden dann viele Punkte, die jetzt noch rätselhaft erscheinen, im Lichte der späteren Enthüllungen plötzlich eine deutliche Sprache sprechen.

Bevor ich zu dem nächsten Kapitel übergehe, gibt es noch ein paar Fragen. Die erste ist: Wenn die niederen Tierarten sich tatsächlich zu höheren entwickelt haben sollten, warum sind dann noch so viele niedere Tierformen vorhanden? Von dieser Frage meine ich natürlich nicht, daß ein moderner Evolutionist sie nicht beantworten könnte. Sie ist nicht als Fangfrage gemeint, sondern als eine Frage, die jedem unbefangenen Beobachter kommen kann. Zum Nachdenken regt sie sicher an!

Die zweite Frage ist: Wie kam es zur Entstehung von Land-, Wasser- und Lufttieren? Wie kam es dazu, daß man tatsächlich auch von „Wärmetieren“ sprechen kann, wenn man an die Abhängigkeit der Bienen und der Schmetterlinge von der Sonne denkt? Man hat oft versucht, die Wassertiere als die ursprünglichen anzusehen. Es wurde dann der Übergang von den Wassertieren zu den Landtieren in der Ursache gesucht, daß unter bestimmten Umständen seichte Stellen austrockneten, wodurch etwa Fische angefangen hätten, Lungen zu entwickeln (Lungenfische). Entsprechend hat man auch angenommen, daß Landtiere, auch wieder durch zeitweilige Überschwemmungen, gezwungen waren, sich zu Wassertieren umzuformen. Hier taucht aber ein Problem auf: Wenn ein Fisch in einem Graben lebt, der ab und zu halb austrocknet, und man sich vorstellt, daß in diesem Tier dadurch eine erste Anlage zur Anpassung an die neuen Verhältnisse entsteht, dann ist dieses Argument nur stichhaltig, wenn man davon ausgeht, daß das Tier nach Austrocknung des Grabens auch noch befruchtet wird. Sonst wird es der Nachwelt die neu erworbenen Eigenschaften nicht übergeben können. Daß es dazu noch kommt, ist zu bezweifeln.

Obwohl man den Archäopteryx als Übergang vom Reptil zum Vogel in der Paläontologie kennengelernt hat, ist damit noch nicht deutlich geworden, ob man sich vorstellen muß, daß ein Landtier zum Lufttier oder ein Lufttier zum Landtier wurde und – wäre letzteres der Fall – wo dann der Ursprung des Lufttieres liegt. So kann man fortfahren und Hypothesen über Hypothesen aufstellen, ohne das Gefühl zu haben, eine wirklich befriedigende Antwort zu bekommen.

Die dritte Frage ist: Wo muß der Übergang zweier aufeinanderfolgender Tierarten gesucht werden? Die Vermutungen bezüglich der Lösung dieser Frage waren immer nur Hypothesen. Auch wenn zwei Tierarten eine große Ähnlichkeit aufweisen, so weiß man immer noch nicht, wie die eine Art zur anderen wurde. Hier darf man nicht vergessen, daß sehr wohl Tierformen bekannt sind, von denen ich sicher weiß, daß die gegenwärtigen Formen direkt von jenen abstammen: nämlich die prähistorischen Formen. Daß ein prähistorisches Pferd sich im Laufe der Jahrtausende zusammen mit der Anpassung an den Zustand der Erde selber zum gegenwärtigen Pferd entwickelt hat, das ist eigentlich kein Problem. Das gilt mutatis mutandis für alle prähistorischen Tiere. Beim Anpassen an die Umgebung ist es wichtig, die Tatsache zu beachten, daß diese Umgebung selbst intensive Veränderungen durchgemacht hat. Wer in Büchern Bilder sieht, auf denen vorgeschichtliche Monster, also Saurier (Saurier heißt: schrecklich) und ihre Zeitgenossen, in einer Landschaft dargestellt sind, die ganz in unsere Zeit paßt, der muß wissen, daß er es mit Phantasieprodukten zu tun hat.

Kurz: Eine nüchterne physiologische Betrachtung kann enthüllen, daß solche riesenhaften Tiere wie der Brontosaurier niemals auf einem festen Erdboden haben laufen können. Die Proportionen von Skelett, Muskeln, Blutkreislauf und Atmung können nicht beliebig vergrößert werden. Auch das Riesenhafte hat seine Grenzen. Tiere von der Dimension eines Walfisches können nur Wasser- oder Sumpftiere sein.

Der Übergang von den prähistorischen zu den historischen Tierformen kann nie der Schlüssel sein, um die ganze Evolution zu begreifen. Dazu müßten wir immer von der früheren zur folgenden Tierart ein Verbindungsglied haben. Dieses kann jedoch nur in der Zeit gesucht werden, die *vor* der Erscheinung der prähistorischen Tierformen liegt. Zu der Tatsache, daß faktisch niemals genügend befriedigende Verbindungsglieder zwischen den verschiedenen Tierarten gefunden wurden, gesellt sich die Tatsache, daß diese Verbindungsglieder nur in einer Periode gesucht werden können, die keine Fossilien hinterlassen konnte, weil die Voraussetzungen dafür, materiell gesehen, noch nicht vorhanden waren.

Die Frage nach dem Verbindungsglied zweier Tierarten führt uns unwiderruflich zur nächsten Frage: Wo liegt der Ursprung der prähistorischen Tiere?

Endlich eine vierte Frage, die nun völlig anderer Art ist. Vor Jahren lernte ich in meiner Praxis eine alte Dame kennen. Sie war eine reiche Witwe und hat ein glückliches Leben gehabt. Ich wußte auch, daß sie religiös war. Es war mir jedoch aufgefallen, daß eine gewisse Traurigkeit auf ihr lastete. Eines Tages fragte ich sie geradeheraus, ob etwas in ihrem Leben gewesen sei, das sie bedrücke und das sie mir nicht erzählt habe.

Ihre Antwort war überraschend: „Das stimmt“, sagte sie, „es gibt etwas, das ich schon jahrelang mit mir herumtrage. Sehen Sie, ich bin eine religiöse Frau. Ich glaube, daß die Welt von Gott mit einer bestimmten Absicht geschaffen wurde. Ich sehe die Sonne, den Mond, die Sterne, die Berge und die Bäume, und ich finde das alles wunderbar. Ich sehe die Menschen um mich herum, mit ihren guten und bösen Seiten, und ich fühle die Bestimmung ihres Daseins in ihrer Bemühung, zu streben und zu lernen. Es gibt aber eine Sache, die ich nicht begreife und nie begreifen werde: Warum hat der liebe Gott um Himmels willen dieses schreckliche Tierreich geschaffen?"

Einige könnten diese Frage achselzuckend abtun, sie sogar unsinnig finden. Für mich war diese Frage, die Tatsache, daß jemand so dachte, ebensosehr eine Realität wie jede andere Erscheinung in der Welt. Ich fühlte sogar die Notwendigkeit, dieser Frage nachzugehen.

Was wollte sie sagen? Sie war reich, hatte einen prächtigen Garten mit vielen Bäumen. In diesen Bäumen lebten viele Vögel; in ihren Garten kamen viele Katzen. Wer jemals eine Katze sah, die einen Vogel gefangen hat, der kann begreifen, welche Emotionen das im Zuschauer wecken kann. Aber bei dieser alten Dame ging es um folgendes: Wie ist es möglich, daß etwas, was in mir ein Bild der Grausamkeit hervorruft, in einer Form erscheint (die Katze), die nicht grausam ist? Grausamsein impliziert immer auch „nicht grausam" sein können. Jeder weiß, daß eine Katze nicht grausam ist, daß sie keine Verantwortung trägt usw. Wer dieses Paradoxon gut durchdenkt, der wird vielleicht begreifen können, wie jemand dazu kommt, so eine Frage zu stellen. Die folgende Beschreibung kann die hier ausgesprochenen Gedanken noch weiter verdeutlichen.

Während meiner Reisen in Afrika hatte ich die Gelegenheit, ein „game reserve" (Wildreservat) zu besuchen. Oft muß man lange Zeit im Auto herumfahren, bis man endlich etwas sieht. Das Wild hält sich im allgemeinen verborgen. Es ist bekannt, daß man die Tiere am ehesten zu sehen bekommt, wenn man zu bestimmten Zeiten ihre Trinkstelle aufsucht. Man kommt zu einem kleinen See, wo für die Besucher ein kleines Gebäude auf einem hohen Gestell aufgebaut ist und zu dem man auf einer Leiter hinaufklettert. So standen wir da, eine kleine Gruppe, und warteten ruhig ab. Auf der anderen Seeseite fing der Urwald an. Als wir ankamen, war kein Tier zu sehen. Nach fünf Minuten sagte plötzlich einer der Besucher: Ein Elefant! Tatsächlich sahen wir hinter einem Baum einen Rüssel hervorkommen, der suchend, witternd sich hin und herbewegte. Etwas später kam das ganze Tier zum Vorschein.

Wer diese Situation einmal miterlebte, der wird begreifen, was es bedeutet, wenn ich sage: Und dann waren es auf einmal neunundzwanzig. Es ist unvorstellbar, wie so eine Herde plötzlich aus dem Urwald auftaucht, ohne daß man vorher etwas gemerkt oder gehört hätte. Die Truppe ging ruhig und langsam auf den See zu, das Leittier voran und ein anderes gleich hinterher. Sobald sie jedoch am Wasser ankamen, gab es kein Halten mehr. Alles tauchte, planschte, spuckte Wasser, alles wälzte sich im Schlamm. Es war ein geräuschvolles Badefest.

Weil unsere Aufmerksamkeit ganz auf die badenden Elefanten gerichtet war, hatten wir nicht bemerkt, was auf der rechten Seite in den Bäumen geschah. Ich sage „in den Bäumen", aber das Tier, um das es ging, stand mit den Beinen auf dem Boden. Wer zum erstenmal den Kopf einer Giraffe aus den Blättern zum Vorschein kommen sieht, mit dem fast erstaunten Blick nach links und rechts schauend, während man kaum ein Stückchen Hals und vom restlichen Tier noch gar nichts sieht, der kann sich vorstellen, wie sehr dieses Bild auf die Lachmuskeln wirkte. Auch bei den Giraffen erlebten wir, wie es plötzlich elf waren, die mit ihrem typischen Steifbein-Schaukelhalsgang (insgesamt ein unglaublich elegantes Bild!) ruhig zum Wasser wanderten, dort die Beine weit spreizten, die starren langen Hälse gerade nach unten beugten und zu trinken begannen.

Inzwischen waren einige Böckchen und Gazellen dazugekommen, dann eine Anzahl Warzenschweine und natürlich die nie fehlenden Paviane: ein Bild seltener Schönheit und Harmonie.

Das ist nur *ein* Bild. Ich möchte es ein Bild des Tages nennen. Mit Eintritt der Dämmerung kommt Veränderung in diesen friedlichen Zustand. Mit ein bißchen Phantasie kann man sich eine Vorstellung machen vom Rennen, Schnauben, Knurren, Schreien und Brüllen: ein Bild der Aggression und der Flucht, alles zusammen ein ganz anderes Bild als tagsüber.

Wir begegnen hier dem, was sich uns im Spiel der Katze mit dem Vogel aufdrängte. Es ist die Frage, wie man das Bild der Aggression und Grausamkeit mit der Überzeugung vereinen kann, daß diese Begriffe hier völlig befreit sind von den Qualitäten, mit denen sie im menschlichen Leben in so hohem Maße verbunden sind: den Eigenschaften des Guten und des Bösen. Es ist immer gut, sich vor Augen zu halten, daß wir in dieser Hinsicht oft verkehrte Ausdrücke gebrauchen. Wir sprechen von einem treuen Hund, von einem schlauen Fuchs und von einer falschen Katze. Aber diese Ausdrücke sind alle irrelevant. Ein Hund kann nie treu sein, ein Fuchs kann nie schlau sein, eine Katze kann nie falsch sein. Sie können nur „sein". Sie geben nur das Bild wieder von dem, was diese Eigenschaften bedeuten würden, wenn sie menschlich wären.

In bezug auf die Tiere werde ich die Bedeutung dieser Eigenschaften im folgenden Kapitel besprechen. Wir werden später sehen, daß die Zusammenfassung der vielen Phänomene, die ich schon gefunden habe und noch finden werde, uns zu einer Lösung führen wird, die gleichzeitig eine direkte Antwort auf die zuletzt gestellte Frage sein wird.

Zusammenfassend möchte ich die behandelten Fragen wie folgt wiederholen:

1. Warum gibt es immer noch niedere Tiere?
2. Woher kommen die prähistorischen Tiere?
3. Wieso gibt es Land-, Wasser-, Luft- und Sonnentiere?
4. „Warum schuf Gott das schreckliche Tierreich?"

Zweiter Teil

MENSCH UND TIER

V. Eine Charakterisierung des Tieres

Die nahezu allgemein herrschende Auffassung, der Mensch sei im Lauf der Evolution aus dem Tier entstanden, hat zur Folge, daß ein großer Teil der modernen Anthropologen der festen Überzeugung ist, zwischen Mensch und Tier bestehen im wesentlichen nur quantitative Unterschiede.

Um den Wert des folgenden richtig einschätzen zu können, muß zuerst dieser letzte Gedanke beiseitegeschafft werden. Die Überzeugung, der Mensch sei aus dem Tierreich hervorgegangen und das Tierreich sei ein deutliches Beispiel von der Wirklichkeit der Evolution, ist so eingebürgert, daß es für viele fremd sein wird, auch nur den Versuch zu wagen, in dieser Hinsicht noch einmal von vorne anzufangen!

Es muß jedoch sein. Das geht am besten, wenn die Beziehung Mensch–Tier erneut unter die Lupe genommen wird und dabei nicht die Übereinstimmungen, sondern die Unterschiede beachtet werden. Es geht dann darum, zu beurteilen ob diese Unterschiede wesentlich oder unwesentlich sind.

Es gibt einen ganz besonderen Eindruck, den man von bestimmten Tieren bekommen kann. Dazu müssen wir Beispiele von Tieren nehmen, die einen deutlich ausgebildeten Kopf haben. Da suchen wir am besten unter den Wirbeltieren. Wenn wir uns den Kopf vieler Fische, vieler Lurche, besonders der Frösche und der kriechenden Tiere, aber auch den Kopf von vielen Vögeln und Säugetieren deutlich und ruhig vor die Seele stellen, können wir den Eindruck eines „Uralten“ bekommen. Man wird sagen, das wäre völlig subjektiv. Wahrnehmungen sind aber immer subjektiv. Gefährlich wird die Sache erst dann, wenn wir zu schnelle Schlußfolgerungen ziehen! Wir werden später sehen, daß wir selber die Gründe dieser Eindrücke entdecken können.

Weiter ist es wichtig, darauf hinzuweisen, daß dieses für alle Tiere ohne Ausnahme gilt, bei der einen Gattung jedoch mehr ins Auge springt als bei der anderen. Unter den Säugetieren finden wir deutliche Beispiele bei den Affen, hauptsächlich bei den Menschenaffen; aber wenn man den Blick einigermaßen auf diesem Gebiet geschult hat, sieht man es auch deutlich bei Hunden, Katzen, Kamelen, Elefanten usw. Wo man es als nicht so auffallend empfindet, ist man noch nicht berechtigt, gleich an Ausnahmen zu denken, wie wir später sehen werden.

Bei den Vögeln können wir an den Marabu denken; bei den Reptilien an die Schildkröte oder an einen Leguan. Von den Lurchen liefern uns die Kröten die schönsten Beispiele. Bei den Fischen gibt es so viele Arten, bei denen es dermaßen in die Augen springt, daß man sich fragen muß: Woher kommt dieser Eindruck des „Altseins"? Dieser Eindruck gilt vorläufig nur im Vergleich mit einem menschlichen Antlitz. (In diesem Kapitel befinden sich einige Zeichnungen von Tieren, bei denen der Eindruck des „Altseins" deutlich zu erleben ist.)

Eine zweite Charakteristik des Tierreiches finden wir in den Farben und Zeichnungen auf der Haut oder im Fell der Tiere. Einige Tiere sind in dieser Hinsicht sehr auffallend geschmückt. Interessant ist, daß man die auffälligsten Farben im allgemeinen bei den kleineren Tierarten findet. Pfau und Goldfasan sind schon verhältnismäßige Ausnahmen, ebenso das Zebra. Eine große Farbenpracht finden wir bei den Hohltieren (Seeanemonen), Muscheln, Insekten (Schmetterlingen), tropischen Fischen, Landsalamandern und bei den kleinen Vögeln (Kolibris!). Auffallend schöne Farben finden wir auch bei den Schlangen, und nicht nur bei den kleinsten. Es ist jedoch gut, die Größe einer Schlange nicht immer nach ihrer Länge, sondern auch nach ihrer „Höhe" (also vom Boden aus gerechnet) zu beurteilen. Das so „niedrig am Boden sein" bezeichnete ich schon als einen wesentlichen Aspekt des Schlangenlebens. Bei den Säugetieren sind die Farben nicht so spektakulär, aber wenn wir an eine Giraffe, an einen Tiger, an einen Polarfuchs, an eine Zibetkatze oder an einen Pandabären denken, so haben wir es auch mit sehr auffallend farbigen Tieren zu tun.

Ein weiterer Punkt ist die Bedeckung der Tiere. Alles, was mit dem äußeren Skelett der Wirbellosen zusammenhängt (Muscheln, Chitinhaut usw.) oder mit Schuppen, Schilden, Panzern, Federn und Haaren (das „Fell").

Asiatische Kröte

An vierter Stelle haben wir es mit dem, was ich die Werkzeuge der Tiere nenne, zu tun. Damit meine ich alles, was zusammenhängt mit Geweihen, Hörnern, Gebissen (Stoßzähne eines Elefanten, Eckzähne eines Raubtieres, Schneidezähne eines Nagetieres), Schnäbeln, Flügeln, Flossen, Sprungbeinen (Frosch) und Hufen; kurz, alles, was eine bestimmte Funktion für das Tier hat.

Vorgreifend auf das folgende, möchte ich hier schon bemerken, daß der Mensch in hohem Maße alle diese „Werkzeuge" gerade „nicht hat".* Was lehren uns diese Tatsachen? Wollen wir dazu noch die Frage stellen: Warum gehen wir in einen zoologischen Garten? Verschiedene Menschen werden darauf verschieden antworten. Meines Erachtens werden wir uns jedoch einig sein, daß wir in den Tieren etwas Typisches, etwas Charakteristisches suchen, was in der einen oder anderen Weise zugleich eine Einseitigkeit bedeutet. Das wurde in den zitierten Beispielen schon mehr oder weniger angedeutet. Daß der eine sich mehr zur einen Tierart, der andere mehr zur anderen hingezogen fühlt, ist selbstverständlich.

* Im Buch „Mensch und Tier" von Dr. Hermann Poppelbaum wird davon eine spannende Beschreibung gegeben.

Es ist aber auch sehr wichtig, sich bewußt zu machen, daß wir die Tiere nicht nur wegen ihrer Farben und Formen anschauen, sondern auch, weil sie ein bestimmtes Verhalten zeigen. Ein Tier wird für viele Menschen erst interessant, wenn es ewas tut! Dieses „Tun“ werde ich in Verbindung bringen mit den charakteristischen „Werkzeugen“, die ich soeben genannt habe.

Was beinhaltet das Tun eines Tieres? Darauf kann eine klare Antwort gegeben werden: Ein Tier strebt immer danach, seinen in ihm lebenden Trieb zu befriedigen. Es ist mir natürlich bekannt, daß viele Psychologen genau dasselbe vom Menschen sagen werden; aber ich möchte mich vorläufig auf die Tiere beschränken. Einer Äußerung, bei der sich das deutlich zeigt, begegnen wir beim Füttern. Jeder weiß, daß die Menschen im zoologischen Garten die Raubtiere, die Seelöwen, aber auch alle anderen Tiere besonders gern während der Fütterung beobachten. Dann sehen wir die Tiere in Aktion. Das ist einer der Gründe, weshalb das Reptilienhaus in der Regel recht wenig besucht wird. Tiere, die totenstill daliegen, sind weniger interessant. Sobald sie sich aber bewegen oder etwas tun, kommt etwas ans Tageslicht, was das Tier erst zum eigentlichen Tier macht.

Ich habe dieses „Etwas“ soeben „Trieb“ genannt. Ich könnte auch das Wort „Begierde“ gebrauchen. Das Tierleben besteht darin, die Begierden zu befriedigen. Das ist eine allgemein bekannte Tatsache, die erst dann bedeutungsvoll wird, wenn wir die verschiedenen Begierden der Tiere studieren. Ich muß dazu die Frage stellen: Welche bestimmte Begierde lebt in einem bestimmten Tier? Damit ist nicht gemeint, die Begierden in Gruppen einzuteilen, die im wesentlichen für jedes Tier gelten wie der Ernährungstrieb oder die Brutpflege usw. Das sind allgemein vorkommende Triebe, die über das ganze Tierreich verbreitet sind. Gemeint ist: Welchen Trieb oder welche Begierde finde ich nur bei dieser einen bestimmten Tierart und sonst bei keiner?

Um diese Frage beantworten zu können, müssen wir zuerst fragen: Womit kann ein Tier seine Begierden befriedigen? „Mit seinem Körper", wird man sagen. Doch dann muß man dazu sagen: Mit diesem besonderen Körper, mit diesen Farben, mit dieser Bedeckung, mit diesen „Werkzeugen" usw. Nun ist es nicht schwierig, einen weiteren Schritt zu machen und zu sagen, daß jede Tierart ihre Begierden mit ihrer typischen Körperform befriedigen muß. Also müssen wir uns mit dem Gedanken vertraut machen, daß die Begierden der Tiere ebenso verschieden sind wie ihre Körperformen. Man kann das nicht

Rhinozeros

deutlicher ausdrücken als mit der Aussage: Im Löwen lebt der Trieb, Löwe zu sein; im Wolf der Trieb, Wolf zu sein; in der Schlange der Trieb, Schlange zu sein usw. Das ist keine gewöhnliche Tierbeschreibung. Es liegt auf der Hand. Aber es geht darum, auch auf diesem Gebiet neue Einsichten zu gewinnen. Wenn ich mich also frage, welche Rolle die verschiedenen charakteristischen Eigenschaften (Farbe, Bedeckung, Werkzeuge usw.) spielen, so kann ich daraus nur schließen, daß diese Eigenschaften mit der spezifischen Begierde des entsprechenden Tieres zusammenhängen müssen.

Selbstverständlich stehen die besprochenen körperlichen Eigenschaften der Tiere gleichzeitig in engster Verbindung mit der Umgebung, in der das Tier nicht nur lebt, sondern auch leben muß. Man pflegt zu sagen: Ein Vogel kann fliegen, und ein Fisch kann schwimmen. Man kann genausogut sagen: Ein Vogel muß fliegen, ein Fisch muß schwimmen. Damit wird unsere Aufmerksamkeit auf die Umgebung des Tieres gelenkt, der einzigen Umgebung, in der es mit seiner Körperform leben kann. Das Äußere, das Verhalten und der angenommene spezifische Trieb im Tier können nur dann zur Geltung kommen, wenn das Tier seine entsprechende Umgebung hat.

Man sollte einmal versuchen, sich mit dem Gedanken vertraut zu machen, daß das Tier eine Einheit von Begierde, Gestalt (Form) und Umgebung ist. Das Besondere dieser „Formel" ist, daß sie andeutet, wie das Tier mit seiner – natürlichen – Umgebung eine feste Einheit bildet. In dem wertvollen Büchlein „Die kausale Erklärung des Lebens" von Prof. Dr. Jordan (1942) kommt eine ähnliche Passage vor, wenn er über die Einheit spricht, die im Tier lebt und kongruent sein soll mit der Einheit, die in der spezifischen Umgebung des Tieres zu finden ist.

In dieser Umgebung kann das Tier sich völlig befriedigen. Man kann diesen letzten Satz auch so ausdrücken: Dem Tier bleibt dann nichts zu wünschen übrig. Wenn wir uns daran erinnern, wie das Tier von seiner Umgebung durch seine sinnlichen Wahrnehmungen getrennt ist (deshalb konnten wir von einem „Inneren" sprechen), kann ich den oben genannten Satz noch schärfer formulieren: *Jedes Tier ist eine geschlossene Einheit von Begierde, Form und Umgebung.*

Vielleicht ist es gut, hier zu bemerken, daß der Begriff „Umgebung" nicht gleichzusetzen ist mit dem „Raum", in dem das Tier sich befindet. Wenn in einem Zimmer eine Katze und eine Ameise sind, so befinden sie sich – physikalisch gesprochen – im gleichen Raum. Ihre Umgebung ist jedoch eine total andere. Für die Katze wird es zum Beispiel ein weiches Kissen, ein Schälchen Milch usw. sein. Für die Ameise sind es vielleicht Zuckerkörner, die auf dem Boden liegen. Das heißt also gleichzeitig, daß für die Katze der Zucker, für die Ameise die Kissen und die Milch nicht existieren.

Auch Erwin Strauß charakterisiert in seinem Buch „Vom Sinn der Sinne“ das Leben des Tieres in seiner Umgebung in einer entsprechenden Weise. Er tut das, indem er die Umgebung von Mensch und Tier mit „Raum“ und „Landschaft“ bezeichnet. „Raum“ ist für Strauß ein Begriff, der nur für den Menschen gilt, weil er nicht dasselbe ist wie seine wahrgenommene Umgebung. „Landschaft“ ist identisch mit der Tierumgebung und also für jedes Tier verschieden, auch wenn sie im selben Gebiet leben. Er beschreibt das Leben des Tieres ganz treffend, indem er sagt, daß das Tier nicht reisen kann. Wenn man ein Tier woandershin versetzt, so ist das ein künstliches Geschehen. Das Tier selber kann nie den Impuls entwickeln, seine „Landschaft“ zu verlassen. Das ist der Grund, sagt Strauß, weshalb wir uns bei den Zugvögeln nicht über die Sicherheit zu wundern brauchen, mit der sie irgendwo hinfliegen, wovon wir vielleicht glauben, es wären „unbekannte Gegenden“. Wir projizieren dann unwillkürlich unsere eigene Art und Weise zu reisen auf das Tierleben. In Wirklichkeit hört die ganze „Reise“ des Tieres in seiner Landschaft, in seinem Territorium, auf. Diese Landschaft kann es niemals verlassen. – Eine spannende Schlußfolgerung!

Es gibt aber noch etwas, das mit diesen Erfahrungen eine geschlossene Ganzheit bildet.

Hahn

Das ist die Beschreibung der Größe des Tieres. Wie groß ist ein Tier? Man wird geneigt sein zu sagen: So groß, wie ich es sehe. Das stimmt natürlich, aber es ist dann nur die Größe des Körpers gemeint. Das „Tier" in seiner Ganzheit ist jedoch noch etwas ganz anderes. Das nächste Beispiel kann das verdeutlichen.

Angenommen, irgendwo liegt ein schlafendes Tier, das ich berühre. Es wird dann reagieren und sich bewegen. Dadurch weiß ich, daß es etwas gespürt hat. (Ich habe das beim Vergleich von Pflanze und Tier schon besprochen.) Ich habe namentlich seine Haut berührt, damit zugleich das Organ des Tastsinnes.

Nehmen wir jetzt an, daß irgendwo in der Weite ein Löwe liegt. Ich gehe auf ihn zu, während der Wind von mir zu ihm weht. Plötzlich wird der Löwe aufspringen. Er wird zeigen, daß er mich wahrgenommen hat. Auch da habe ich ihn also „berührt". In diesem Falle zwar nicht seine Haut, sondern sein Geruchsorgan. Folglich kann man sagen, daß das Tier als wahrnehmendes Wesen im Hinblick auf sein Geruchsorgan größer ist als der Körperumfang.

Viele von uns haben wohl schon einmal eine große Spinne gesehen. Ich habe des öfteren vor einem großen Publikum über meine Erfahrungen mit Tieren gesprochen. Da fragte ich nach der größten Spinne, die jemals gesehen wurde. Es gab jedesmal Zuhörer, die so ungefähr sechs Zentimeter angaben. Man war dann meistens sehr erstaunt, als ich behauptete, Spinnen von einigen Metern Umfang gesehen zu haben. Den ungläubigen Blicken antwortete ich dann: Das Netz natürlich mitgerechnet. Das Netz ist nämlich eine Verlängerung der Augen und Beine der Spinne.

Ich möchte geradezu sagen: Alle Tiere sind mit Spinnen zu vergleichen, bei denen das Netz aber unsichtbar ist. Wenn ich dieses Beispiel auf alle Sinnesorgane ausdehne, dann kann ich also behaupten: Das Tier ist so groß wie seine Sinneswahrnehmungen. Dieser Gedankengang führt uns zu einer neuen Entdeckung. Nehmen wir nochmals das Beispiel vom Löwen. Wir könnten uns vorstellen, daß wir das gleiche Experiment einen

Tag später gemacht hätten, und der Löwe wäre dann nicht aufgesprungen. Warum nicht? Weil er von mir nicht berührt wurde; weil seine Triebe nicht geweckt wurden; weil er von seiner eben verschlungenen Beute gesättigt war. Der Löwe ist nun kleiner geworden. Das bedeutet also, daß ein Tier größer wird, wenn es von seinen Trieben stärker besessen ist. Die Tiere haben also nicht immer die gleiche Größe!

Dazu muß jedoch gesagt werden, daß damit gleichzeitig die absolute Grenze des eigentlichen Tieres gegeben ist. Außerhalb dieser Grenze existiert für das Tier nichts. Man kann diesen Satz auch anders formulieren. Tiere sind so groß wie ihre Umgebung, eine Umgebung, die genau die Größe des Tieres hat. Tiere sind also groß in einer kleinen Umgebung. Adolf Portmann hat das in seinem Buch „Zoologie und das neue Bild des Menschen" sehr scharf mit dem Ausdruck formuliert: Das Tier ist umweltgebunden. Er meint damit, daß außerhalb dieser Umgebung das Tier kein einziges Interesse haben kann.

Zur vorläufigen Unterscheidung von Mensch und Tier kann gesagt werden: So wie das Tier in einer kleinen Umgebung groß ist, so ist der Mensch in einer großen Umgebung klein. Wenn ich vom Tier sage, daß es „umweltgebunden" ist, so kann ich demgegenüber vom Menschen sagen, daß er „umweltoffen" ist. Darüber sagt Portmann: Wir – d. h. wir Menschen – können uns für alles interessieren.

Daß dieses nur eine relative Wahrheit ist, da wir alle in dieser Hinsicht gelegentlich ein Leben führen, das einigermaßen (natürlich nie ganz!) mit dem des Tieres zu vergleichen ist, bedarf keiner weiteren Erläuterung.*

* Noch spannender wird es, wenn sich später herausstellt, daß auch der Mensch sich eine Umgebung, eine „Umwelt" schafft, an die er ebenso – vielleicht etwas weniger zwingend – gebunden ist. Diese Umgebung entsteht erst während seines Lebens. Sartre gibt hiervon ein prächtiges Beispiel in seinem Buch „Die Wege der Freiheit", in dem er einen alten Menschen sagen läßt: „Ich habe mein Gehäuse abgeschieden." (Sinngemäß: Ich habe mein Leben ausgelebt, indem ich mir eine Umgebung geschaffen habe.)

Schuhschnabel

Ich möchte aber noch mehr Begriffe sammeln, die uns in einer ganz neuen Weise mit dem Rätsel des eigentlichen Tierwesens vertraut machen. Wenn wir zum Beispiel von einem Löwen sprechen, so müssen wir einsehen lernen, daß er keine Löweneigenschaften hat. Wir sind es so gewöhnt, davon auszugehen, daß ein Löwe Löweneigenschaften hat. Deshalb wird es sehr befremdend wirken, wenn ich jetzt behaupte, das wäre entschieden nicht der Fall. Man muß aber den Satz: „Der Löwe hat Löweneigenschaften" äußerst genau studieren. Es geht nämlich nicht um das Wort „Löweneigenschaften", sondern es geht um das Wort „hat". In der Tat, ein Löwe hat keine Löweneigenschaften, ein Löwe *ist* ein Löwe. Adaptiert man diesen Gedanken an alle Tiere – eine Katze *ist* eine Katze, eine Schnecke *ist* eine Schnecke –, so kann man das Gefühl bekommen, dem Tierwesen in einer neuen Art und Weise näher zu kommen. Daß dieses von größter Wichtigkeit für die Anschauung des Verhältnisses Mensch–Tier ist, kann man jetzt schon ahnen. Es ist sogar wichtig, um zu der Einsicht zu gelangen, obwohl ich damit auf später behandelte Gegenstände vorgreife, daß der Mensch auch Löweneigenschaften, Katzeneigenschaften, Schlangeneigenschaften usw. haben kann. Dann begreift man, daß der Mensch Begierden *hat,* das Tier aber eine Begierde *ist;* daher der Titel dieses Buches.

Die Probleme, die ich früher schon erwähnte, den Evolutionsgedanken betreffend, erscheinen jetzt in einer viel breiteren Perspektive. Allein ein Wesen, das Begierden *hat*, kann evoluieren. Ein Tier *ist* aber eine Begierde. Darum kann es nie evoluieren, höchstens variieren. Wir werden später sehen, von wie großem Gewicht diese Schlußfolgerung für die Auffindung einer neuen Lösung der Evolutionsfrage ist.

Ich bemerkte schon, daß ein Fisch nicht nur schwimmen kann, sondern auch schwimmen muß. „Schwimmen können" darf eine Begabung genannt werden. Und wir können im Tierreich also auch unvorstellbar viele Begabungen erkennen. Gleichzeitig können wir den eben entwickelten Gedankengang auch auf diesem Gebiet weiterentwickeln und sagen: Ein Tier „hat" keine Begabung, ein Tier „ist" eine Begabung. Nur vom Menschen können wir sagen, daß er Begabungen „hat".

Zum Schluß möchte ich noch ein anderes Phänomen erwähnen, das auf demselben Gebiet liegt und das uns in dieser Richtung weiterführen kann. Ich wurde einmal gebeten, für eine Anti-Vivisektionsvereinigung zu sprechen. Man kann sich die Bestürzung vorstellen, als ich dann plötzlich zu der Aussage kam: „Tiere haben keine Schmerzen!" Man fragte sich, ob ich wohl ganz bei Sinnen wäre, aber wie schnell veränderte sich diese Stimmung, als ich darauf folgen ließ: „Es ist viel schlimmer: Menschen *haben* Schmerzen, ein Tier aber ‚hat' keine Schmerzen, ein Tier *ist* Schmerz."

Um zu begreifen, was ich hier meine, braucht man nur daran zu denken, daß man von einem Menschen, der Schmerzen erleidet, unter bestimmten Bedingungen erwarten kann, daß er versucht, sich zu beherrschen, daß er die Zähne zusammenbeißt, daß er eben einmal tapfer sein muß. Das sind jedoch Gedanken, die im Hinblick auf das Tier vollkommen bedeutungslos sind.

Daß damit die Frage des Schmerzes nur von *einer* Seite betrachtet wurde, ist klar. Das gilt zum Beispiel noch lange nicht für alle Tiere in der gleichen Weise.

Pferd

Wenn wir die Tierformel, wie ich sie eben erwähnte – „Das Tier ist eine geschlossene Einheit von Begierde, Form und Umgebung" – als neuen Ausgangspunkt nehmen, so können wir ein Bewußtsein davon entwickeln, daß das Tier in einer bestimmten Beziehung ein Gefangener seiner Umgebung ist. Gleichzeitig begreifen wir, daß die Aussage, dem Tier bliebe nichts zu wünschen übrig, berechtigt ist. Der Ausspruch, „das Tier kann nicht nein sagen" (von Max Scheler, 1874–1928), besagt genau das gleiche, nur mit umgekehrten Vorzeichen.

Fisch

VI. Der Mensch neben dem Tier

Für das folgende wird es sich als fruchtbar erweisen, wenn wir neben der Tatsache, daß wir bei den Tieren über Farben, Bedeckungen und Werkzeuge sprechen konnten, einen Blick auf den Menschen werfen, der gerade nicht diese Farben, Bedekkungen und Werkzeuge hat. Sollte der Mensch wirklich nur ein höher entwickeltes Tier sein, so würde er als Fortsetzung des Tierreiches doch eine gar traurige Figur machen!*

Vor allem können wir feststellen, daß der Mensch, seine körperliche „Ausstattung" betreffend, nicht „mehr", sondern „weniger" als das Tier hat.

Inwiefern hat der Mensch vielleicht etwas, das ein Tier nicht hat? Auf dieses will ich jetzt meine Aufmerksamkeit richten. Vorläufig beschränke ich mich auf drei Dinge:
1. der aufrechte Gang,
2. das Sprechen,
3. das Denken.

Aufrecht gehen

Der Mensch geht aufrecht. Die Tiere leben horizontal. Wir haben es hier mit einer der ersten großen Streitfragen zu tun, wenn es darum geht, Mensch und Tier als zu verschiedenen Reichen gehörend zu charakterisieren. Ein Professor der Zoologie, der mich einmal darüber sprechen hörte, bemerkte ganz freundlich, daß ich wohl mit ihm einig sei, wenn er behaupte, daß er an die zweitausend Tiere nennen könnte, die auch aufrecht gehen. Die Beispiele, die in so einem Fall genannt werden, sind immer wieder der Pinguin, das Känguruh, das See-

* Siehe auch das schon erwähnte Buch von Dr. Hermann Poppelbaum „Mensch und Tier"

pferdchen und der Gorilla. Jetzt muß ich sogleich bemerken, daß der Pinguin und das Känguruh nicht aufrecht *gehen,* sondern aufrecht *sitzen;* daß das Seepferdchen nicht aufrecht *geht,* sondern aufrecht *schwimmt.* Der Meinung, ein Gorilla, ein Orang-Utan, ein Schimpanse oder ein Gibbon würden aufrecht gehen, kann man entgegenhalten: Wie ist es möglich, diesen Gang dem aufrechten Gang eines Menschen gleichzustellen? Mit dieser Bemerkung verpflichte ich mich, den aufrechten Gang des Menschen *so* zu charakterisieren, daß er für die Tiere nicht gelten kann.

Wenn man von dem aufrechten Gang des Menschen spricht, so heißt das unter anderem, daß er beim Stehen mit dem ganzen Fuß (abgesehen von der Fußwölbung) auf der Erde steht und nicht so wie die Vögel, Pferde usw. nur mit den Zehen oder mit dem Mittelfuß. Aber auch wenn man davon absieht und das aufrechte Gehen der Tiere nur beurteilen will nach dem Stand der allgemeinen Körperachse im Verhältnis zur horizontalen Ebene, so gibt es doch noch einen ganz deutlichen Unterschied zwischen Mensch und Tier.

Während des Vortrags, bei dem der oben genannte Professor jene Bemerkung machte, war auch ein junger Arzt im Saal, der aufstand und sagte: „Herr Professor, wenn Sie mir nur ein einziges Tier nennen, das aufrecht geht, so bin ich zufrieden. Der aufrechte Gang des Menschen“, sagte er weiter, „ist insofern einzigartig, als der Mensch das einzige Wesen ist, bei dem sich im Stehen Knöchelgelenk, Kniegelenk, Hüftgelenk, Schultergelenk und Gleichgewichtsorgan in einer senkrechten Linie zur Horizontalen befinden.“ Das stimmt tatsächlich, und auch der Professor war hier überrascht. Ich übrigens auch, aber doch nicht so glücklich darüber, weil es wirklich so aussah, als ob wir wirklich einen Beweis dafür nötig hätten, daß der Mensch aufrecht geht.

Aufrecht gehen ist nicht eine Frage der Stellung. Es ist eine Frage der Haltung, der Gebärde. Der Mensch richtet *sich* auf, er erhebt sich aus der Schwere in die Höhe. Er stellt seinen Kopf und seine Arme in den Dienst eines Lebens, welches das Tier nie und nimmer führen kann. Ich werde später noch ausführlicher darauf eingehen, aber diese Tatsache wurde hier schon erwähnt, um diesen wirklichen Aufrichtevorgang nicht als eine zufällige Nebensächlichkeit, sondern als eine Gebärde hinzustellen, die der Ausdruck von etwas ist, worüber das Tier niemals verfügen kann und was uns unmittelbar anspricht.

Hier darf man die Fußwölbung nicht vergessen! Sollte man sagen, daß ein Bär auch auf dem ganzen Fuß steht – Bären sind Sohlengänger –, so ist es wichtig zu fühlen, wie auch hier der menschliche Fuß ein sich Erheben aufweist.

Wie kommt ein Mensch zum aufrechten Gang? Im allgemeinen nimmt man an, daß er das durch die Nachahmung seiner Umgebung lernt. Ich meine, das ist eine zu einfache Erklärung, und ich möchte nochmals unterstreichen, daß es eine aktive Gebärde ist, die das Menschliche „typisch" zum Ausdruck bringt. Ich hatte einmal Gelegenheit, die Originalität dieses Aufrichtevorganges in rührender Weise zu erleben.

Ich war Arzt in einer Familie, in der ein kleiner Junge von anderthalb Jahren, der eine beachtliche Intelligenz besaß, noch immer nicht stehen konnte. Wenn seine Mutter ihn aufsetzte, sackte er gleich wieder in sich zusammen. Er schien nicht stehen zu *wollen.* Eines Tages sah ich ihn von weitem alleine im Garten herumkriechen. An einem roten Tischchen zog er sich hoch (dieses tat er wohl mehrmals)! Plötzlich ließ er seine Stütze los, blieb stehen und äußerte einen lauten Schrei des Entzükkens. Ich übertreibe nicht, wenn ich sage, daß dieser Schrei buchstäblich durch Mark und Bein ging und gleichzeitig Bände sprach. Ich hatte den Augenblick erlebt, in dem ein Kind sich zum ersten Mal in seinem Leben in die wirklich menschliche Haltung hineinstellte, indem es sich selbst aufrichtete.

Beim Sprechen und Denken des Menschen möchte ich zeigen, daß auch sie ausschließlich menschliche Fähigkeiten sind, die in dieser Form nichts zu tun haben mit allem, was man als Ähnlichkeiten beim Tier ansehen will. Erst dann werde ich eine Basis für eine neue Einsicht finden, indem ich die einzeln entdeckten Phänomene in Beziehung zueinander bringen werde. Neben die Tatsache, daß das Tier prinzipiell horizontal und der Mensch aufrecht geht, will ich die Tatsache stellen, daß das Tier

Laute, genauer Töne, hervorbringt, während der Mensch spricht.

Junger Gorilla

Sprechen

Es ist sehr interessant zu hören, was alles gesagt wird, um den Unterschied zwischen Sprechen und „Laute-Hervorbringen" zu relativieren, um die Aussage zu rechtfertigen, daß Tiere – ebenso wie Menschen – eine Sprache haben, d. h. sprechen.

Das Problem beginnt schon dort, wo gesagt wird: Das Tier vermittelt mit seinen Lauten Informationen. Der Mensch vermittelt mit seinem Sprechen auch Informationen. Also sind die Tierlaute auch ein Sprechen. Man merkt dann nicht, daß man dasselbe gesagt hat wie: Eine Katze ist ein Säugetier; ein Hund ist ein Säugetier; also ist eine Katze ein Hund. Kein vernünftiger Mensch wird das jemals behaupten, aber die Argumentation in bezug auf die Tierlaute und die menschliche Sprache ist genauso aufgebaut. Es ist meine Aufgabe aufzuzeigen, was der wesentliche Unterschied zwischen Tierinformation durch Laute und menschlicher Information durch das Sprechen ist. Nehmen wir zum Vergleich den Begriff des „Intervalls" in der Musik.

Wenn wir zwei Töne gleichzeitig anschlagen, zum Beispiel ein C und ein E, dann pflegen wir zu sagen: Das ist eine Terz. Wir „hören“ eine Terz. Das gilt natürlich für alle Intervalle. Doch ist das, genau betrachtet, nicht ganz richtig ausgedrückt. Was wir hören, sind nur zwei Töne, wobei jeder seine eigene Schwingungszahl hat.

Was bedeutet es, wenn wir sagen, daß wir eine Terz „hören“? Ist die Schwingungszahl einer Terz bekannt? Auf diese Frage bekam ich einmal die folgende Antwort: Die zwei Schwingungsfrequenzen von C und E interferieren, sie durchdringen sich. Dadurch wird eine dritte Schwingungsformation gebildet, und diese hören wir als Terz. Auch diese Argumentation hält bei näherem Hinschauen nicht stand. Wenn ich immer das C als erstes anschlage, es ganz ausklingen lassen, und danach das E anschlage, so kann von sich durchdringenden Schwingungsfrequenzen nicht die Rede sein. Wir erleben aber trotzdem die Terz! Wir können diese Erfahrung in aller Kürze so zusammenfassen: Ein Musikstück besteht nicht aus Tönen, sondern aus Intervallen. Jeder Musiker weiß das. Das Interessante dieser Schlußfolgerung ist also, daß wir ein Musikstück dem Inhalt nach nicht „hören“, sondern wir erleben und nehmen ein Musikstück „zwischen“ den Klängen wahr. Die Klänge muß man natürlich schon hören.

So wie das Intervall zwischen den Klängen erscheint (und die Melodie zwischen den Intervallen, die Symphonie zwischen den Melodien), so erscheint das Wort zwischen den Buchstaben (und der Satz zwischen den Worten, die Geschichte zwischen den Sätzen). Das Wort besteht nicht aus Vokalen und Konsonanten: Das Wort ist „vernehmbar“ „zwischen“ den Vokalen und den Konsonanten. Man kann sogar mit denselben Vokalen und Konsonanten, wenn man die Anordnung verändert, ganz neue Worte schaffen. Zum Beispiel: Beil, Leib, lieb.

Es stimmt wohl, daß ein Mensch mit einem einzigen Laut eine „Information“ vermitteln kann, wenn er z. B. „Au“ ruft. Aber das ist noch kein Sprechen.

Es ist nicht schwierig, den Sprung zu sehen, dem wir im Übergang vom tierischen Laut zur Welt der menschlichen

Sprache begegnen. Gerade die Tatsache, daß beim Sprechen etwas zwischen den Lauten wahrgenommen wird, weist darauf hin, daß dem Menschen eine Welt zugänglich ist, von der das Tier ausgeschlossen bleibt.

Denken

Der dritte wichtige Unterschied zwischen Mensch und Tier ist, daß der Mensch denken kann, während das Tier über einen Instinkt verfügt. Auch in diesem Punkt muß ein gewisser Widerstand überwunden werden, um eine solche Aussage annehmbar zu machen. Wer das Tierleben aus nächster Nähe studiert, der muß immer wieder entdecken, daß sich hier eine unvorstellbare Weisheit offenbart. Da möchte man dem Tier ein Denken zugestehen. Ja, das Tierdenken würde sogar höher gestellt werden als das menschliche Denken, wenn z. B. die Leistung einer Spinne beim Weben ihres Netzes angeschaut wird.

Und doch beruht es auf einem Irrtum, das als Denken zu bezeichnen. Am besten hat meines Erachtens Teilhard de Chardin den Unterschied zwischen dem Tierinstinkt und dem menschlichen Denken mit dem Satz charakterisiert: „Der Mensch weiß, und das Tier weiß; aber der Mensch ist das einzige Wesen, das weiß, *daß* es weiß!" Es ist aber notwendig, außer diesem Satz noch mehr Beispiele zu finden, die uns den wesentlichen Unterschied zwischen dem Denken und dem Instinkt deutlich machen. Das geschieht, wenn wir den aufrechten Gang, das Sprechen und das Denken in ihrer Beziehung zueinander studieren.

Was den aufrechten Gang betrifft, so habe ich schon von einer spontanen „Gebärde" gesprochen, die in einem bestimmten Augenblick des Lebens zum ersten Mal gemacht wird.

Wie lernt das Kind sprechen? Hier ist das Wort „Nachahmung" ganz richtig. Alles, was mit der Bewegung zusammenhängt, bis zum Sprechen hin, das wird hauptsächlich nachgeahmt. Nachahmen heißt, die gleiche Bewegung machen. Nachmachen hängt mit „nachbilden" zusammen, ist also eine aktive

Bewegung. Das Sprechenlernen zeigt dann auch anfänglich alle Unbeholfenheiten, die den kindlichen Bewegungen eigen sind.

Da das Sprechen ursprünglich auf nichts anderem beruht, als auf der Nachahmung bestimmter Bewegungen, so spricht das Kind am Anfang ohne zu wissen, was es sagt; das Kind begreift „es" noch nicht. Es „plappert nach".

Wie kommt das Kind zu seinen Begriffen? Auf diese Frage konnte man in der ganzen Psychologie noch nie eine wirkliche Antwort geben. Man kann wohl sagen, daß das Kind die Begriffe von seiner Umgebung lernt, aber damit wird noch keine Einsicht in den wirklichen Vorgang gefunden. Es bleibt ein Rätsel, daß Kinder mit fünf, sechs Jahren ihre Muttersprache, welche es auch sei, als Sprache völlig beherrschen. Sie gebrauchen die richtigen Zeiten, sie kennen die richtigen Interjektionen, während ihnen alle diese Dinge nie erklärt wurden. Ein Kind lernt die Begriffe „zwar", „irgendwie", „eventuell" usw. spielend. Aber wie?

Auch hier versetzte mich ein glücklicher Zufall in die Lage, einen Zipfel des Schleiers zu lüften. Ein Mädchen von ungefähr fünf Jahren saß vor einem kleinen Tisch und zeichnete auf einem Blatt Papier. Plötzlich rief es: „Ich habe einen Engel gezeichnet." Ihre Mutter kam dazu, schaute über ihre Schulter auf die Zeichnung und sagte freundlich zustimmend: „Tatsächlich!" Das Kind packte darauf das Blatt mit beiden Händen, schaute die eigene Zeichnung aufmerksam an und wiederholte dann in genau demselben Tonfall: „Tatsächlich!" In diesem Augenblick spielte sich meines Erachtens dasjenige ab, was man mit den Worten „Begriffe erobern" ausdrücken könnte. Es ging eigentlich nicht um das Wort „tatsächlich", sondern um die Aussprache dieses Wortes, das mit der richtigen Melodie und mit der richtigen Betonung, im richtigen Tempo an der richtigen Stelle ausgesprochen wurde. Das Wort war bloß die äußere Hülle eines Begriffs, der von der Mutter benützt wurde und den das Kind jetzt zum ersten Mal kennenlernte. Ich fühlte in diesem Augenblick, daß die zu den Worten gehörenden Begriffe das Primäre sind und daß die Worte das Kleid oder die Umhüllung des Begriffs sind. Dadurch wird dieser Begriff

„greifbar". Das Wort „begreifen" bekommt dann plötzlich einen ganz anderen Klang. Es ist buchstäblich ein Umgreifen, ein Abtasten, ein „Be"greifen einer geistigen (übersinnlichen) Wirklichkeit, der Idee selbst.

Mit dem Sprechen schafft der Mensch eine subtile physische Form, womit er aus der universellen Ideenwelt den dazugehörenden Inhalt empfängt. Man könnte sagen: Dieser Inhalt, der Gedanke, die Idee fügt sich in die passende Form.* Der Mensch muß eine Form schaffen, um den Inhalt empfangen zu können. Diese Form ist nichts anderes als das richtig nachgesprochene Wort.

Es ist deutlich, daß hiermit die Einheit von Form und Inhalt hervorgehoben wurde. Aber wie wurde diese Form geschaffen? Wie ist die Sprache entstanden? Folgende Aussage liegt auf der Hand: Die Idee muß das Klang- oder Wortgebilde einst geschaffen haben. Das hängt aber mit der Entstehung der Sprache in Urzeiten zusammen. Da wir uns aber mit den Phänomenen in einer menschlichen Welt beschäftigen, in der Idee und Wort schon bestehen, soll hier der Hinweis auf den erwähnten Hintergrund genügen.

Wenn wir nun gleichzeitig bedenken, daß das Sprechen mit dem aufrechten Gang untrennbar verbunden ist (unter normalen Umständen lernt das Kind erst sprechen, nachdem es zu stehen und zu laufen begonnen hat), so können wir das Ganze in einem wunderbaren Zusammenhang sehen. Die menschliche Form ist dadurch zu einem Organ für etwas geworden, das sich erst jetzt darin offenbaren kann. In diesem „Etwas" können

---

* Die Tatsache, daß wir Menschen verschiedene Sprachen sprechen, ist viel mehr als nur ein nomineller Unterschied. Das bedeutet viel mehr, als wenn nur gesagt würde: Die Menschen gebrauchen für dieselben Begriffe verschiedene Worte. Gerade die Verschiedenheit der Worte kann uns enthüllen, daß auch die Begriffe nicht ganz gleich sind. Wenn ein Franzose „ciel" sagt, und ein Holländer „hemel" (Himmel), so weist das eben auf zwei verschiedene Vorstellungen hin, die sie davon in sich tragen. Hätten beide die ganz gleichen Vorstellungen, dann würden sie auch die gleichen Worte gebrauchen! Der sprachliche Unterschied hängt mit dem Unterschied im Volkscharakter zusammen. Ich kann hier leider auf dieses Thema nicht weiter eingehen.

wir dasjenige erkennen, was im ersten Teil dieses Buches das spezifisch Menschliche, d. h. der „Geist“, genannt wurde.*

Immer mehr Menschen stellen an mich die Frage: Woher wissen Sie, daß ein Tier nicht so denkt, wie wir denken? Meines Erachtens geht man mit dieser Frage schon ein bißchen zu weit. Ich möchte die Frage anders formulieren. Wie kam man dazu zu sagen, daß ein Tier denkt? In früheren Jahrhunderten galt in der Kirche die Regel: Menschen und Engel sind vernunftbegabte Wesen. Das wird nicht weiter kommentiert. Es wird als etwas angenommen, das von jedem unmittelbar begriffen werden kann.

Nehmen wir einmal an, wir reisen durch eine wilde Gegend. Dort begegnen wir vielen wilden Tieren. Plötzlich stoßen wir auf menschliche Wesen. Die drei genannten Eigenschaften des Aufgerichtetseins, des Sprechens und des Denkens sind entschieden nicht die Wahrnehmungen, aus denen wir folgern werden: Das also sind Menschen. Man erkennt einen Menschen als solchen ohne weiteres. Die Frage: „Woher wissen wir, daß ein Mensch denkt?“ läßt sich nur beantworten durch eine direkte Beziehung von Mensch zu Mensch. Und diese Beziehung läßt sich von jeder anderen Beziehung zu der Natur unterscheiden. Darüber sprach ich schon in der Betrachtung der Beziehung zu den anderen Naturreichen.

Eine der intimsten menschlichen Beziehungen lebt ohne Zweifel im einander Anschauen. Da erscheint etwas, worüber wir uns im allgemeinen keine Rechenschaft geben. Es ist jedoch in der Lage, ein ganz spezifisches Element des menschlichen Daseins zu enthüllen. Dazu müßte man einmal beobachten, was geschieht, wenn wir einen Menschen aus nächster Nähe intensiv anschauen. Da fällt uns auf, daß bei diesem echten und intensiven „einander Ansehen“, die Augen andauernd hin und her wandern. Würden wir nur *ein* Auge fixieren (der andere muß dasselbe tun), dann würden wir merken, daß man einan-

* Man kann ohne weiteres auch von einer „menschlichen Seele“ sprechen, wenn man davon ausgeht, daß diese Seele vom Geistigen durchdrungen wird.

der nicht wirklich „anschaut". Hier darf „einander anschauen" nicht mit „einander anstarren" verwechselt werden. Es ist wohl allgemein bekannt, daß sich die Achsen, die „Blickrichtungen" der beiden Augen, beim Menschen in *einem* Punkt kreuzen. Wenn zwei Menschen einander ansehen, so geschieht ein dauerndes Sich-Kreuzen dieser beiden Punkte. Dadurch entsteht gleichzeitig das eigenartige Gefühl eines Kontaktes. Diese Berührung ist außerordentlich kurz. Faktisch ist sie unendlich klein, sie dauert nur einen Augenblick. Daher kommt es, daß man sie durch das Hin- und Hergehen der Augen immer wieder sucht!

Mehr braucht jetzt darüber nicht gesagt zu werden. Es wurde nur erwähnt, um noch einen wesentlichen Unterschied zwischen Mensch und Tier anzugeben. Selbst ohne es zu überprüfen, weiß jeder, daß kein Hund, keine Katze, aber auch kein Affe jemals einen Menschen mit sich hin und herbewegenden Augen ansehen wird.

Wenn man bei Tieren einen ersten Anfang des Denkens wahrzunehmen meint, wie es bei einigen höheren Tieren bestimmt möglich ist, so muß ich gleich auf die Tatsache hinweisen, daß dieses „Denken" sich nie weiterentwickelt. Zum Beispiel wird immer wieder gesagt, daß Schimpansen in einem Käfig, in dem eine Anzahl Kisten steht und ein langer Stock liegt und außerdem noch eine Stange mit Bananen ist, nach ein paar Tagen die Kisten aufstapeln, den Stock nehmen und die Bananen von der Stange herunterschlagen. Ich habe diese Geschichte als Argument für die Behauptung, ein Tier könne denken, im Jahr 1970 gehört. Ich hörte sie aber auch schon im Jahre 1930 und vorher auch schon im Jahre 1914 von unserem Lehrer in der Oberrealschule.

Ich glaube, es ist deutlich, daß diese Beispiele eines „Denkvermögens" gerade zeigen, wie dieses Vermögen sich in der freien Natur beim Tier nicht weiterentwickelt hat. Alle Experimente, die noch immer in Amerika gemacht werden, mit denen man meint, beweisen zu können, daß Tiere lesen und schreiben lernen können, sind nichts anderes als Beispiele für gelungene Tierdressur.

Wie man auch immer darüber denken mag, auch für diese durch die Umgebung angelernten Handlungen gilt die „Faustregel“ von Teilhard de Chardin: „Das Tier weiß nicht, daß es weiß.“ Es hat niemals ein Bewußtsein von seinen Handlungen, so wie ein Mensch es hat. Fragt man dann wieder: „Woher weiß man das?“, so beweist man damit nur seine Abwendung von einer inneren Aktivität, die nötig ist für den Gebrauch von „jenem“ Element in uns, mit dem wir in einer anderen Weise urteilen, als wir es mit dem sogenannten Verstandesdenken tun.

Der Begriff „Anpassungsvermögen an die Umgebung“, den wir im Hinblick auf die Tierwelt kennen, bedeutet für die Haustiere, daß sie sich an die menschliche Umgebung anpassen. Deshalb zeigt ihr Verhalten oft so viel Menschliches. Es kann jedoch nie mehr sein als eine Spiegelung; es kann nie zum Inhalt werden. Einige Menschen sagen: Gib den Tieren doch die Zeit, dasselbe zu entwickeln wie der Mensch. Diese Bemerkung geht jedoch prinzipiell von der Evolutionslehre aus, wie sie sich jetzt in der Welt eingebürgert hat: Der Mensch hätte sich aus dem Tier heraus entwickelt. Wer aber für die wirklichen Phänomene offen ist, der wird doch vor allem bedenken müssen, daß der Mensch von allen Erdenwesen das zuletzt entstandene ist.

Der „Urmensch“, wie er für gewöhnlich dargestellt wird.

Die höheren Tiere, z. B. die Affen, haben Millionen Jahre Zeit gehabt, sich weiterzuentwickeln. Wir werden allmählich eine große Anzahl von Erfahrungen und Tatsachen zusammentragen, um zu zeigen, daß wir mit der traditionellen Evolutionslehre einen total verkehrten Weg gegangen sind. Deshalb sind auch so viele Rätsel bisher ungelöst geblieben.

Das Verhältnis Tier–Mensch ist jetzt in dreifacher Weise zu umschreiben: In seiner aufrechten Haltung erhebt sich der Mensch aus der erdgebundenen horizontalen Haltung des Tieres. In seinem Sprechen erhebt sich der Mensch aus der erdgebundenen Welt der Tierlaute. In seinem Denken erhebt sich der Mensch aus dem erdgebundenen Tierinstinkt. Dieses Wort „erdgebunden" wurde gewählt, um das dreifache „Sich-Erheben" so deutlich wie nur möglich zu charakterisieren. Der Vollständigkeit halber soll noch hinzugefügt werden, daß ein neugeborenes Menschenkind horizontal liegt, Laute von sich gibt und instinktmäßige Handlungen verrichtet (z. B. saugen). Mit dem „Sich-Erheben", mit dem Sprechen bis zum Denken, vollzieht sich vor unseren Augen genau dasjenige, was mit dem dreimaligen „Sich-Erheben" gemeint ist.

Nichtsdestoweniger erscheint auch hier ein Problem. Die gegebene Beschreibung könnte zu der Schlußfolgerung verleiten, daß der Mensch ein dreimalig aufgerichtetes Tier ist und daß dieser Gedanke in keiner einzigen Hinsicht den gängigen Vorstellungen widersprechen muß. Man könnte sagen: Die Evolutionisten sagten eigentlich schon immer, daß die tierischen Vorfahren des Menschen immer menschlicher wurden durch die Aneignung der aufrechten Haltung, durch die Entwicklung der Sprache und des Denkens. Der hier wiedergegebene Gedankengang muß jedoch völlig anders interpretiert werden.

Aufrecht gehen, sprechen und denken sind nur möglich, wenn man die dafür notwendigen Organe „von vornherein" besitzt. Die Suche nach diesen Organen erfordert jedoch das Akzeptieren einer anderen Entstehungsmöglichkeit, als man sie bis jetzt gedacht hat.

Daraus kann erneut deutlich werden, daß der klassische

Evolutionsgedanke einen falschen Weg ging. Wer das nicht akzeptieren kann, der wird mit dem jetzt folgenden nichts anfangen können. Für den, der sich für ganz neue Einsichten öffnen kann, kann es eine Inspirationsquelle werden.

Zur Verdeutlichung befindet sich auf S. 101 eine Abbildung des Urmenschen, wie man ihn sich für gewöhnlich vorstellt. Wir können auch von einem Affenmenschen oder Menschenaffen sprechen. Man stellt sich vor, daß dieses Wesen allmählich die Eigenschaften des aufrechten Gehens, des Sprechens und des Denkens entwickelt hat. Ein Mensch kann jedoch nur aufrecht gehen, sprechen und denken, wenn er respektiv über das Fußgewölbe beziehungsweise über ein (zurückgehaltenes) Antlitz und Hände und über einen Gehirnbau verfügt, der sich in der Form unseres typischen Schädelgewölbes ausdrückt.

Natürlich wird man jetzt fragen: Wie kommt man zu dieser Behauptung? Woher weiß man das? Diese Fragen können nicht in der gleichen Weise beantwortet werden, wie es in der modernen Wissenschaft getan wird. In der Regel ist man gewöhnt, daß Frage und Antwort auf „einer" Ebene liegen, auf demselben Niveau bleiben. Die Antwort auf die gestellten Fragen über den Zusammenhang von aufrecht gehen, sprechen und denken mit den drei beschriebenen Körpereigenschaften des Menschen führt mich zu einer kleinen Illustration dieser Angelegenheit.

Es geht hier um ein Spielchen mit Zündhölzern. Vielleicht kennen es schon viele Leser. Man legt sechs Zündhölzchen auf den Tisch und macht mit dreien davon ein gleichseitiges Dreieck:

Nun wird die Frage gestellt, wie die drei übrigen Zündhölzchen dazugestellt werden müssen, um vier gleiche Dreiecke zu erhalten.

Wer die Lösung nicht kennt, der wird gleich sagen, das sei unmöglich. Wer von alleine darauf kommt, der wird unwillkürlich ein Gefühl der Freude empfinden, als wäre es eine Art Befriedigung.

Meines Erachtens ist das eine gute Illustration für das, was ich hier sagen will: Aufrecht gehen, sprechen und denken sind Qualitäten einer anderen Dimension als die Dimension, in der sich das Erdgebundene der Tiereigenschaften abspielt. Die menschlichen Qualitäten liegen „auf einem anderen Niveau". Wir stehen faktisch vor einem künstlerischen Problem.

Wir stoßen hier auf ein sehr subtiles Problem; denn ein moderner wissenschaftlicher Denker fühlt sich erst dann seiner Sache sicher, wenn er den Begriff „künstlerisch" völlig aus seinen Argumentationen ausgeklammert hat. Die Wissenschaft hat sich eben in dieser Richtung entwickelt. Es ist die Frage, ob es hier nicht an der Zeit ist, eine andere Haltung zu entwickeln! Ich möchte an den Anfang dieses Buches erinnern, wo vom Streit zwischen den Evolutionisten und den Kreationisten gesprochen wurde. Wenn ich mir die beiden starren Standpunkte nochmals vor die Seele stelle, so läßt mich der Eindruck nicht los, daß diese starren Haltungen eine Folge des Abtötens alles Künstlerischen in der menschlichen Seele sind. Dieses Künstlerische kennt zwar auch eine „logica", aber eine ganz andere als die des geradlinigen Denkens: Es kann kein Dogma hinnehmen.

Die besprochenen Eigenschaften haben etwas Gemeinsames. Der gewölbte Fuß drückt nicht ganz und gar auf den Boden. Er zieht sich in der Wölbung von der Erde zurück. Das Menschliche des Antlitzes beruht in erster Linie darauf, daß es nicht nach vorne dringt. Man kann auch hier ohne weiteres von einem Zurückhalten sprechen, mit dem die Erscheinung der Hände untrennbar verbunden ist!

Ich kann letzteres am besten mit dem folgenden Bild wiedergeben: Man stelle sich das Tier mit seiner Schnauze vor, wie diese nach vorne strebt, wie sie zur Erde gerichtet ist und in vielen Fällen gleichsam zu einer fünften Gliedmaße wird. Danach stelle man sich den Menschen mit seinem zurückgehaltenen Antlitz vor, der seine Hände hat und damit gestikuliert. Es scheint wohl, daß uns der „Raum“ zwischen Armen und Händen einerseits und dem Antlitz andererseits das Gebiet vor die Seele zaubert, in dem das „Sprachwesen“ wahrnehmbar wird. Ich sage absichtlich nicht „hörbar“, weil das gesprochene Wort nicht nur gehört wird. Es bedarf eines viel umfassenderen Gebietes unserer Äußerungen und Wahrnehmungen, um erfahren zu werden.

Hier könnte man einwenden, beim Sprechen wäre dieses Gestikulieren doch gar nicht nötig. Ja, es gehört zum „guten Ton“ einiger „Völker im Westen“ mit den Händen in den Taschen zu sprechen. Meines Erachtens gestikulieren diese Menschen „doch noch“. Sie versuchen es nur zu verbergen. Gebärden macht man zwar hauptsächlich mit den Händen; faktisch macht aber auch der ganze übrige Körper mit, ganz besonders in der Mimik. Im Gespräch läßt sich die Mimik niemals unterdrücken.

Auch im Hinblick auf das Schädelgewölbe können wir eine „Zurückhaltung“ erkennen. Das Tragen dieses Gewölbes ist mit der Tatsache verbunden, daß der Mensch keine „Schnauze“ hat. Die „Schnauze“ ist ein Zeichen für das „ganz zur Erde gerichtet sein“, auf die Befriedigung der körperlichen Triebe.

Diese Wölbung spricht eine ganz andere Sprache. Sie bringt zum Ausdruck, daß der Mensch eine andere Tendenz in sich trägt. Er ist anders orientiert. Man könnte sagen: In den besprochenen Organen lebt gleichzeitig eine Gebärde der „Zurückhaltung“. Diese Gebärde ist die Bedingung für das Zustandekommen des aufrechten Ganges, des Sprechens und des Denkens. Damit wird zugleich angedeutet, daß *ein Wesen, wie es auf S. 101 abgebildet ist, niemals aufrecht gehen, sprechen und denken könnte!* Es könnte nur zu Erdentrieben, niemals aber zu Geisttrieben fähig sein.

Ich lege deshalb so viel Gewicht auf diese Beschreibung, weil wir dadurch gezwungen werden, unseren Blick wieder auf eine schaffende Welt zu richten. Wenn wir aber – wie am Anfang dieses Buches schon angedeutet wurde – den Gedanken, der Geist sei eine Funktion des Körperlichen, von vornherein verwerfen dürfen, wenn wir danach beim Denkenlernen von Wortformen gesprochen haben, in denen sich eine Ideenwelt offenbaren kann, dann muß diese Ideenwelt das Primäre sein. Eine schaffende Ideenwelt, für die es wichtig war, die menschliche Form in einer solchen Weise zu schaffen, daß ihre Offenbarung möglich wurde. Man kommt dann immer näher an die Vorstellung heran, daß das lebendige menschliche Wesen ein Instrument seines Seelenlebens ist, d. h. eines *menschlichen* Seelenlebens. Ich komme auf diese Frage zurück.

Es ist lehrreich, sich vor Augen zu halten, daß ein Mensch in seinem Leben erst zu sprechen anfängt, nachdem er laufen kann, während das Denken sich tatsächlich erst „durch" das Sprechen entwickeln kann. Das heißt also, daß Kinder, die nicht laufen können, Schwierigkeiten in der Sprachentwicklung haben werden. Ebenso werden Kinder, die nicht sprechen können, z. B. weil sie taubstumm sind, Schwierigkeiten in der Entwicklung eines normalen Denkvermögens haben.

Man kann sich fragen, wie es in bestimmten Fällen trotzdem möglich war, sprechen zu lernen, ohne gehen zu können oder denken zu lernen, ohne über die normale Sprache zu verfügen. Es gibt bestimmte Beispiele, wo das der Fall war. Man wird Helen Keller erwähnen, ein taubstummes Mädchen, das nicht in der normalen Weise sprechen lernen konnte und dennoch eine besondere geistige Entwicklung durchzumachen imstande war. Wir haben es hier aber mit sehr besonderen Fällen zu tun, die ganz anders beurteilt werden müssen und die den beschriebenen Zusammenhängen keinen Abbruch tun.

In der gängigen Evolutionslehre hatte man ein zu geringes Bewußtsein davon, wie sehr man im Evolutionsbild „dort", wo man es mit dem Menschen zu tun hat, gleichzeitig vor einer Kluft steht. Daß man in der Wissenschaft im Lauf der Jahre den Ruf nach dem „missing link" nicht mehr so in den Vordergrund stellte, ist vielleicht übereinstimmend mit der Tatsache, daß man anfing, sich dieser Kluft bewußter zu werden.

Die Tatsache, daß der Mensch so viel „nicht" hat – wie es im Vergleich des Tieres mit dem Menschen deutlich wurde –, hängt damit zusammen, daß er über „andere" Dinge verfügt. Ich möchte es so sagen: Der Mensch verfügt über etwas, was das Tier nicht hat, nicht gehabt haben kann und nie haben wird. Damit kann er aber auch nie von diesem Tierischen selbst ausgegangen sein. Dasjenige, worüber der Mensch verfügen durfte, das muß gleichzeitig die Ursache gewesen sein für das „Zurückgedrängt werden" des Tierischen in ihm. Tier und Mensch beginnen sich allmählich als Angehörige von zwei ganz verschiedenen Reichen zu enthüllen.

Ein solcher Gedankengang kann nur wertvoll werden, wenn man ihn zu anderen Phänomenen in Beziehung setzen kann, die ihn unterstützen. Das ist mein Bemühen in diesem Buch.

VII. Biographie und Artbeschreibung

Individualität und Exemplar

Der nächste wichtige Unterschied zwischen Mensch und Tier ist in der Tatsache zu finden, daß dort, wo vom Tier eine Artbeschreibung gegeben werden kann, der Mensch eine Biographie hat. Diesen Unterschied müssen wir genauer ins Auge fassen.

Studiert man die Exemplare einer Tierart, so bekommt man selbstverständlich das gleiche Resultat für „jedes" der Exemplare.* Beim Menschen ist das völlig anders. Ich kann in der Anatomie, in der Physiologie und in der Psychologie allgemein menschliche Eigenschaften beschreiben. Von diesen Eigenschaften kann ich auch sagen, daß sie für alle Menschen gelten. Das hat aber nichts mit einer Biographie zu tun. Eine Biographie gilt nur für einen einzigen Menschen. Eine Biographie ist einmalig.

Hier entsteht immer eine Schwierigkeit, weil man glaubt, daß hauptsächlich die Tiere der höheren Arten, und besonders die Haustiere, unter sich auch sehr verschieden sind. Um deutlich zu machen, worum es geht, will ich von einem einfachen Beispiel ausgehen.

Nehmen wir einmal an, daß eine Hündin trächtig ist und daß eine Mutter ein Baby erwartet. Wenn dann die Hündchen geboren werden und wenn das Baby zur Welt kommt, so haben die Hündin und die Mutter sozusagen das Erwartete bekommen. Fragt man sich nun, was ein kleines Hündchen später wird, wenn es nicht stirbt, so kann die Antwort nur sein: ein großer Hund. Das gilt für alle Tiere. Ein kleines Krokodil, das nicht stirbt, wird ein großes Krokodil. Das wissen wir ganz bestimmt. Wenn man dann fragt, was das Baby wird, wenn es am Leben bleibt, so ist – wenn dieser Gedankengang weitergeführt

* Auf scheinbare Ausnahmen komme ich später zurück.

wird – die selbstverständliche Antwort: ein großer Mensch. Wieder könnten wir sagen: Das wissen wir ganz bestimmt.

Soweit ist alles in Ordnung. Das Interessante beginnt erst dort, wo die Mutter das anscheinend nicht so genau weiß. Warum sollte sie sonst, mit dem Baby in den Armen, lächelnd fragen: „Was wird wohl daraus werden?" Das heißt also, daß sie es nicht weiß. Jeder begreift, wo der Schlüssel zu diesem Rätsel gesucht werden muß. Was die Mutter hier meint, das gibt es noch nicht. Das Hündchen, die Schlange, das Krokodil, sie werden wohl groß, aber sie sind schon vollendet. Würde man sagen, der Mensch wäre auch schon vollendet, so müßte ich antworten: Es geht nicht um dasjenige, was alle Menschen gemeinsam haben, sondern es geht um eine Sache, die in diesem allgemein Menschlichen als Einmaligkeit erscheinen wird und die wir erwarten.

Nehmen wir einmal an, wir begegnen einer jungen Frau oder einem jungen Mann von achtzehn Jahren, die oder den wir als Baby zum letzten Mal sahen. Fragen wir nun die Mutter, ob sie (oder er) es auch wirklich ist, so wird die Mutter oft antworten: „Ja, wer hätte das gedacht." Dieser Satz bedeutet, daß man absolut nicht wissen konnte, wer da in der Zukunft erscheinen würde. Hier wird auf das prinzipiell Menschliche hingewiesen. Die Individualität, die wir erwarten und die die Mutter meinte, wenn sie sich fragte: „Was wird daraus werden?" – eine solche Individualität wird sich erst jetzt zeigen. Beim Tier ist das niemals der Fall. Das wird noch deutlicher, wenn wir davon ausgehen, daß der Mensch auch dann noch nicht „fertig" ist und es uns bewußt wird, daß wir auch in seinem weiteren Leben immer noch mehr „von ihm erwarten", d. h. *ihn selbst immer mehr erwarten!* Die Individualität soll ständig „sichtbarer" werden. Es kann sogar ein lebenslanger Prozeß sein, der nie zum Stillstand kommt. Selbst der älteste Mensch würde es unmenschlich finden, wenn ich zu ihm sagen würde: „Von dir erwarte ich nichts mehr."

Die Biographie offenbart ein Wesen, das die Eigenschaft hat, fortwährend „erwartet zu werden", d. h. sich zu entwickeln.

Goethe wurde im Jahre 1749 geboren. Das steht in allen Geschichtsbüchern. Im Sinne des bis jetzt Besprochenen ist das jedoch nicht ganz korrekt. Wäre das wirklich der Fall gewesen, so hätte Goethes Mutter bei seiner Geburt gesagt: „Schaut mal, der Goethe ist geboren!" Das konnte sie aber nicht sagen, weil der „Goethe" noch nicht da war.

Wann ist denn Goethe zum wirklichen Goethe geworden? Sagten die Menschen, als sie den zehnjährigen Jungen auf der Straße sahen: „Dort geht Goethe?" Ganz sicher nicht. Als er zwanzig war? Vielleicht. Goethe war ein Genie, und möglicherweise flüsterte man sich zu: „Dort geht der junge Goethe." Auf jeden Fall können wir sagen: Mit dreißig Jahren war er noch mehr „Goethe", mit vierzig Jahren noch mehr, mit sechzig Jahren war er ganz stark „Goethe", und mit achtzig Jahren wurde er so außerordentlich stark „Gothe", daß er den „Goethe-Rock" auszog, d. h. daß er starb.

Ich weise hier auf etwas hin, von dem wir jetzt schon vermuten können, daß es nicht ausschließlich innerhalb der Grenzen von Geburt und Tod existiert und wofür Worte wie „geboren werden" und „sterben" eine ganz andere Bedeutung haben als im Tierreich.

So komme ich zur folgenden Aussage: Eine Biographie ist die einmalige Erscheinungsform eines Wesens, das geboren wird und wieder stirbt Aber, so wird man sagen, Tiere werden auch geboren, und sie sterben doch auch?

Und dennoch kann vom Tier in einer bestimmten Beziehung gesagt werden, daß es nicht geboren wird und auch nicht stirbt. Ein einzelnes Exemplar der Art natürlich schon, aber das ist nicht „das Tier". „Das Tier", ob Löwe, Schlange oder Schnekke, bleibt Tier, solange die Art nicht ausgestorben ist. Ich brauche nicht auf die Geburt eines Krokodils zu warten, um eine Beschreibung dieser Tierart geben zu können, weil „es" schon einmal da war. Auch wenn ein Exemplar stirbt, so gibt es doch „dieses" Tier eigentlich immer noch; und ich kann jedes andere noch lebende Krokodil oder ein später geborenes als Beispiel für eine Beschreibung der Art nehmen. In dieser Hinsicht wird das Tier nicht geboren, und es stirbt auch nicht.

Wo liegt der große Unterschied zwischen dem zehnjährigen

und dem achtzigjährigen Goethe? Wir haben es mit einer jungen und mit einer alten Gestalt zu tun; der Mensch fängt jung an, und er wird alt; je älter er wird, desto mehr kann ich erkennen, wer er eigentlich ist. Ja, man könnte sogar von weitem sagen: Dort geht Goethe. Jener Gang und jene Haltung, alles wird allmählich zum Ausdruck dieses einen werdenden Goethe. Wenn jemand „eindeutig" ist, dann ist er alt! Das Tier ist nie jung, weil der Löwe, die Schlange und die Schnecke von Anfang an „eindeutig" Löwen, Schlangen und Schnecken sind. Sie können als solche erkannt werden, weil sie sichtbar sind. Daß Tiere in ihrer Jugend etwas anders sind als später, das ist eine Selbstverständlichkeit, die keinen Widerspruch bildet. Das Tier ist in dieser Hinsicht alt, schon von Anfang an. Das stand auch im Hintergrund der Tierbeschreibung am Anfang des II. Teils. Ich sagte dort, daß ich auf dieses Altsein noch zurückkommen würde, um die Frage nach dem Grund des Altseins der Tiere zu beantworten. Jetzt können wir sagen: Altsein heißt „ausgedrückt" sein. Ausgedrücktsein bedeutet: einen Eindruck des Alters machen.

Das hier Gemeinte begreifen wir am besten, wenn wir noch einmal an die Frage der Mutter denken: Was wird wohl aus dir werden? Was es allmählich wird, das kann im Laufe der Zeit zum Vorschein kommen, mehr und mehr sichtbar werden. Der Mensch wird im Laufe seines Lebens immer mehr „sichtbar". Er drückt sich ständig mehr aus. Das Tier ist von Anfang an ausgedrückt.

Auch von einem Menschen können wir, wenn er alt ist, in bestimmten Fällen sagen: Seine Hände sind dazu geschaffen, oder: Er kann über nichts anderes mehr reden. Hier erleben wir Eigenschaften, die beim Tier immer da sind. Wir können es an seinen spezialisierten Talenten und seinen charakteristischen Lauten erkennen. Es ist nicht übertrieben zu sagen, daß ein Mensch, der sehr alt wird, in dieser Beziehung die Neigung hat, etwas Tierisches zu zeigen. Dann stirbt er jedoch. Wie wir gesehen haben, ist das beim Tier nicht der Fall.

Man bemerkte vermutlich schon, daß ich einen Menschen nicht mit einem Tier, sondern mit einer ganzen Tierart verglichen habe. Gehe ich von der Beschreibung der einen Tierart zur anderen über, so erlebe ich einen ähnlichen Unterschied, wie wenn ich von der einen menschlichen Biographie zur anderen übergehen würde.

Es geht hier hauptsächlich um das Wort „erleben“. Eine Tierart und eine menschliche Individualität lassen sich nicht in quantitativen Gegebenheiten ausdrücken. Wer Tiere in der Natur gut kennenlernen will, der muß ihre ganze Lebensweise studieren. Die Freude, die ein Maeterlinck erlebte, als er das Leben der Bienen und der Ameisen beschrieb, kann am besten angedeutet werden mit dem Wort „erkennen“. Er lernte das Wesen dieser Tierarten kennen.

In der Begegnung mit einer menschlichen Biographie findet etwas Ähnliches statt. Biographien fesseln uns in erster Linie durch den Zusammenhang der verschiedenen Ereignisse, durch die Einheit, die in allem lebt. Das finden wir auch in den erwähnten Tierbeschreibungen, und das gibt uns das Recht, eine Tierbeschreibung mit einer Biographie zu vergleichen.

Es ist wichtig, einzusehen, daß für das Begreifen dieser Dinge Elemente der menschlichen Seele aktiv werden müssen, die in einer quantitativen und wissenschaftlichen Beschreibung nicht in den Prozeß miteinbezogen werden. Ich sage das, weil auf die Bemerkung hin, daß die Tiere Artwesen sind, während der Mensch eine Individualität ist, immer der Einwand kommt, daß Haustiere, z. B. Katzen, doch so große individuelle Unterschiede aufweisen.

Das stimmt überein mit der schon erwähnten Tatsache, daß Tiere in einer bestimmten Hinsicht eine Einheit mit ihrer Umgebung bilden. Da die Umgebung hier der Mensch ist, brauchen wir uns nicht zu wundern, daß Haustiere, die zusätzlich noch zu den höchsten Tierformen gehören und über ein relativ vielseitiges Innenleben verfügen, untereinander so sehr verschieden sein können.

Hier sollte man aber lernen, individuelle Unterschiede von Unterschieden durch Individualität zu unterscheiden; so drückte es Rudolf Steiner einmal aus. Genau betrachtet sehen keine zwei Schnecken gleich aus, auch zwei Gulden nicht. Eine wirkliche Schwierigkeit entsteht, wenn man das Tier so ohne weiteres mit dem Menschen vergleicht. Das kann getan werden, wenn man den Menschen als ein Wesen mit nur anatomischen, physiologischen und psychologischen Eigenschaften ansieht. Wir sahen aber, daß im Menschenwesen eine Individualität während des Lebenslaufes zur Offenbarung kommt. Diese Individualität ist einmalig. Sie ist ein zeitlicher Gast auf Erden.

Nebenbei sei hier bemerkt, daß dadurch gleichzeitig ein merkwürdiges Problem hinreichend beleuchtet wird, das noch immer in der Welt der Tierpsychologie herumgeistert. Es betrifft das sogenannte soziale Leben der Tiere. Man projiziert dabei nur menschliche Verhältnisse in das Tierreich. Ein soziales Leben ist ein Leben von Individualitäten untereinander. Es kann sich nur entwickeln. Tiere können niemals ein soziales Leben haben. Ihr Leben ist prinzipiell und zwangsläufig organisiert. Tiere haben eine *Organisation.*

Die verschiedenen Organe des Menschen zeigen in ihrer Funktion einen intensiven und wechselseitigen Zusammenhang. Auch hier kann nur von einer Organisation die Rede sein. Bei den Tieren könnte man erst dann von einem sozialen Leben sprechen, wenn die Löwen und die Lämmer zusammenkommen würden und ihr Verhältnis zueinander zur beiderseitigen Zufriedenheit festlegen könnten.

Es gibt noch ein Phänomen zu studieren, das uns den Unterschied zwischen Tier und Mensch in einer ganz wesentlichen Weise bewußtmachen kann. Ich erwähnte schon, daß ein Kind das Tierstadium als eben Neugeborenes noch sehen läßt. Der große Unterschied zum Tier ist jetzt, daß das später erwachsene Exemplar das größer gewordene Junge ist (wir denken hier hauptsächlich an die höheren Tiere). Es liegt auf der Hand, vom Menschen dasselbe zu sagen: Ein großer Mensch ist ein ausgewachsenes Kind.

Es kann jedoch auch ganz anders angeschaut werden, im Hinblick auf das, was ich über die Erscheinung von „Goethes" Individualität bemerkte.

Ein kleines Kind lebt völlig in seiner Sinneswahrnehmung.

Es handelt noch nicht im Sinne seines späteren Lebens. Es ist noch ganz und gar Auge und Ohr.

Wer solche Kinder beobachtet, der wird oft betroffen sein von ihrer harmonischen und charmanten Erscheinung. Wenn kleine Kinder ein einigermaßen umsorgtes Leben führen dürfen, so haben sie oft etwas Strahlendes. Ich möchte sie „Sonnenkinder" nennen. Besonders wenn sie sich bewegen, wenn sie laufen oder nach etwas greifen, da fällt mir oft auf: Wie sind sie doch schön und gut gebaut.

Diese Bemerkung, „schön zu sein", gilt jedoch nur für bekleidete Kinder. Ein ganz kleines Kind von ungefähr drei Jahren, das nackt ist, wirkt entschieden nicht so harmonisch. Der kleine Brustkorb ist unscheinbar. Er macht einen „eingefallenen" Eindruck. Und darunter wölbt sich der relativ enorme Bauch, der des öfteren die Besorgnis der unerfahrenen Mütter hervorruft. Das habe ich während meiner Sprechstunden nur allzuoft erlebt.

Wie verändert sich das nach dem sechsten oder siebten Lebensjahr! Jetzt beginnt der Brustkorb sich zu wölben, das Kind bekommt eine „Taille". Nun können wir von einer Harmonie des Körperbaus sprechen.

Nur beiläufig sei hier bemerkt: Das ganze Verhalten des Kindes wird sich jetzt gründlich verändern. Das Kind geht wirklich spielen. Viele werden sagen, daß ein Kind auch vorher schon spielt, doch da spielten „wir" mit dem Kind. Wenn man die Interessensphäre eines kleinen Kindes, das völlig in der Sinneswahrnehmung lebt, gut ins Auge faßt und auf die Spielchen achtet, die wir mit solchen kleinen Kindern machen, wird man den Unterschied bei Erreichen des siebenten Lebensjahres deutlich sehen. Die jetzt zum Vorschein kommende Spielleidenschaft ist wirklich außerordentlich bezeichnend. Es geht hier um Rennen, Springen, Zielen und Werfen, Drachen steigen lassen, Reifen treiben, Kreiseln, mit Murmeln spielen usw.

Jetzt kommt das zwölfte, dreizehnte Lebensjahr. Ganz plötzlich wachsen die Gliedmaßen. Hände und Füße werden größer und größer. Es ist die Zeit, wo viele Kinder sich schämen wegen ihrer langen Arme und Beine, wo sie wirklich nicht mehr wissen wohin damit. Das wird dann im Herumlümmeln deutlich ausgedrückt. Man könnte fast sagen: Das Kind muß erst wieder lernen, mit diesen Gliedmaßen umzugehen. Es muß sie erobern, es muß in sie „hineinwachsen". Erst jetzt bekommt der junge Mensch seine eigene Gestalt.

Warum wird das hier so hervorgehoben? Weil man – vielleicht mit Verwunderung – schon gemerkt hat, daß das Kind von oben nach unten, vom Kopfe bis in die Gliedmaßen hinein seine „Menschwerdung" vollzieht. Wenn ich das mit dem vergleiche, was über das Aufrichten, das Sprechen und das Denken gesagt wurde, wo wir eine umgekehrte Reihenfolge entdeckt haben, so kann man sagen: In den ersten drei Jahren entwickelt sich ein kleiner Körper, aus dem nicht einfach durch Größerwerden das Weitere hervorgeht, sondern der als Ausgangspunkt, als Modell, als vorläufige Form, in erster Linie als der Träger des Vererbten angesehen werden kann. Von der anderen Seite her kommt dann das Wesen, das nach und nach auf Erden „erwartet" wird und das dann die weiteren Phasen seines Lebens entwickelt. Erst jetzt beginnt die eigentliche geistige Evolution. Das ist jedoch der Gegenstand einer anderen Betrachtung (siehe B. C. J. Lievegoed, „Entwicklungsphasen des Kindes", Mellinger Verlag).

Ich machte diese kurze Betrachtung, um die Vorstellung des Menschen als Individualität, die als zeitlicher Gast auf Erden erscheint, in ein helleres Licht zu rücken.

Die Begriffe „Individualität" und „zeitlicher Gast" bilden eine Brücke zum Reinkarnationsgedanken. Es wird deshalb gut sein, als nächstes diesem Reinkarnationsgedanken eine kurze Betrachtung zu widmen.

Der Reinkarnationsgedanke

Reinkarnation ist ein Begriff, über den man die meisten sich widersprechenden Äußerungen hört. Für den einen eine Selbstverständlichkeit, für den anderen ein Gedanke, der achselzuckend abgetan wird: „Wie kann man nur an so etwas glauben?"

Die Tatsache, daß zweifellos der größte Teil der Menschheit mit dem Reinkarnationsgedanken mehr oder weniger vertraut ist, braucht in der folgenden Überlegung kein Gewicht zu haben. Die Aussage „Ich glaube nicht an die Reinkarnation" befriedigt uns jedoch auch nicht. Man sagt so oft: Reinkarnation ist ein Glaube. Dabei vergißt man aber: *Keine* Reinkarnation ist auch ein Glaube! Von diesem Gesichtspunkt ausgehend, möchte ich mich mit diesem Gedanken beschäftigen.

Es ist begreiflich, daß die Evolutionisten für den Reinkarnationsgedanken gezwungenermaßen kein Verständnis zeigen. Wenn man immer davon ausgeht, daß kein geistiges Leben außer als Funktion einer irdischen Form denkbar ist, so ist der ganze Reinkarnationsgedanke sinnlos.

Es ist interessant, daß auch bei den meisten Kreationisten, welche die Realität einer schaffenden Welt wohl anerkennen, der Reinkarnationsgedanke tabu ist. Einer der Gründe, der sie an diesen Standpunkt bindet, ist, daß der Begriff Reinkarnation in der Bibel nicht vorkomme. Das ist aber nicht richtig. Christus selber spricht sehr deutlich darüber. Als die Jünger ihn fragten, wie es mit der Prophezeiung stünde, daß Elias wieder zurückkommen würde, da antwortete er: „Er ist zurückgekommen, und die Menschen haben mit ihm getan, was sie wollten." Da wußten die Jünger, so fährt das Evangelium fort, daß er von Johannes dem Täufer sprach.

Hier wird der Reinkarnationsgedanke sehr deutlich ausgesprochen, und das wird von religiöser Seite auch zugegeben. Aber, so fügt man hinzu, es geschieht nur ein einziges Mal, zweifellos eine Ausnahme. Daß es für andere Menschen auch gelten könnte, das steht ja nirgends. In der Tat, das ist so. Aber für den aufmerksamen Leser enthält die bezeichnete Frage der Jünger und die Antwort des Christus etwas sehr Enthüllendes.

Sollten die Zweifler mit ihrer Bemerkung recht haben, so würde man doch erwarten können, daß der Christus die Wiederkunft des Elias als etwas ganz Besonderes hinstellt! Will man das nicht gelten lassen, dann muß gesagt werden: Wenn der Christus mitteilt, daß Johannes der Täufer der wiedergekommene Elias ist, so hätten die Jünger darüber doch verwundert sein müssen, daß so etwas wie Reinkarnation überhaupt existiert.

Meines Erachtens ist diese kurze Szene ein deutlicher Beweis dafür, daß der Reinkarnationsgedanke in jener Zeit völlig *selbstverständlich* war. Man braucht über so selbstverständliche Dinge nicht weiter zu sprechen, das ist klar. Ich möchte den Leser auffordern, die Sache auch einmal von dieser Seite zu betrachten.

Es gibt noch ein zweites Beispiel von der Vertrautheit mit dem Reinkarnationsbegriff. Dieses erscheint in der Geschichte des Blindgeborenen. Dort fragen die Jünger: „Wer ist schuldig, seine Eltern oder er selber?" Die Worte „er selber" drücken doch aus, daß er selber Schuld haben könnte. Dann muß „er" vorher gelebt haben, sonst ist Schuld ein völlig sinnloser Begriff. Auch hier wird mit keinem einzigen Wort von etwas Außergewöhnlichem oder Besonderem gesprochen. Man lebte mit diesen Begriffen, ohne weiter darüber zu sprechen.

Noch fesselnder wird das Ganze, wenn wir die Art und Weise, wie die Reinkarnation bei Buddha und bei seinen Nachfolgern lebte, hier einmal hinstellen. Auch für sie war die Reinkarnation eine Selbstverständlichkeit. Warum wird hier so oft darüber gesprochen? Weil man versuchte, vom „immer wieder auf die Erde zurückkehren müssen" frei zu werden. Man wollte vom Kreislauf der Wiedergeburten befreit werden. Meines Erachtens kann das nur die Folge der Tatsache sein, daß der Mensch erst am Anfang der Bewußtseinsentwicklung stand, die sich seitdem vollzogen hat und erst in den letzten Jahrhunderten zu einem völligen Abschluß gekommen ist.

So wie der Buddhist damals faktisch von der Erde nicht viel wissen wollte, so will der moderne Mensch heute „vom Himmel" nichts mehr wissen. Den Gedanken zufolge, die ich in diesem Buch entwickelt habe, ist der Sinn der menschlichen Existenz mit der Entstehung unseres gegenwärtigen Bewußtseins verbunden. Dieses Bewußtsein ist aber, so drückt es die Bibel aus, die Folge des Sündenfalls. Der Christus kann dann als ein Wesen aufgefaßt werden, von dem man sagen könnte, daß es dem Menschen darin gefolgt ist.

Der Reinkarnationsgedanke war früher selbstverständlich. Aber im Neuen Testament wird nicht weiter darüber gesprochen, weil die Zeit gekommen war, wo nicht mehr auf den Himmel (wie es Buddha in früheren Zeiten tat), sondern auf die Erde hingewiesen werden mußte. Es ist meine Überzeugung, daß der Reinkarnationsgedanke im Laufe der Zeit auch für uns wieder selbstverständlich sein wird.

Alle Betrachtungen in diesem Buch sind auf Gesichtspunkten aufgebaut, die in diese Richtung führen.

In Vorträgen über die Reinkarnation hört man immer wieder „wohlwollende" Zuhörer sagen: „Sie sind sehr intelligent, alles schön und gut, aber es ist noch niemals jemand zurückgekommen, um ..." Man meint dann, daß jemand, der im Jenseits verschwunden ist, der also gestorben ist, nie mehr lebend gesehen wurde.

Man könnte jetzt sagen, daß man in den letzten Jahren, vor allem in Amerika, meint, verschiedene Beispiele gefunden zu haben von „Erfahrungen nach dem Tode".

Meine Antwort auf die vorige Bemerkung hinsichtlich des „noch nie zurückgekommen Seins" ist jedoch eine ganz andere: Und wenn jetzt *doch* einmal jemand zurückgekommen wäre? Wenn wir nun alle zurückgekommen wären? ... Dann ginge es darum zu untersuchen, ob im menschlichen Lebenslauf nicht Punkte zu entdecken sind, die auf die Möglichkeit der Reinkarnation hinweisen!

Es geht hauptsächlich darum, die Frage zu beantworten: Wenn die Reinkarnation Wirklichkeit wäre, für welchen Teil des Menschen würde sie dann gelten? In „Der bekleidete Engel"* habe ich darüber sehr ausführlich geschrieben. Dort erzählte ich unter anderem, wie mir einmal eine alte Dame mitteilte: „Ich möchte gar nicht zurückkommen." Ich konnte ihr versichern, daß sie tatsächlich auch nicht zurückkommen würde. Und auf ihre mehr oder weniger empörte Erwiderung: „Oh, Sie aber schon?", konnte ich mit ebensogroßer Sicherheit sagen: „Ich werde bestimmt auch nicht zurückkommen."

---

* Mellinger Verlag

Was meinte sie aber mit der Aussage: „Ich möchte nicht zurückkommen?" Was meinte ich mit: „Ich komme auch nicht zurück?" Die *Person,* Frau Soundso, Herr Soundso. Biographien sind eben einmalig. Um den Unterschied zu begreifen zwischen dem, wofür der Reinkarnationsgedanke gelten kann und dem, wofür er entschieden nicht gelten kann, ist es gut, uns zu fragen, wie eine Biographie zustande kommt.

Es gilt eine ganz einfache Regel: Eine Biographie kommt immer durch Begegnungen zustande. Ob es um Personen, Länder oder um kulturelle Werte geht: die Menschen geraten immer in Situationen, in denen sie Begegnungen haben, die allmählich zu einer Biographie werden.

Von diesen Begegnungen muß etwas ganz Besonderes gesagt werden: Eine Begegnung ist immer zufällig! Wäre das nicht der Fall, so würde man nicht von einer Begegnung, sondern von einem Besuch sprechen. Das ist nicht als eine willkürliche Behauptung gemeint, sondern als etwas, das immer gilt.

Damit ist aber ein neuer Begriff eingeführt: der Zufall. Eine nähere Betrachtung dieses Begriffes kann uns ein gutes Stück weiterbringen. Warum gebrauchen wir so oft dieses Wort? Was bedeutet es eigentlich, wenn wir sagen: „Welch ein Zufall!" Wir sprechen von einem „Zufall", wenn die Begebenheit etwas Überraschendes für uns hat! Fragen wir uns, worauf dieses Überraschende beruht, so finden wir immer eine bestimmte Verwandtschaft mit dem „Zufälligen", eine Verwandtschaft, die wir fühlen. Wäre das nicht der Fall, dann würden wir nicht mehr weiter darüber sprechen!

Ich möchte die folgende Schlußfolgerung ziehen: Eine Begegnung ist immer zufällig, aber der Zufall ist auch immer eine Begegnung. Eine Biographie entsteht immer durch zufällige Begegnungen. Selbstverständlich macht das nicht die ganze Biographie aus. Ich wollte nur andeuten, wodurch sie entsteht, wo sie ihren Ursprung hat. Alles, was wir bewußt solchen zufälligen Begegnungen gegenüberstellen oder verrichten, das gehört natürlich auch zur Biographie.

Wenn wir danach fragen, worin die genannte „Verwandtschaft" besteht, so möchte ich dafür einen anderen Ausdruck einführen. Eine bestimmte Art von Verwandtschaft wird nämlich mit einem besonderen Ausdruck bezeichnet. Wir können diesen Ausdruck finden, wenn wir das Beispiel eines Menschen nehmen, der mit einem Musikinstrument in Berührung kommt und der ein Talent dafür hat. Wie spezifisch Talente sein können, braucht hier nicht weiter beschrieben zu werden. Noch ein anderes Beispiel: Ein Kind begegnet einem anderen Kind, das die Masern hat. Nun bekommt es selber auch diese Krankheit. Auch hier besteht doch deutlich eine gewisse Verwandtschaft, wobei man auch von einem „Talent" sprechen könnte. Ein drittes Beispiel, das wir täglich beobachten können, ist, wenn Menschen eine Bekanntschaft machen und dabei eine ausgesprochene Sympathie für einander entdecken. Diese Sympathie kann zur Hochzeit führen. Könnte das nicht auch ein Talent genannt werden?

Diese Beispiele erzählen von Verwandtschaften, die sich erst im Laufe des Lebens zeigen. Wenn wir jede „Verwandtschaft" auch „Talent" nennen dürfen, so könnten wir sagen: Ein Mensch kommt mit Talenten beladen auf die Welt. Aber jedes Talent hat neben einem allgemeinen auch noch einen individuellen Charakter. Ich sage für gewöhnlich: Man hat ein Talent mehr oder weniger, stark oder gering; und man entwickelt es früher oder später. Aber das sind nur quantitative Unterschiede! In der Praxis weiß jeder, wie „persönlich" unsere Talente (oft) sind. Nur so ist zu begreifen, warum jede Biographie nur einmalig sein kann.

Was geschieht mit diesen Talenten? Global könnte man sagen, daß ein Talent für ein Musikinstrument (oder für ein Fach) ausgearbeitet wird, wenn der Entsprechende sich intensiv darin übt. Das Talent für Menschen wird ausgelebt. Das Talent für Krankheiten wird „ausgekrankt" (in der Wissenschaft spricht man von einer „erworbenen Immunität").

Daß im letzten Fall der Gang der Dinge meistens komplizierter ist als bei dem Beispiel der Masern, ist klar. Aber hier geht es nur um das Prinzipielle im Gedankengang.

Eine Biographie besteht also unter anderem aus dem „Sichtbarwerden" der verborgenen Talente. Diese Talente werden mitgebracht, bei der Geburt waren sie aber verborgen. Am Ende eines langen Lebens sind sie in die Biographie verwoben.

Selbstverständlich erleidet der Mensch seine Umgebung nicht nur passiv. Er stellt ihr auch etwas entgegen. Das Besitzen eines Geigentalents macht noch nicht den guten Geigenvirtuosen aus; das Heiraten eines geliebten Partners bedeutet noch nicht eine gute Ehe usw. Das hängt von den Handlungen der Personen ab, die nicht vorher festgelegt sind. Diese Handlungen, mit denen wir auf unsere Umgebung wirken, namentlich auf die Mitmenschen, haben ihre Folgen. Aber es liegt auf der Hand, daß wir viele dieser Folgen in ihrer Tragweite nicht überschauen können. Das gilt für ein Gespräch, das wir einmal mit jemandem führten, ja, faktisch für jede verrichtete Handlung. Unsere Taten drücken sozusagen unserer Umgebung ihren „Stempel" auf, den wir oft völlig aus den Augen verlieren. Sie hinterlassen eine „Spur"*, die ständig breiter wird, aber immer noch die Verwandtschaft mit uns hat. So besteht unser Leben im Prinzip aus zwei gegensätzlichen Elementen: aus dem Element, das sich als mitgebrachte Talente in der Verwandtschaft mit unserer Umgebung enthüllt und aus der Spur, die wir in der Welt hinterlassen, die ebensosehr eine Verwandtschaft mit uns in sich trägt.

Daraus ergibt sich für mich die Frage: Gibt es eine Beziehung zwischen den „Verwandtschaften", die man am Ende seines Lebens hinter sich läßt und den „Verwandtschaften", die man am Anfang des Lebens vorfinden wird?

Man merkt, daß ich hier nur von einem möglichen Gedanken spreche. Ich möchte tatsächlich die Reinkarnationsidee nur als solche besprechen.

Die folgende Bemerkung kann die geäußerte Anregung noch unterstützen. „Talent" bedeutet ursprünglich „Gewicht". Man wurde in der alten griechischen Zeit z. B. mit „Silber-Talenten" bezahlt. Das Gewicht ist etwas, was uns zur Erde zieht.

* Rudolf Steiner, „Theosophie" („Wiederverkörperung des Geistes und Schicksals", „Reinkarnation und Karma")

Man fühlt vielleicht, worauf ich hinauswill: Ein „Talent haben" würde dann heißen, daß wir „irgendwo hingezogen werden" als Folge einer unsichtbaren geheimnisvollen Verwandtschaft.

Damit hängt die bekannte Erfahrung zusammen, daß wir so oft sagen: Die Welt ist doch klein! Wir meinen dann, daß es manchmal auffallend ist, wie viele Menschen mit Bekannten von uns auch wieder bekannt sind! Dieser Tatsache könnte man aber einen anderen Gedanken gegenüberstellen. Nein, die Welt ist nicht klein, sie ist unsagbar groß, aber die Menschengruppe, die etwas miteinander zu tun hat im angedeuteten Sinne ist verhältnismäßig klein.

Wir wollen noch einen letzten Blick auf die folgenden Aussagen werfen: „Goethe zog seinen Rock aus" und „Sie werden bestimmt nicht mehr zurückkommen". Diese Bemerkungen sind von großer Wichtigkeit, um zu begreifen, wofür der Reinkarnationgedanke gelten kann und wofür nicht. Die Goethe-Biographie besteht zum einen Teil aus der Beschreibung seiner Talente, zum anderen Teil aus der Beschreibung der Handlungen, die in diesem besonderen Fall weitreichende Folgen hatten.

Im wesentlichen gilt der Gedankengang für jeden Menschen, für jede Individualität. Diese Individualität ist das „Unteilbare", das beim Tier nicht anwesend ist. Das ist der Punkt, um den es in dieser Betrachtung hauptsächlich geht: das spezifisch Menschliche unterscheiden zu lernen vom allgemein Menschlichen. Wenn von den Tieren gesagt wurde, daß sie über so spezifische „Instrumente" (Flügel, Flossen usw.) verfügen, dann wurde damit gleichzeitig von den Talenten der Tiere gesprochen. Dadurch wird eine frühere Aussage begreiflich: daß der Mensch im Gegensatz zum Tier Talente „hat", Begierden „hat", Schmerzen „hat" usw. Durch solche Gedanken wird etwas, das in der modernen Tier- und Menschenpsychologie in den Hintergrund gedrängt wird, allmählich wieder bewußt gemacht.

Hier finden wir wieder einen Unterschied zwischen der Artbeschreibung der Tiere und der Biographie des Menschen. Die Artbeschreibung bleibt im wesentlichen immer dieselbe. Sie ist nicht zu trennen von der „Tierformel“: Das Tier ist eine Einheit von Begierde, Form und Umgebung.

Die menschliche Biographie offenbart im Laufe des Lebens eine Umgebung, die nur *einmal* entsteht und verschwindet. Ja, man kann sogar sagen: Sobald für einen Menschen die Gefahr besteht, daß auch er sich in seiner Umgebung zu sehr festfährt, zieht er sich aus der Biographie zurück: Er stirbt. Es ist vielleicht gut, hier zu bemerken, daß dieses Mit-der-Erde-verbunden-Bleiben des Tierwesens in uns gleichzeitig das Bewußtsein einer tiefen Tragik wachrufen kann. Aber der Ausdruck „zeitlicher Gast“ kann in uns ein Gefühl von Befreiung erwecken.

VIII. Neue Einsichten – bahnbrechende Werke

Haeckel

Es wird deutlich geworden sein, daß ich mit dem bisher Behandelten versucht habe, darauf hinzuweisen, daß in meiner Betrachtung zwischen Tierreich und Mensch sich eine unüberbrückbare Kluft aufgetan hat. Das Problem wird jedoch noch viel fesselnder, wenn wir uns vor Augen halten, daß hinsichtlich der verschiedenen Tiergruppen behauptet wurde, daß diese niemals „aus einander" entstanden sein können. Ich deutete mehrmals auf diese Tatsache hin, und die Art und Weise, wie ich die Tierbetrachtung fortgesetzt habe, hat diesen Eindruck verstärkt.

Nichtsdestoweniger war von Anfang an deutlich, daß die Tatsache, daß das Tierreich das *Bild* der Evolution darstellt, nicht geleugnet werden kann. Ich stehe jetzt also vor zwei Tatsachen. Auf der einen Seite steht die Gewißheit des Bildes einer Evolution. Auf der anderen Seite ist aber die ebensogroße Sicherheit, daß sich diese Evolution nicht so abgespielt hat, wie man sich das im Augenblick vorstellt, namentlich daß das „Höhere" aus dem „Niederen" entstanden sein soll. Die Frage, wie die Evolution sich denn wirklich vollzogen hat, wird beide Tatsachen berücksichtigen müssen. Die Antwort muß uns mehr befriedigen, als es bis jetzt die gängigen Theorien getan haben.

Das Werk von Ernst Haeckel (1843–1919) ist weltberühmt. Abgesehen von seinen umfangreichen Studien über das Tierreich stellte er das sogenannte Biogenetische Grundgesetz auf. Dieses Gesetz besagt, daß die embryonale Entwicklung jedes Individuums eine verkürzte Wiederholung der Entwicklung der Art zeigt (die Ontogenese ist eine verkürzte Phylogenese). Bei den Fischen entstehen im Laufe der Embryonalentwicklung am Urdarm sechs kleine Ausstülpungen, die sich zu den späteren Kiemen entwickeln. Bei den Lurchen, Reptilien, Vögeln und Säugetieren und auch bei den Menschen entstehen anfänglich dieselben Ausstülpungen, aber sie verschwinden wieder. Haeckels Schlußfolgerung war, daß das höhere Tier das Fischstadium nochmals durchläuft, sich aber weiterentwickelt. So kam er zur Idee der „Wiederholung".

Haeckel war allerdings nicht der erste, der von der Wiederholung des Früheren (Rekapitulation) sprach. Es gab verschiedene Vorläufer, die sich im Laufe des Jahrhunderts mit diesem Gedanken beschäftigt hatten. Aber das Besondere an Haeckel ist, daß er den Mut hatte, aufgrund verhältnismäßig weniger Beispiele ein so allgemeines Gesetz aufzustellen. Haeckel war ein Genie. Das Geniale bestand darin, daß er eine große Vision anhand weniger sichtbarer Beispiele entwickeln konnte. Daß Haeckel damit die darwinistische Evolutionstheorie zu befestigen glaubte, ist wohl deutlich. Er bewies oder meinte zu beweisen, daß das höhere Tier, wie auch immer, sich aus dem niederen entwickelt haben *müsse.*

Das Biogenetische Grundgesetz wurde jahrelang allgemein anerkannt. Daß man später behauptete, die Schlußfolgerungen, die Haeckel aus seinen Wahrnehmungen zog, wären nicht korrekt gewesen, schmälert den Wert seines Mutes und seinen Enthusiasmus in keiner Weise. Man hat ihn in den späteren Jahren heftig angegriffen. Es wurde ihm unter anderem vorgeworfen, daß die Anlage eines Organs des ausgewachsenen Fisches tatsächlich bei den Säugetieren in einem sehr frühen embryonalen Stadium zu finden ist, daß aber dann erklärt werden müßte, durch welchen Einfluß die Entwicklung beim Fisch zu den Kiemen führt, während sie beim Säugetier unterdrückt wird. Das mag wohl richtig sein. Aber ich finde es schade, Haeckels Anschauung prinzipiell abzulehnen, nur weil sie neue Fragen aufwirft.

Von Erich Blechschmidts Angriffen auf Haeckels Theorie werde ich im betreffenden Kapitel noch sprechen.

Jetzt muß jedoch als erstes ein Ausweg aus der Sackgasse gefunden werden, in die wir durch Haeckels Theorie geraten sind. Mit seiner Theorie meinte er generell etwas bewiesen zu haben, was im Vorhergehenden als unmöglich auszuschließen war.

Die Retardationstheorie von Bolk: Eine Überwindung des Materialismus

Bei Louis Bolk werde ich etwas länger verweilen müssen. Er war Professor der Anatomie in Amsterdam. In der holländischen Enzyklopädie „Winkler Prins" findet man die Bemerkung: „Bolk ist der Begründer der neuen holländischen Anatomie-Schule, so daß sowohl im holländischen Indien wie in Holland alle Lehrstühle der Anatomie von seinen Schülern besetzt werden. Große Bekanntheit erreichte er durch seine Werke über die segmentale Anatomie, über das Kleinhirn und am Ende seines Lebens durch seine Theorie der Embryonalentwicklung. Auch seine anthropologischen Untersuchungen verdienen erwähnt zu werden."

Auch Bolk war ein Genie. Eine seiner Bemerkungen, die meines Erachtens viel bekannter werden müßte, lautet:

> *„Wir sind es gewöhnt, das Leben mit Vergrößerungsgläsern zu erforschen, indem wir das sonst unsichtbare Stoffliche sichtbar machen. Wie anders und bestimmt großzügiger wäre unsere Auffassung des Lebens, wenn es uns gegeben wäre, dieses einmal mit Verkleinerungsgläsern zu studieren, wodurch wir das (für das unbewaffnete Auge) Unüberschaubare in unser Blickfeld bringen könnten, um dann an Stelle der stofflichen Verbindungen den Zusammenhang der Erscheinungen zum Ziel des Studiums zu nehmen."*
>
> (In: „Hersenen en Cultuur" („Gehirn und Kultur")

Zwei Jahre lang gab er eine besondere Vorlesung über die Retardationstheorie, von ihm auch Foetalisationstheorie genannt. Dieser Ausdruck war bis zu einem bestimmten Grad sicher auch berechtigt; doch hat er zu vielen Mißverständnissen geführt.

Schon Jahre bevor Bolk in der Lage war, seine Theorie der Welt vorzustellen, war er betroffen von der Tatsache, daß der Mensch, der traditionsgemäß an das Tierreich angeschlossen wurde und als aus dem Tierreich evoluiert gedacht wurde, in bezug auf die Tiere ein so verschiedenes Tempo in seiner Entwicklung aufwies. In seinem Vortrag „Het vraagstuk van het ontstaan van de mens" (Das Problem der Entstehung des Menschen) sagte Bolk:

> *„Es gibt kein Säugetier, das sich so langsam entwickelt wie der Mensch. Es gibt kein anderes, das so viel Zeit benötigt, um nach seiner Geburt erwachsen zu werden. Wer kann mir ein zweites Säugetier nennen, das eine so lange ‚Blütezeit' in seinem Leben hat? Darauf folgt noch auf dieses langsame Aufblühen und diese lange Periode des Erwachsenseins eine Periode des Älterwerdens. Diese Periode verläuft so langsam, wie man es bei keinem anderen Säugetier sieht. Wo findet man das Tier, das nach Beendigung der genannten Blütezeit noch so lang am Leben bleibt?"*

Er konnte diese Phänomene noch nicht mit anderen Erfahrungen in Zusammenhang bringen. Er konstatierte nur die Tatsache. Eine andere Angelegenheit war, daß die gängigen Evolutionstheorien ihn nicht befriedigten. Er sprach es öffentlich aus, daß er uneins war mit den Theorien von Lamarck und Darwin als Erklärung der Evolution im Tierreich. Anpassung an die Umgebung, Zuchtwahl, Kampf ums Dasein: das waren für Bolk eher Gegenargumente als Argumente für die Evolution. Hier ein paar Zitate, um das zu verdeutlichen.

> *„Wenn der Gedanke ‚Anpassung an die Umgebung' in den Vordergrund gestellt wird, so pflegt man ihn auch mit dem Übergang vom Tier zum Menschen in Verbindung zu bringen: Der noch halb aufgerichtete, laufende ‚Menschenaffe' richtete sich auf und entwickelte dadurch seine menschlichen Eigenschaften."*

Darüber denkt Bolk radikal anders. In dem oben zitierten Artikel meinte er weiter:

„Das sich Aufrichten, das Einnehmen der vertikalen Haltung, das war meiner Meinung nach eine notwendige Anpassung an die Veränderungen, die sich in der Form selber durch andere als äußerliche Ursachen *abspielten; es war eine Folgeerscheinung. Die Menschwerdung war nicht die Konsequenz eines Aufrichtevorganges, sondern dieser letztere war umgekehrt gerade die Folge der Tatsache, daß die Form menschlich wurde."*

Hinsichtlich des Kampfes ums Dasein ist er mindestens ebenso radikal („Gehirn und Kultur").

„Wenn jemals der harte Kampf ums Dasein, der dann von mehreren Seiten für die Entwicklung der Menschheit für so bedeutungsvoll erachtet wurde, eine Rolle gespielt haben sollte in der Entwicklungsgeschichte der Menschheit, dann wäre der Mensch ein Tier geblieben. Denn niemals hätte dieser Kampf in der Form, wie er in der Natur wirklich ausgetragen wird, die Menschheit zur moralischen Einsicht, zum sittlichen Bewußtsein führen können. Denn das Wesen des Existenzkampfes, wie er in der Natur geführt wird, ist ein Kampf zwischen Macht und Übermacht; in diesem Kampf ist Übermacht richtig und Schwachheit falsch. Und ist es nicht gerade eine Äußerung des menschlich höheren, erhabeneren Standpunktes, wenn er die Anwendung dieses letzten Prinzips, wo es sich im gesellschaftlichen Leben doch noch vollzieht, als ‚Brutalität' bezeichnet? Als Grundlage für die Menschwerdung, als Triebkraft für die höhere Entwicklung der Menschheit hat denn auch meines Erachtens der Existenzkampf nicht die geringste Bedeutung."

Zum Schluß über die Zuchtwahl noch dieses:

„Es bleibt noch die Frage zu beantworten, inwiefern von der sexuellen Zuchtwahl ein solcher Einfluß hat ausgehen können. Und auch auf diese Frage werden wir eine

verneinende Antwort geben müssen. Es gibt mehrere Gründe, die gegen diese Ursache der Evolution des menschlichen Geistes sprechen. Schon allgemein muß darauf hingewiesen werden, daß, obschon bestimmte Eigenschaften von Geist und Charakter nicht selten von einem der Eltern auf das Kind übertragen werden, wirkliche Überlegenheit des Geistes nicht erblich ist. Die Briefe des geistigen Adels sind immer persönlich."

Man fühlt vielleicht schon, wie durch das Ganze ein roter Faden läuft. Für Bolk war der Gedanke von der Wirklichkeit eines schaffenden Prinzips, d. h. von der Wirklichkeit des Geistes, eine Selbstverständlichkeit, auch wenn er es (noch) nicht so direkt aussprach.

Auch Bolk akzeptierte im Prinzip Haeckels Grundgesetz, obwohl er gleichzeitig immer mehr Schwierigkeiten bei der Erklärung der Evolution des Menschen aus dem Tierreich heraus sah. Er befand sich sozusagen in einer Sackgasse.

Er vermutete, daß die Tatsachen:

a) die Tierarten formen eine deutliche Reihenfolge,
b) Haeckels Gesetz kann im wesentlichen nicht negiert werden,
c) der Mensch entwickelt sich so ganz anders als alle Tiere,

eine Reihenfolge besonderer Phänomene darstellen. Er fühlte, daß diese „besonderen Phänomene" irgendwie zusammenhängen müssen.

Er wartete gleichsam auf eine Erfahrung, die das verbindende Glied hätte sein können. Diese Erfahrung kam, als er eines Tages einen Schimpansenfoetus von ungefähr sieben Monaten in die Hände bekam. Die Mutter war durch einen Unfall ums Leben gekommen. Was Bolk sah, das war ein kleines Wesen mit einem kahlen Körper und nur Haaren auf dem Kopf, mit einer Stirn und einem Kinn; ein kleines Wesen das einem menschlichen Foetus ähnlich war. Er sah in Gedanken dieses menschenähnliche Tierchen in seiner Entwicklung zum Schimpansen heranwachsen, mit seinem behaarten Leib, mit seiner sich senkenden Stirn und seiner stark nach vorne dringenden

Schnauze. Der Unterschied zwischen Tier und Mensch stellte sich ihm auf einmal in einer neuen Weise dar.

Sein nächster Gedanke war: Nach dem genetischen Grundgesetz müßte der Mensch, der „nach" dem Affen auf Erden erschienen ist, „vor" seiner Geburt ein Affenstadium durchmachen. Hier sehen wir, daß gerade das Umgekehrte der Fall ist: Der Affe macht „vor" seiner Geburt ein Menschenstadium durch! Später entfernt der Affe sich schnell von diesem Stadium. Der Mensch jedoch entwickelt sich nicht so viel weiter. Er bleibt im Hinblick auf den Affen zurück. Er ist in seiner Entwicklung verlangsamt, *retardiert.* Daher der Ausdruck: Retardationstheorie. Die Entwicklung des Affen kann dagegen als beschleunigt bezeichnet werden, sie ist *propulsiv.* Sie „eilt" sozusagen „auf die Erde zu". Dieses läuft jedoch darauf hinaus, daß der Mensch zwar später als der Affe auf Erden erscheint, aber wesentlich älter ist! Der Affe ist eine Abzweigung der Evolutionslinie des sich langsamer entwickelnden Menschen. Er war zuerst menschenartig und wurde dann zum Tier.

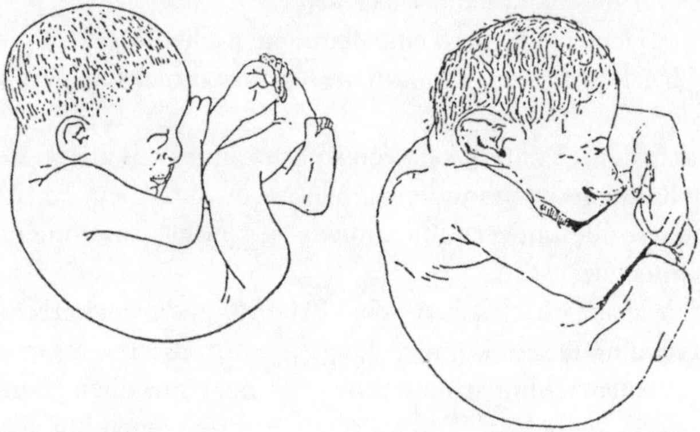

Foetus eines Menschen
Aus: Bolk, „Gehirn und Kultur" *Foetus eines Schimpansen*

Es war für Bolk fast selbstverständlich, dieses unmittelbar als Urbeginn anzusehen, dem die Entstehung des ganzen Tierreiches zugrunde liegt. Damit war er aber gezwungen, die Evolution in einem total neuen Licht zu sehen. Er mußte sich sagen: Es ist eindeutig, daß die Tierarten eine Reihenfolge aufweisen, aber nicht auseinander hervorgegangen sind. Sie sind nacheinander abgezweigt von einer sich neben den Tieren entwickelnden Form, die den späteren Menschen ergeben hat.

In der Tat hat Bolk die Entwicklung des Menschen und das Bild der Entwicklung des Tierreichs durch die Zeichnung eines Baumes verdeutlicht: Vom Boden bis zur Spitze, entlang der Linie des Stammes, hat der Mensch sich entwickelt. Die Zweige zeigen die Punkte an, wo Tierformen Phasen dieser menschlichen Entwicklung in ihrer weiteren Entwicklung festgehalten haben. Stelle ich das in einem Schema dar, so ergibt sich folgendes:

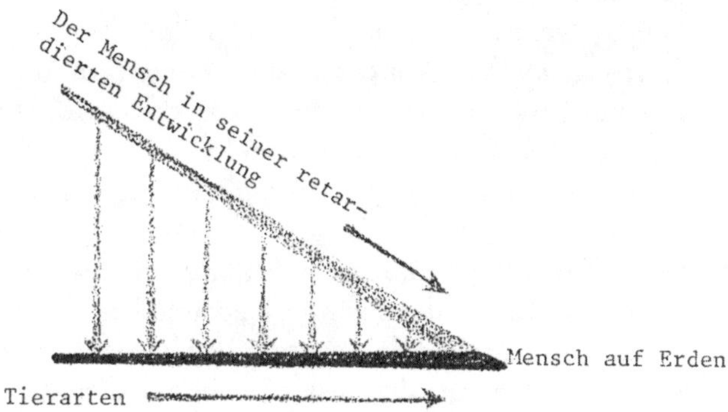

Schema

Man muß jeden Punkt der schrägen Linie als den Ursprung einer bestimmten Tierart ansehen, die sich „propulsiv" zur Erde hin entwickelt hat. Die schräge Linie drückt aus, daß das Menschenwesen sich während dieser Evolution von der Erdenverbindung – zwar langsam weniger, – aber immer noch – „distanziert" hat. Ich meine hier dasselbe, was Bolk unter „Retardation" verstanden hat.

Wir können es auch so sagen: Jede Tierart hält ein Stadium der menschlichen Evolution fest. Selbstverständlich soll das nicht heißen, daß ein Tier an dem betreffenden Punkt bereits die Gestalt hatte, die wir jetzt wahrnehmen. Das werde ich später noch besprechen.

Das Umwälzendste dieses Gedankenganges ist, daß damit der Mensch als Idee, als Prinzip faktisch nicht an das *Ende*, sondern an den *Anfang* der Tierevolutionsreihe gestellt werden muß. Darüber sagt Bolk:

> *„In seiner äußersten Konsequenz angewendet, führt dieser Standpunkt zu der Auffassung, daß im Niedersten oder, wenn man so will, im Urorganismus bereits die Notwendigkeit der Menschwerdung beschlossen lag, die mit ebensogroßer Sicherheit im Laufe der Zeiten daraus folgen mußte, wie aus einer befruchteten tierischen Eizelle ein erwachsenes Tier als Endstadium des Entwicklungsganges entstehen muß. Das klingt mystisch, aber es befriedigt mich doch mehr als die konsequente Anwendung der Selektions- oder Anpassungstheorie als einzig leitende Prinzipien der Evolution, wobei die Menschwerdung ein reines Spiel des Zufalls gewesen wäre."*

Bolk war sich darüber im klaren, daß er damit etwas in die wissenschaftliche Betrachtung einführte, was in der modernen Wissenschaft radikal abgelehnt wurde: den Gedanken einer richtungweisenden Kraft, die in der Evolution impulsierend gewirkt hat. Wie sehr er sich dieses revolutionären Standpunktes bewußt war, zeigen deutlich seine folgenden Worte:

> *„Nun ist mir sehr wohl bewußt, daß ich mich mit der oben gezogenen Schlußfolgerung auf sehr glatten und gefährlichen Boden begeben habe, denn ich gebe mit der obigen Bemerkung zu, daß ich mit der Einführung eines inwendigen, im Organismus selbst gelegenen Entwicklungsfaktors, der die Erscheinung und die Formenveränderungen der Tierformen im Laufe der Zeiten mitbeherrscht haben soll, den Evolutionsgang als etwas a priori Determiniertes, als etwas von innen Gegebenes werde betrachten müssen. Jede neue Form würde dann bis zu einem bestimmten Grad eine Form-Notwendigkeit sein, entstanden durch die Aktivität des Evolutionsregulie-*

renden und beherrschenden, dem Organismus selber innewohnenden Faktors. Diese Bemerkung ist richtig, aber ich weiche vor den Konsequenzen nicht zurück."

Den wirklichen Wert dieser Aussage sowie das Außergewöhnliche an Bolks Persönlichkeit kann ich am besten wiedergeben, indem ich ein Gespräch erwähne, das vor beinah zwei Jahrhunderten in Frankreich stattgefunden hat.

Laplace (1749–1827) hatte im Laufe von jahrelangen Studien und in Verbindung mit den philosophischen Anschauungen seiner Zeit eine spezielle Theorie über die Entstehung der Erde und der Naturreiche aufgestellt. Ursprünglich war das Weltenall von einem Urnebel erfüllt, bestehend aus einer unendlichen Anzahl von „Teilchen". Dadurch, daß dieser Urnebel zu rotieren begann, splitterten gleichzeitig Teile ab, die dann ein selbständiges Dasein führten. So konnte man sich die Entstehung des Planetensystems denken. Die weitere Entwicklung läuft darauf hinaus, daß die ursprünglich unendlich ausgebreitete und zerstreute Teilchenwelt, der Urnebel, „Verdichtungen" zeigte, wodurch Moleküle und molekulare Verbindungen entstanden. Diese wurden immer komplizierter, um schließlich so vielgestaltig und verwickelt zu werden, daß sie Erscheinungen hervorbrachten, die wir als „Leben" bezeichnen. Diese lebenden Formen entwickelten sich unter dem Einfluß der Außenwelt weiter und weiter, bis Anzeichen von Reaktionsvermögen und Bewußtsein auftraten. So entstand aus einem ursprünglich mineralischen Stadium ein Pflanzen- und ein Tierstadium. Die weitere Evolution vom Tier zum Menschen wurde auf gleiche Art fortgesetzt gedacht, und die meisten modernen Evolutionstheorien tun dies, wie wir gesehen haben, noch immer. So entstand schließlich der Mensch.

Laplace (so wird erzählt) zeigte Napoleon die Konzeption dieser totalen Evolutionstheorie. Dieser studierte sie zuerst aufmerksam und sprach dann mit einiger Verwunderung: „Ich begegne dem Begriff ‚Gott' nicht in Ihrer Betrachtung", worauf Laplace bescheiden lächelnd geantwortet haben soll: „Sire, je n'avais pas besoin de cette hypothèse" (Majestät, dieser Hypothese bedurfte ich nicht). Auf der einen Seite Laplace, der das schaffende Prinzip zur überflüssigen Hypothese degradierte, auf der anderen Seite Bolk, der durch eine wissenschaftliche Untersuchung zu einer Aussage kommt, die meines Erachtens alle Welt kennenlernen sollte. „Ich weiche vor dieser Konsequenz nicht zurück!“ Mut im Dienste desjenigen, was er als Wahrheit empfand; das ist es, was Bolk in so besonderer Weise auszeichnete.

Die Abbildung auf S. 131 ist, wie man verstehen wird, nur gedacht, um Bolks Gedankengang in ein Schema zu bringen. Vorläufig wäre es falsch, mehr dahinter zu suchen. Die schräge Linie ist ja eine vollkommen hypothetische; die einzige Erfahrung von Bolk liegt im allerletzten Stück, wo man sich vorstellen muß, wie sich der Menschenaffe entfernt hat von der menschlichen Evolution, seine Entwicklung beschleunigend. Ich werde deshalb dieses letzte Stück der schematischen Zeichnung noch einmal verdeutlichen.

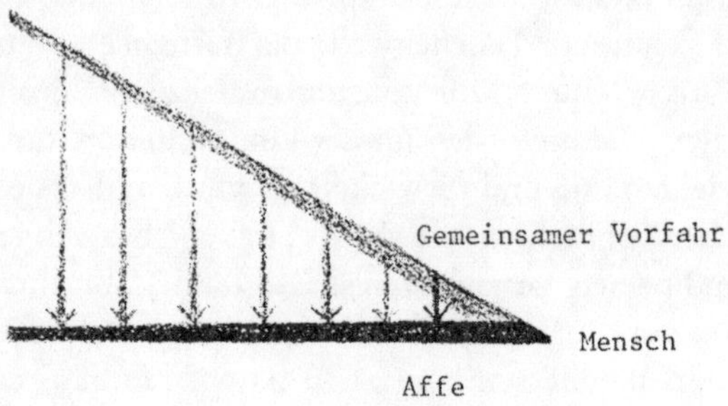

Schema

Alles, was für den gemeinsamen Vorfahren von Affe und Mensch im Schema angegeben ist, ist also nur hypothetisch. Es ist, als ob Bolk einen Lichtstrahl auf das zu werfen versuchte, was sich vorher in der Evolution abgespielt hat, ausgehend von dieser einzigartigen Entdeckung.

Ich ließ hier absichtlich Laplace und Bolk einfließen, weil wir in Bolk einen Menschen finden, der beide Elemente, die „Evolution“ sowie die „Schöpfung“, als eine Wirklichkeit empfand. Bolk sieht sich gezwungen – durch die konsequente

Anwendung des Biogenetischen Grundgesetzes –, Schlußfolgerungen zu ziehen, die im genauen Widerspruch zu den Auffassungen der orthodoxen Evolutionslehre stehen, der Haeckel anhing. Es war schon eine besondere Entdeckung, die Bolk dadurch machen konnte, daß er in den Besitz des Schimpansenfoetus kam. Schimpansen waren damals sehr kostbare Tiere; ein schwangeres Weibchen wäre niemals absichtlich getötet worden. Es ist sehr fraglich, ob Haeckel jemals die Gelegenheit hatte, die Formen eines ungeborenen Schimpansen mit denen eines Menschenkindes von ungefähr gleichem Alter zu vergleichen!

Dann gibt es noch eine andere Tatsache, die durch die ganze Geschichte der Wissenschaft hindurch eine spannende Rolle spielte: Unzählige Menschen haben während langer Zeit etwas wahrgenommen, ohne es wirklich zu sehen, bis plötzlich ein besonderer Mensch „es" sah. Das klassische Beispiel dafür ist Galileis* (1564–1642) Wahrnehmung, daß die Schwingungszeit einer hin und herschwingenden Lampe, obwohl die Bewegungen kleiner werden, gleich bleibt. Die Entwicklung der menschlichen Kultur besteht hauptsächlich aus Entdeckungen von Dingen, die sich in der sichtbaren Welt nur einem Bewußtsein zu erkennen gaben, das tiefer zum Wesen der schaffenden Welt vorzudringen wußte.

Im Anschluß an diesen Gedankengang, denken wir an den für die Tiere eingeführten Begriff der „Propulsion". Gleichzeitig erinnern wir uns an die Beschreibung der Tiere, insofern diese Tiere charakterisiert wurden durch ihre Farben, durch ihre Bedeckungen und durch ihre „Werkzeuge" (siehe S. 56). Mit dem Wort „Propulsion" (Antrieb) wird gesagt: zur Erde „hingewendet" oder, mit anderen Worten: angepaßt sein an das Erdenleben. Hier wird die Tendenz zum „Verfestigen der Tierformen" nochmals unterstrichen in dem Sinne, daß für das Tier von einer weiteren Evolution nicht die Rede sein kann. Es

---

* Das Besondere ist, daß er mit der Wahrnehmung das Quantitative, d. h. das Messen verband. („Miß alles, was meßbar ist, und mache meßbar, was nicht meßbar ist.")

kann uns ein Gefühl der Befriedigung geben, wenn wir entdekken, daß eine Anzahl der bis jetzt aufgezählten Phänomene durch die Art und Weise, wie ich sie beschrieben habe, eine gleiche Sprache zu sprechen beginnen.

Im Vergleich des Menschen mit dem Tier wurde der aufrechte Gang, die Sprache und das Denken des Menschen in eine Beziehung gebracht zu dem gewölbten Fuß, zu dem zurückgehaltenen Antlitz, mit Armen und Händen und zu der Wölbung des Kopfes. Die Frage wurde gestellt, wie der Mensch zu diesen Organen gekommen ist und worüber er verfügen mußte, um die Funktionen offenbaren zu können.

Bolk spricht von Retardation im Zusammenhang mit einem schaffenden Faktor, der von Anfang an in der Menschwerdung anerkannt werden muß. Er gebraucht den Begriff „schaffender Faktor" nicht. Er sagt, daß der Mensch „beabsichtigt" sein mußte. Ich hoffe, man begreift mich, wenn ich jetzt sage, daß „beabsichtigt sein" und „geschaffen sein" etwa gleichgesetzt werden können.

Wenn er die Tiere „propulsiv" nennt, so folgt daraus, daß die Frage gestellt werden darf: Was bringt das Tier dazu, „propulsiv" zu sein? Was ist der Ursprung des Triebes, worüber in diesem Buch schon so oft gesprochen wurde? Bolk stellt nur die einsehbare Tatsache fest. Vom möglichen Ursprung spricht er nicht.

Können wir das Bild des aufgerichteten Menschen mit seinen Eigenschaften und Organen nicht neben den Begriff „Retardation" von Bolk stellen? Wäre es nicht möglich, die Frage nach dem Ursprung dieser „Vermenschlichung" und die Frage nach dem Ursprung, der „Absicht", worüber Bolk spricht, als die gleiche Frage zu betrachten?

Es ist wichtig, nochmals auf unsere Hände hinzuweisen, von denen gesagt wurde, daß ihre Funktion mit dem Sprechen verbunden ist. Sehen wir dies letztere – zusammen mit dem Denken – als eine Funktion des menschlichen Geistes an, wie es im ersten Teil charakterisiert wurde, so können wir sagen: Arme und Hände stehen im Dienst des menschlich-geistigen Lebens. Wenn diese Organe dasein müssen, um die geistige Funktion möglich zu machen, so werden wir dementsprechend die Arme und die Hände als spezifisch „menschliche“ Organe ansehen müssen.

Das einzige Tier, das hier Probleme aufwerfen könnte, ist der Affe. Auch er hat Arme und Hände. Dadurch können wir gleichzeitig bemerken, daß der Affe eine ganz besondere Form im Tierreich darstellt. Es ist, wie gesagt, das einzige Tier, das – wir denken jetzt speziell an die Menschenaffen – dem Menschen verblüffend ähnlich ist.

Wo liegt jedoch der Unterschied? Die Arme des Affen sind verhältnismäßig viel zu lang. Weiterhin hat er doch immer noch eine „Schnauze“, wobei wir die Andeutung eines zurückgehaltenen Antlitzes beim ungeborenen Schimpansen nicht vergessen dürfen. Der Affe entfernt sich in seinem Lebenslauf schnell von diesem menschenartigen Stadium. Seine langen Arme sind auch deutlich propulsiv, wobei es tragisch anmuten kann, daß der Affe keine Beine und Füße hat, sondern vier Arme und vier Hände. Ich muß es jedem selbst überlassen, seine Einsichten hier weiterzuentwickeln. Ich meine, daß eine Anschauung, in der das Künstlerische sich mit dem Phänomenologischen verbindet, viel von dem enthüllen kann, was in einer Persönlichkeit wie Bolk gelebt haben muß.

Als Schlußfolgerung kann ich sagen, daß Bolk die Ganzheit dessen, was im vorher Geschriebenen wiedergegeben ist, in seinem Bild der Retardation des Menschen zusammengefaßt hat. Er führte gleichzeitig den Gedanken eines leitenden, d. h. eines schaffenden Faktors ein, der mit der Retardationsidee untrennbar verbunden ist.

Die These, daß die Form sich vermenschlichte, bevor sie sich aufrichtete, ja, sich „vermenschlichen“ mußte, bevor das Aufrichten möglich war, steht dadurch auf etwas weniger schwankenden Füßen.

Aus all dem folgt, daß die Entwicklungen von Mensch und Tier im wesentlichen von Anfang an getrennt verliefen. Ich erwähne das mit Nachdruck, weil ich es außerordentlich überraschend finde, daß Erich Blechschmidt von einer ganz anderen Seite her und sich genau auf das stützend, was er mit eigenen

Augen an der Embryonalentwicklung von Tier und Mensch ablas, *zur selben Aussage kam.*

Wenn man in diesem Falle, bevor das letzte Kapitel bekannt ist, bereits eine Vermutung – ich würde gern das Wort „Einsicht“ gebrauchen – bezüglich des Ausganges hat (wobei die Enthüllung des Ergebnisses uns ein intensives Gefühl der Befriedigung schenken kann), so bin ich jetzt an einem Punkt in der Entwicklung meines Gedankengangs angekommen, wo sich ganz neue und außerordentlich überraschende Resultate ankündigen.

Durch die in diesem Buch von Anfang an erwähnte Beobachtung, daß das Tierreich nicht die Evolution darstellt, sondern ein „Bild“ davon ist (wodurch selbstverständlich die Frage entsteht, wie dieses Paradoxon aufgelöst werden kann), haben wir uns auf eine Antwort vorbereitet, die ohne diese Vorbereitung unmöglich gewesen wäre.

Zwei Fragen konnte Bolk nicht beantworten. Als erstes kämpfte er mit der Frage nach dem „Wie“ der menschlichen Evolution. Seines Erachtens konnte sich dieser Vorgang nur in unserer Welt abgespielt haben, d. h. auf einer Erde, wie wir sie jetzt kennen. Die zweite Frage war: Was ist der Sinn dieser Abzweigung des Tieres? Soweit ich weiß, hat er sich in dieser Beziehung nie geäußert.

Eine der vier auf S. 75 gestellten Fragen – warum von den früheren Tierarten noch so unzählig viele vorhanden sind und noch nicht evoluiert sind – bekommt durch Bolks Annahme eine mögliche Antwort. Bolk sagt, daß das Tierreich nicht selber die Evolution in sich trägt, sondern nur ein Bild davon zeigt. Die eigentliche Evolution, so Bolk, spielt sich im werdenden Menschen ab. Einmal entstandene Tiere bleiben so bestehen, wenn die Verhältnisse es zulassen.

Weiterhin erfolgt aus Bolks Schema, daß die Antwort auf die Frage: Woher kommen die prähistorischen Tiere?, im Prinzip schon angedeutet ist, als gesagt wurde, die Tiere wären festgehaltene Stadien der menschlichen Evolution.

Hier muß ich eindeutig darauf hinweisen, daß ich die propulsive Entwicklung des werdenden Tierwesens nicht als eine

Evolution betrachte. Hier liegt meine Differenz mit Portmann, der deshalb sagen konnte, daß die Evolution sich noch immer weiter fortsetzt. Für mich ist die Evolution, die Naturreiche betreffend, völlig abgeschlossen. Ich meine, daß Bolks Gedanken damit im Prinzip übereinstimmen.

Blechschmidt

Der Name Erich Blechschmidt (von 1942–1973 Direktor des Anatomischen Instituts der Universität Göttingen) wird hier genannt, weil er unter den modernen Anthropologen derjenige ist, der sich in schärfster Weise gegen Haeckels Theorien wandte. Er sagte sogar:

> *„Heute wissen wir, daß das sogenannte Biogenetische Grundgesetz eines der ernstesten Irrtümer des vorigen Jahrhunderts in der Biologie war. Dieses Grundgesetz ist falsch. Das steht unumstößlich fest. Es ist auch nicht ein bißchen oder in irgendeiner anderen Weise richtig; es besitzt in keiner Weise auch nur die geringste Gültigkeit."*

Blechschmidts wichtigstes Argument beruht auf seinem Beweis, daß die menschliche Embryonalentwicklung sich bereits vom allerersten Augenblick an von der tierischen unterscheidet, und hier also niemals von einer Rekapitulation* die Rede sein kann.

Seine Meinungsverschiedenheit mit Haeckel geht sogar so weit, daß er auch Zweifel hinsichtlich der Rekapitulation im Tierreich äußert. Wir werden später sehen, daß gerade diese Wiederholung zum Ausgangspunkt einer neuen Einsicht in die Evolution werden kann. Dabei soll deutlich werden, daß Blechschmidts Ansicht und das Prinzip des Biogenetischen

* Er brachte hunderttausende Schnitte zustande und verfertigte danach Dutzende vergrößerter Modelle des menschlichen Embryos. Daran arbeitete Blechschmidt viele Jahre lang. Er brachte ein einmaliges Werk zustande.

Grundgesetzes vereinbar sind! Wir werden dann auch sehen, daß das Biogenetische Grundgesetz anders angewendet werden muß, als Haeckel es tat. Das mindert in meinen Augen jedoch keineswegs den Wert seiner Entdeckung.

Wer viele Kurse und Vortragsreihen hält und miterlebt, der kennt den Wert einer Wiederholung des Vorangegangenen. Wer Fortsetzungsromane in der einen oder anderen Zeitschrift liest, der weiß, daß eine Rekapitulation unvermeidlich ist. Wer das menschliche Leben in seiner Ganzheit übersieht, der kann wieder einen anderen Begriff der Wiederholung entdecken, wenn er die Entwicklung des – kindlichen – Bewußtseins während des Lebens mit der Entwicklung des menschlichen Bewußtseins im Laufe der Zeiten vergleicht. Ich brauche hier nicht auf Einzelheiten einzugehen. Wir müssen nur begreifen, daß die Wiederholung eine Selbstverständlichkeit bei jeder Entwicklung ist, die in Phasen verläuft.

Stephen J. Gould (Harvard Universität) hat in seiner „Ontogenese und Phylogenese" den Kampf für Haeckel wieder aufgenommen. Er bestreitet zwar nicht, daß die Art und Weise, wie Haeckel sein Gesetz formulierte, anfechtbar sei. Er kann sich jedoch nicht, so sagt er, von dem Gedanken distanzieren, daß das Prinzip der Wiederholung und die Entwicklung der Art (Rekapitulation und Phylogenese) *in der einen oder anderen Weise* zusammenhängen müssen.

Zusammenfassend muß also der Gedanke an eine direkte Evolution im Tierreich völlig abgelehnt werden. Und das muß neben Blechschmidts Aussage hingestellt werden: „Der Mensch ist niemals ein Tier gewesen."

Für mein Ziel ist es wichtig, festzustellen, daß Bolk und Blechschmidt auf ganz verschiedenen Wegen zur gleichen Aussage gekommen sind. Auch bei Bolk ist der Mensch ein Wesen, das „vor" der Tierwelt erschienen ist und bereits beabsichtigt war, d. h., daß er nie ein Tier gewesen ist, also sinngemäß dasselbe, was ich soeben von Blechschmidt angeführt habe.

Teilhard de Chardin

Es scheint mir sinnvoll zu sein, die folgenden Zeilen einer ganz besonderen Persönlichkeit unter den Evolutionisten zu widmen: Teilhard de Chardin. Dieser Jesuitenpriester war damals einer der bekanntesten Anthropologen. Einen wichtigen Teil seines Werkes führte er in China aus, wo er den Peking-Menschen entdeckte.

Aufgrund seines Glaubens hätte er tatsächlich die Evolution prinzipiell verwerfen müssen. Als Wissenschaftler fühlte er sich gezwungen, sich bis zu einem bestimmten Grad vom Dogma „Es hat keine Evolution stattgefunden" zu distanzieren. Der Ausweg, den er fand, besteht in der Vereinigung des Evolutionsgedankens mit dem Schöpfungsgedanken. Er erarbeitete sich die sogenannte Quantentheorie – was also heißt, daß auch lebende Wesen faktisch nur aus elementaren Teilchen bestehen –, indem er den materiellen Aspekt, der einem Teilchen zuerkannt werden muß, als die „Außenseite" betrachtete. Die „Innenseite" aber war „Gott". Für ihn war die Evolution eine bestimmte Wirklichkeit, die sich jedoch nicht als eine materielle Notwendigkeit, sondern als ein Teil der göttlichen Schöpfung vollzog.

In diesem Falle wird man als Resultat dieser göttlich schaffenden Tätigkeit eine durchgehende Formenfolge erwarten können, worin diese Evolution sich offenbart. Daß das nicht so ist, da wir es deutlich mit *Tierarten* zu tun haben, bei denen entschieden nicht gesagt werden kann, daß immer deutliche Übergänge zur nächstfolgenden Art bestehen, diese Bedenken beseitigte er mit dem Argument, daß von der ganzen durchgehenden Reihenfolge nur bestimmte Formen fortdauern konnten, weil sie in einem günstigen Verhältnis zu ihrer Umgebung standen. Die dazwischenliegenden Arten konnten sich nicht behaupten. Dadurch entstand eine unterbrochene Reihenfolge.

Das versuchte er mit dem folgenden Bild zu erklären. So wie eine Pflanze von Knoten zu Knoten emporstrebt und dort dann Seitenstengel mit Blättern entwickelt, wodurch eine Blätterausbreitung entsteht, während der ursprüngliche Stengel sich ohne Seitenäste fortsetzt, so muß man sich vorstellen, daß die Tierarten durch ein „Stengelprinzip" verbunden waren, das verschwunden ist. Nur die Blätterausbreitung, d. h. die Tierarten, die „Phylla", sind geblieben.

So weit könnte man also Teilhard de Chardin als einen Forscher bezeichnen, der darwinistisch denkt. Aber das ist nur zum Teil der Fall. Es kommt nämlich ein Punkt in dieser Reihenfolge – worauf in diesem Buch mit Nachdruck hingewiesen wurde –, wo die Evolutionslinie nicht durchgeht, dort, wo wir es mit dem Übergang vom Tier zum Menschen zu tun haben. Für Teilhard de Chardin war es kein Problem, das Tierreich im Zusammenhang mit den verbundenen Übergangsformen als eine prinzipiell ununterbrochene Reihe zu betrachten. In dem Augenblick, wo der Mensch in der Reihenfolge erscheint, fühlt Teilhard de Chardin selber, daß er vor einer fast unüberbrückbaren Kluft steht. Es ist der Übergang vom „Wissen" zum „Wissen, daß man weiß", derselbe Satz, dem wir schon einmal in der Beschreibung des Unterschieds zwischen Instinkt und Denken begegneten. Man kann natürlich sagen: „So geschah es, das ist Gottes Schöpfung", aber Teilhard de Chardin macht es sich nicht so leicht. Es geht ihm nämlich darum, daß hier nicht mehr an verlorengegangene Zwischenformen gedacht werden kann so wie bei den anderen Tierformen.

Wir sind hier an einem Punkt angekommen, wo nicht von einem allmählichen Übergang gesprochen werden kann. Der Übergang vom „Wissen" zum „Wissen, daß man weiß", d. h. vom einfachen Bewußtsein zum Selbstbewußtsein, dieser Übergang ist für Teilhard de Chardin ein so großer Sprung, daß er sich gezwungen sieht, den Menschen als ein völlig anderes Wesen als das Tier anzusehen. Man hat Selbsterkenntnis, oder man hat sie nicht: Das ist seine Auffassung.

Vielleicht ist es begreiflich, warum ich es als meine Pflicht ansehe, diesem Menschen einen besonderen Abschnitt zu widmen. Er verdient es, neben Bolk und Blechschmidt genannt zu werden. Alle drei kommen zu der Einsicht, daß die Tierevolution – wie auch immer – eine Frage für sich ist.

Es ist bekannt, daß die römisch-katholische Kirche ihm in seinem Gedankengang nicht entgegenkommen konnte. Sie hätte ja ein fundamentales Prinzip aufgeben müssen. Teilhard de Chardin mußte erleben, wie sein Lebenswerk auf den Index gesetzt wurde. Daß die Kirche es wieder ungeschehen machte, als er eine international berühmte Persönlichkeit wurde, braucht uns hier nicht weiter zu beschäftigen. Sein Name darf in Ehren genannt werden. Morris West hat in „In den Schuhen des Fischers" eine ausgezeichnete Beschreibung in Romanform von Teilhard de Chardin gegeben, und zwar in der Gestalt des Jean.

Portmann

Professor Adolf Portmann starb am 28. Juni 1982 im Alter von fünfundachtzig Jahren. Er war ein Biologe, der sich in hohem Maße mit dem Verhältnis Tier–Mensch beschäftigt hat. Hinsichtlich des Evolutionsproblems kam er nie zu einer letzten Schlußfolgerung. Eine Sache steht jedoch fest: Auch für ihn bildete der Unterschied zwischen Tier und Mensch eine unüberbrückbare Kluft.

Für das in diesem Buch Behandelte genügen einige Sätze aus seinem Buch „Zoologie und das neue Bild des Menschen":

> *„So wie dem Schaffen eines Gemäldes eine Skizze vorangeht und das Ganze bereits in den ersten gezeichneten Linien ‚gegriffen' wird, so ist in der menschlichen Entwicklung von Anfang an dieses Menschliche im Hintergrund das leitende Prinzip gewesen. Ebenso ist die ursprüngliche Zelle nicht nur ein einmaliger Anfang, sondern sie birgt schon die Anlage der zukünftigen Menschengestalt in sich. Sie ist auf dem Weg, dieser besondere Mensch zu werden und nichts anderes.*
>
> *So, wie man bei der weiteren Ausarbeitung eines Gemäldes es noch immer mit Stufen zu tun hat, die noch nicht beendet sind, so sind auch die Stadien der Menschwerdung unbeendet; ja, sie beinhalten anfänglich noch*

viele Variationsmöglichkeiten, die aber während der weiteren Entwicklung immer mehr ausgeschaltet werden. Weil aber jedes Stadium ‚auf dem Wege' zu einer Endform und also noch nicht abgeschlossen ist, so beinhaltet es die prinzipielle Möglichkeit, andere Formen anzunehmen. Weil er die Möglichkeiten hat, ist der Mensch in den Vorstadien kein Fisch, kein Reptil und kein Affe.

Nur derjenige wird die menschliche Entwicklung tiefer begreifen, der in jeder Phase ihrer Entstehung das Werdende des Menschen erkennt, von einem Organismus mit einer einzigartigen aufrechten Haltung, mit einem besonderen Wahrnehmungsvermögen, das für die ganze Welt offensteht, und mit einem Sprechen, das in der Lage ist, eine soziale Gemeinschaft zu bilden."

Professor Portmann interessierte sich sehr für Bolks Werk. Aus den eben zitierten Sätzen ist das auch sehr gut zu begreifen. Beide haben von Anfang an das Gefühl gehabt, daß der Mensch in das Tierreich einfach nicht hineinpaßt. Wir müssen diese Tatsache nicht auf die leichte Schulter nehmen, denn sie entfernt sich prinzipiell von einer Auffassung, die in der ganzen Welt mit Nachdruck vertreten wird, bei den Evolutionisten und auch bei vielen Psychologen.

Obwohl Portmanns Werk hier nicht weiter besprochen werden kann, ist es doch der Mühe wert, neben seinem Gedankengang noch einmal die Schlußfolgerung von Blechschmidts Werk zu hören: „Der Mensch ist niemals ein Tier gewesen." Schließlich dürfen wir auch nicht vergessen, daß Teilhard de Chardin mit seiner Bemerkung, die „Selbsterkenntnis" könne sich auf dem Wege einer fortdauernden Entwicklung aus einem „sich selbst nicht erkennenden Bewußtsein" niemals entwikkelt haben, diese Kluft zwischen Mensch und Tier auch als unüberbrückbar betrachtete.

Bolk, Blechschmidt, Teilhard de Chardin und Portmann bilden in dieser Hinsicht eine Vierzahl in der Wissenschaft, die in meinen Augen den Anfang einer neuen Periode auf dem Gebiet der Evolutionslehre einleitet.

Zweifellos gibt es noch mehr Forscher, die in dieser Richtung gedacht haben. Weil dieses Buch aber in erster Linie ein Buch über „Evolution“ und nicht über die Geschichte der Evolution ist, kann hier in dieser Hinsicht nicht nach Vollständigkeit gestrebt werden, sondern nur nach einer deutlichen Herausarbeitung eines Problems.

IX. Übersicht des Behandelten

Eine Besinnung auf wesentliche Punkte

In der hier wiedergegebenen Anschauung ist das Tier so beschrieben, daß der Gedanke, eine bestimmte Tierart hätte sich zu einer anderen entwickeln können, prinzipiell aufgegeben werden mußte. Die Tiere können sich niemals im Sinne der Evolution entwickelt haben. Diese Tatsache steht für mich unumstößlich fest. Gleichzeitig muß aber bemerkt werden, daß das Tierreich als Ganzheit ein derartig deutliches Evolutionsbild aufweist, daß die Evolution für mich eine ebenso sichere Tatsache ist wie das vorher Gesagte. Damit ist ein fast erdrükkender Gegensatz ausgesprochen.

Ich bin dem Evolutionsbild hauptsächlich im Tierreich nachgegangen, obwohl es in diesem Buch um die Evolution des Menschen in der Beziehung zum ganzen Naturreich geht. Schon im ersten Kapitel wurde deshalb auf die Beziehung des Menschen zu Mineral-, Pflanzen- und Tierreich hingewiesen. Ich habe auch hier von dem Bild einer Evolution gesprochen. Körper, Körper + Leben, Körper + Leben + Seele, Körper + Leben + Seele + Geist bilden eine deutliche Reihenfolge. Wenn also gesagt wurde, daß das Tier mit dem Menschen keine Ähnlichkeit hat, so waren die Unterschiede gemeint, die in dem Kapitel über den aufrechten Gang, über Sprechen und Denken und im Kapitel über die Biographie ausgearbeitet wurden. Damit wurde das eigentlich Menschliche charakterisiert. Wenn wir danach an das Tierreich denken, das sozusagen diese „Möglichkeiten nicht hat", so ist damit die Kluft zwischen Tier und Mensch genügend beschrieben.

Vielleicht ist es gut, auf die Beschreibung der Beziehung des Menschen zu den Naturreichen hinzuweisen, weil diese Ausführungen eine neue Frage aufwerfen. Wäre es nicht denkbar, daß die Beziehung Tier–Pflanze noch einen anderen Aspekt haben könnte? Einen Aspekt, der nicht nur darin bestehen würde, daß Pflanzen zu Tieren wurden, so wie Tiere zu Menschen geworden sind? Wenn im Sinne der orthodoxen Evolutionslehre zwischen Mensch und Tier eine unüberbrückbare Kluft ist, so meine ich Gleiches für Pflanzen- und Tierreich sagen zu dürfen. Selbstverständlich mußte die genannte Evolutionslehre sich die Frage stellen, wie dieser Übergang sein könnte. Nur wenige wagten es, diese Frage zu beantworten. Auf jeden Fall kann man nicht sagen, daß das Ergebnis dieser Bemühungen eine erhellende Rolle im wissenschaftlichen Denken gespielt hat.

Man könnte meinen, der Übergang vom Mineral- zum Pflanzenreich, der logischerweise jetzt auch ins Auge gefaßt werden muß, wäre als Gedanke einfacher zu formulieren. Doch auch hier bin ich auf unüberwindbare Schwierigkeiten gestoßen. Es ging hauptsächlich um die Begriffe „formlos" (amorph) und „geformt". Um es nochmals auszusprechen: Aus dem Chaos kann niemals eine Form entstehen. Eine Form kann nur durch ein schaffendes Wesen entstehen.

Wenn man diese Erfahrung, die aus dem Alltagsleben kommt – der Mensch ist selbst ein schaffendes, ein geistiges Wesen –, nicht auf die Formen in der Natur anwenden will, dann deshalb nicht, weil man an ein Dogma gebunden ist. Wollen wir aus dieser Sackgasse herauskommen, so müssen wir versuchen, alle Vorurteile, die sich im Laufe der Entwicklung des Materialismus in unser Denken eingeschlichen haben, aufzudecken und abzubauen.

Schließlich wurden noch einige Evolutionisten erwähnt, weil sie einen besonderen Platz in meiner Studie einnehmen. Haeckel meinte mit seinem Biogenetischen Grundgesetz die orthodoxe Evolutionslehre faktisch befestigen zu können. Weil er sie auch auf den Menschen anwenden wollte und den Menschen, dem damals gängigen Gedankengang zufolge, als eine Fortsetzung des Tierreiches meinte ansehen zu müssen, wurde er ein „Stein des Anstoßes" für Blechschmidt, der durch ein eingehendes Studium der Phänomene zu der Schlußfolgerung kommen mußte, daß man die menschliche embryonale oder ontogenetische Entwicklung entschieden nicht an die tierische anschließen könne, weil sie von Anfang an ein völlig anderes Bild zeigt. Daß damit der Mensch also nicht mehr unter das Biogenetische Grundgesetz fallen kann, ist deutlich.

Blechschmidt wurde aber selber Opfer seiner fast fanatischen Bekämpfung des Biogenetischen Grundgesetzes, wodurch er – weil er dieses Gesetz nicht für das Verhältnis Mensch–Tier gelten lassen konnte – es auch für das ganze weitere Tierreich in jeder Hinsicht verwerfen wollte. Er gab wohl zu, daß auffallende Ähnlichkeiten zwischen bestimmten Entwicklungsphasen der höheren Tiere bestehen würden.

Nach all dem, was über das Tierwesen gesagt wurde, könnte man meinen, daß meine Auffassung von der Evolutionsfrage insofern mit der von Blechschmidt übereinstimmt, als im Tierreich niemals von einer Evolution, wie sie gewöhnlich gedacht wird, die Rede sein kann.

Das mag stimmen. Auf der anderen Seite fühle ich mich verpflichtet (mit Gould und auch mit anderen) auszusprechen, daß mit dem Biogenetischen Grundgesetz von Haeckel etwas gesagt ist, was doch nicht ganz negiert werden kann. Daß hiermit neue Fragen entstehen, ist klar.

Gleichzeitig trat Bolks Figur in den Vordergrund. Durch die konsequente Anwendung des Biogenetischen Grundgesetzes mußte er im Zusammenhang mit den Phänomenen, die er wahrnehmen konnte, zu einem ganz anderen Verhältnis zwischen Mensch und Tierreich kommen. Seine Auffassung, der Mensch würde nicht vom Tier, sondern die Tiere würden vom Menschen abstammen, hat damals die Welt verwundert. Man hat sie zur Kenntnis genommen, aber nicht ernstlich aufgegriffen.

Blechschmidt lehnte Haeckels Theorie ab. Man wird bemerkt haben, daß eine solche Ablehnung in der Besprechung über Bolk nicht erwähnt wurde. Bolk war schon lange gestorben, als Blechschmidt seine umfassenden Entdeckungen machte. Merkwürdig ist jedoch, auch wenn man Haeckels Gesetz nicht so gelten läßt, wie dieser es wollte, daß die Offensichtlichkeit dieses Gesetzes nicht ganz geleugnet werden kann. Das Resultat von Bolks Entdeckung war nicht die Frage, ob Haekkels Gesetz für das Tierreich gilt, sondern daß der Mensch auf jeden Fall in diese Reihenfolge nicht hineingehört. Wir können es nicht genügend würdigen, daß Bolk, abgesehen von der Art und Weise wie er Haeckels Gesetz interpretierte, den Menschen in der Evolution nicht an das Ende, sondern an den Anfang der Tierreihenfolge stellte. Daß er nur die Idee äußerte, ohne sich eine konkrete Vorstellung vom Menschen in dieser Phase zu machen, gereicht ihm zur Ehre. Vergessen wir nicht, wie er das Bedenkliche dieser Bestrebung fühlte, als er sagte, man würde es ihm zum Vorwurf machen, den exakten Pfad der Wissenschaft damit verlassen zu haben. Man erinnere sich an seine Bemerkung: „Dieser Vorwurf ist richtig, aber ich weiche vor den Folgen nicht zurück."

Das Evolutionsschema nach Bolk wurde von ihm nicht genauso wiedergegeben, wie ich es gezeichnet habe. Er stellte das Schema senkrecht dar, zeichnete einen Baum und deutete damit an, daß die menschliche Evolution im Stamm zum Ausdruck kommt, während die Tiere Seitenäste dieses Stammes sind. Es wird sich später erweisen, weshalb ich es auf meine Weise gezeichnet habe.

Bolk stellt eine *Hypothese* auf, die ein regulierendes Prinzip voraussetzt, das von Anfang an die menschliche Evolution beeinflußte. Wenn wir diese Hypothese, bei der also wieder eine „schaffende Welt" am Horizont erscheint, als solche akzeptieren, können wir jetzt vielleicht auch von einem zweiten Prinzip sprechen, von dem ein entgegengesetzter, ein propulsiver Einfluß ausging, der sich in der Entstehung aller Tierformen zeigt!

So kommen wir zum Bild zweier Einflüsse, die mit den Worten „Retardation" und „Propulsion" charakterisiert werden können. Mit Propulsion wird gesagt, daß die Tierform beschleunigt zu einer Verbindung mit der Erde strebte. Retardation der Menschenform kann demnach auch als ein Abwehren des Erdeneinflusses angesehen werden.

Durch das, was im Studium der Unterschiede zwischen Tier und Mensch zutage getreten ist, kann ich jetzt über den propulsiven Einfluß auch noch etwas mehr sagen. Das muß nämlich ein Einfluß gewesen sein, der das Tier dazu brachte, sich so vollkommen wie nur möglich an seine Erdenumgebung anzupassen. Dieser Einfluß ist die Begierde. Die Formel: *Das Tier ist eine Einheit von Begierde, Form und Umgebung,* bringt genau das zum Ausdruck.

Wenn die Menschwerdung von Anfang an unter einem anderen Einfluß stand als dem, der sich in der Tierwerdung abspielte, so erscheint am Horizont eine Übereinstimmung mit Blechschmidts Feststellung: Der Mensch ist niemals ein Tier gewesen!

Von den vier Fragen auf S. 75 wurden die ersten zwei besprochen. Die beiden übrigen werde ich nochmals wiederholen. Meine Aufgabe war:

a) einen Weg zu zeigen, wie wir begreifen können, daß es Tiere im Wasser, auf dem Lande und in der Luft gibt;
b) zu versuchen, eine Antwort zu geben auf die Frage der alten Dame.

Hier kann ich jetzt drei weitere Punkte hinzufügen und deutlich machen, daß:

c) Haeckel, trotz ungenau wahrgenommener Phänomene, ein Gesetz aussprach, das in der Evolution wiederzufinden ist, wenn auch auf einem anderen Niveau, als er es meinte;
d) Bolk und Blechschmidt mit ihren Entdeckungen, daß der Mensch von Anfang an Mensch gewesen ist, die Tür für eine neue Auffassung der Evolution geöffnet haben (von Teilhard de Chardin und Portmann wurde schon gesagt, wie sehr ihre Einsichten parallel zu denen der genannten Forscher laufen);
e) begreiflich wird, was der Hintergrund der Abbildung auf S. 68 ist, wo von einem „Tierdrama" gesprochen wird.

Dritter Teil

DIE SCHAFFENDE WELT

X. Tatsachen, Experimente, Hypothesen

Wenn wir die Tatsachen, über die die Biologen in den letzten hundert Jahren verfügten, nebeneinanderstellen und die neuen Forschungen von Blechschmidt hinzufügen, so liegt ein ausgebreitetes Panorama von Tatsachen vor uns. Gemeint sind hier in erster Linie die Tatsachen, die herangezogen werden zur Erklärung der Entstehung des Menschen, der Tierarten und auch der Naturreiche neben- und nacheinander. Wenn wir davon ausgehen, daß wissenschaftliche Forscher Fakten niemals leugnen können und wollen, so ist es interessant zu sehen, wie verschieden die Auffassungen über die Entstehung von Mensch und Welt sind.

Daß diese Auffassungen so auseinanderklaffen und so widersprüchlich sind, hängt in erster Linie damit zusammen, daß wir es bei unserem ganzen Faktenwissen nur mit einem Resultat zu tun haben und niemals mit dem, was zu diesem Resultat geführt hat. Auch bei den Kreationisten ist das der Fall. Die Schöpfung hat sich in einer Vergangenheit vollzogen, die als solche außerhalb unserer Erfahrung liegt.

In scheinbarem Widerspruch dazu versuchen verschiedene moderne Evolutionisten immer noch, das Geschehen, das zur Entstehung der gegenwärtigen Welt führte, in das Gebiet des Experiments zu verlegen. Die leidenschaftlichen Versuche der Mutationisten sind ein Beispiel dafür. Sie versuchen zu zeigen, daß sie dem Wesen der wirklichen Evolution auf die Spur gekommen sind, weil sie eine kleine Veränderung an der einen oder anderen bestehenden lebenden Form zustande gebracht haben. Ihnen wird oft vorgehalten, sie hätten nur „Mikroresultate" erzielt, während nach „Makroresultaten" verlangt wird. „Mikro" heißt: Die Eier der Fruchtfliege werden auf die eine oder andere Weise behandelt, so daß diese Fliege ein Pünktchen mehr oder weniger auf ihre Flügel bekommt. Wenn dieses Verfahren immer weiter entwickelt wird, meint man, würde eine neue Tierart entstehen. Man nennt das „Extrapolation". „Makro" wäre, wenn bei einem Experiment wirklich eine neue

Tierart entstehen würde, die in der Evolutionsreihe einen „höheren“ Platz einnimmt.

Die experimentelle Schaffung einer neuen Tierart ist bis jetzt ein „frommer“ Wunsch geblieben. Wenn man aber von der Richtigkeit des gängigen Evolutionsgedankens überzeugt und mit dem genannten Experiment zufrieden ist, braucht man sich darüber nicht weiter zu streiten.

Für das Weitere soll das gleiche gelten: Wenn jemand meint, ein irgendwie befriedigendes Resultat gefunden zu haben, gibt es keinerlei Grund, ihn von einer anderen Möglichkeit überzeugen zu wollen. Ebenso muß er aber auch bereit sein, andere gelten zu lassen.

Menschen, die an ein „Makro“-Resultat glauben, die also die Entstehung einer anderen und höheren Tierart aus einer schon bestehenden erhoffen, haben allmählich einen resignierenden Standpunkt eingenommen. Sie meinen mit den gegenwärtigen experimentellen Methoden doch nicht auf dem richtigen Weg zu sein.*

Beide Gruppen gehen aber davon aus, daß sich die Evolution auf der Erde durch eine Agglomeration von Materie abgespielt hat, auf einer Erde also, die sich im *festen* Zustand, z. B. in der Form von Elementarteilchen, befand.**

Beide Gruppen sehen nur die eine Möglichkeit: die gegenwärtige Welt mit Hilfe von Hypothesen aus einem unbekannten, „virtuellen“ Punkt in der Vergangenheit entstanden zu denken. Selbst wenn man durch Experimente etwas Übereinstimmendes nachzubilden meint, darf man doch nicht vergessen, daß diese Nachbildung nur unter einer bestimmten Bedingung mit dem gleichgesetzt werden kann, was sich damals ohne den Eingriff der Nachbildenden in der Natur abgespielt haben soll.

Zur Erklärung dieser Bedingung möchte ich ein Beispiel geben. Im Jahre 1828 gelang Wöhler in einem Laboratorium die

* Macbeth, „Darwin retried“

** Daß auch in der modernen Physik der Begriff kein konstanter Begriff ist, kann hier nicht weiter besprochen werden.

synthetische Herstellung von „organischem“ Harnstoff aus „anorganischem“ Ammoniumeganat. Heutzutage akzeptieren wir das ohne weiteres. Es war aber eine Entdeckung, welche die Gemüter der Menschen damals viel mehr bewegte, als wir uns vorstellen können. Chemische Prozesse waren bereits jahrhundertelang bekannt. Es wurde deutlich unterschieden zwischen der sogenannten anorganischen und der organischen Chemie. In der anorganischen Chemie konnte man die Zusammenstellung der „toten“ Materie experimentell kennenlernen. Was sich in der „lebenden“ Materie abspielte, waren wohl vergleichbare Prozesse, aber sie konnten nur zustande kommen, wenn das „Leben“ mitmachte. Von daher das Wort „Biochemie“.

In seinem Laboratorium stellte Wöhler also als erster einen anorganischen Stoff in einer Retorte her. Daraus folgerte man: „Das Leben ist anscheinend nicht nötig; es geht auch ‚so‘“. Das Leben wurde sozusagen „entthront“. Gegen diese Schlußfolgerung erhob sich ungefähr hundert Jahre später eine Stimme (zum ersten Mal?). Adolf Koelsch, ein Dichterphilosoph aus der französischen Schweiz, sagte: „Die Argumentation hinkt. Es ist nicht wahr, daß Ureum ohne Leben entstanden ist, denn die Chemiker, die das gemacht haben, sind selber lebende Wesen.“

Damit wurde die Erklärung der Entstehung der „lebenden Materie“ erneut zur ungelösten Frage. Denn die auf der Hand liegende Schlußfolgerung, daß auch damals „Wesen“ die Schöpfer hätten sein sollen, war blockiert; von „Wesen“ zu sprechen war nicht erlaubt. Für die Menschen, die sich streng auf das sichtbar Wahrnehmbare beschränken wollen, liegt alles, was sich beim Zustandekommen der Welt abspielte, völlig im Hypothetischen.

Überall begegnen wir dem Begriff „Hypothese“, sowohl auf dem Gebiet der Chemie und der Physik als auch in der Mathematik. Seinerzeit lernte ich, daß eine Hypothese:

a. erst als bewiesen angesehen wird, wenn eine genügende Anzahl von Erscheinungen durch sie erklärt werden kann. Wieviele Erscheinungen das sein müssen, das wurde nicht gesagt. Ich meine, daß mit dem Wort „erklärt“ das Wort „vorläufig“ unausgesprochen mitklingt. Man kann hier empfinden, wie damit gerechnet wird, daß auch andere dieselbe Meinung haben und unterstützen können. Darum sagt man auch gern: Dann wird die Hypothese als bewiesen angesehen;

b. entweder aufgegeben oder verändert werden muß, sobald eine neue Entdeckung gemacht wird, die zu der bisherigen Annahme im Widerspruch steht.

Eine Hypothese ist also sinnvoll, insofern sie zu einer befriedigenden Antwort auf eine gestellte Frage führt oder insofern man mit ihr arbeiten kann.

Nun möchte ich versuchen, Bolks Schema, das immerhin eine Anzahl der Probleme in der Evolutionslehre erklären kann, weiter auszuarbeiten. Ich bin mir bewußt, daß meine Arbeit auf der eines früheren Forschers fußt. Ich darf dabei keinen Moment vergessen, an welchem Punkt die erste Hypothese von der zweiten ergänzt wird.

Ich will das Schema von Bolk auf S. 134 noch einmal aufgreifen. Es drückt aus, wie er sich die Beziehung zwischen dem Entstehen der Tiere und der Menschwerdung dachte. Es ist wichtig, nochmals zu wiederholen, daß Bolk auf die Frage, wie sich das alles vollzogen hat, keine klare Antwort geben konnte.

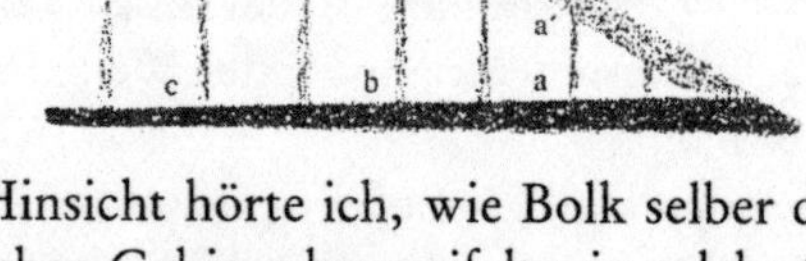

In dieser Hinsicht hörte ich, wie Bolk selber die Fähigkeit des menschlichen Gehirns bezweifelte, in solche Geheimnisse tiefer eindringen zu können, als es durch die direkte Erfahrung möglich ist. „Die Wahrheit selber kann nie geschaut werden“, sagte er. Und er fügte hinzu: „Wer in die Sonne schaut, der wird mit Blindheit geschlagen.“

In diesem Buch soll ein neues Element angesprochen werden, das diesem Zweifel eine ganz neue Richtung gibt. Bevor es aber so weit ist, möchte ich mir erlauben, Bolks hypothetisches Schema nochmals kritisch zu beurteilen, um dann unbesorgt zu fragen, ob sein Schema nicht noch weiterentwickelt werden könnte; immer darauf achtend, daß man dieses an Hand von eigenen Erfahrungen in der Natur tut.

Das hier wiedergegebene Schema hat *einen* auffallenden Vorteil: Es macht deutlich, daß die Tierreihenfolge nicht bedeutet, daß die Tiere *auseinander* entstanden sind, während sie doch deutlich das *Bild* einer Evolution aufweisen. Dann wird die Frage beantwortet, *wo* die Evolution sich wirklich abgespielt haben muß: in der Menschwerdung. Der Vorteil dieses Schemas ist, daß es *beide* Aussagen gleichzeitig wiedergibt. Es spricht daher einen bestimmten Gedanken aus, der in bezug auf die gängigen Auffassungen *vollkommen neu* ist!

Weiterhin ist ohne weiteres deutlich, daß die Frage, warum die früheren Tiere immer noch bestehen, kein Problem mehr ist. Es folgt direkt aus dem ganzen Bild, das aus einer Anzahl von wahrgenommenen Phänomenen aufgebaut ist.

Auch das Rätsel des Widerspruchs zwischen Haeckel und Blechschmidt wird hier gelöst. Erstens sehen wir, daß der Mensch in dieser Vorstellung niemals ein Tier gewesen ist (Blechschmidt). Gleichzeitig sehen wir, daß jede Tierform dennoch eng mit der menschlichen Evolution verbunden ist, so wie Haeckel das hauptsächlich in seinem Biogenetischen Grundgesetz gesehen und ausgesprochen hat. Wenn wir davon ausgehen, daß die senkrechten Linien, die von der menschlichen Evolutionslinie herunterführen, den Weg angeben, den die betreffende Tierart zurücklegte, so müssen wir die „Vergangenheit" dieser Tierform erst wieder aufwärts und dann zurück (nach links), der Linie der menschlichen Evolution entlang, verfolgen. Aus dem Schema auf S. 156 ist also abzulesen: Die Tierform, die mit a angegeben ist, entspricht nach Bolks Schema einem bestimmten Stadium der menschlichen Evolution, als diese bei a' angekommen war. Die wirkliche Vergangenheit dieser Tierform muß dann zuerst von a nach a' und danach konsequent bis zum Punkt A weiter zurückgedacht werden. Für das Tier b gilt, daß seine Vergangenheit b-b'-A ist. In A liegt der (vorläufig) hypothetische Punkt vom Beginn der menschlichen Evolution, insofern wir diese in eine Beziehung bringen müssen zu der Entstehung des (ganzen!) Tierreichs.

Einige Menschen sagen, der Fehler Blechschmidts habe darin bestanden, daß er zwar sagt, der Mensch wäre von Anfang an Mensch gewesen, dabei aber vergessen hätte, daß das für jede Tierart gegolten hätte und man also sagen müßte: Ein Affe war von Anfang an ein Affe. Nach diesem Schema ist letzteres aber nicht richtig. Faktisch müßte man sagen: Der Mensch war nie ein Tier, er war von Anfang an Mensch. Vom Tier müßte man sagen: Es war nicht von Anfang an Tier, es war am Anfang menschlich und ist ein Tier geworden.

Vielleicht sieht man jetzt schon, wie ich meine Gedanken weiterentwickeln möchte. Auf der Grundlinie finden wir ja nur das Tierreich dargestellt, auf der Erde ist dieses Tierreich in der Evolution nicht als erstes erschienen. Die Paläontologie berichtet, daß die Pflanzen im Prinzip vorher da waren. Auch wenn die Erscheinung des Pflanzenreichs keine scharf abgegrenzte Periode darstellt und die der Tiere schon in einer Zeit anfängt, wo auch noch Pflanzen entstanden, können wir trotzdem von einer anderen Periode sprechen. Während dieser Periode erscheinen auf Erden die Pflanzen in einer ähnlichen Reihenfolge wie die Tiere, nämlich als niedere und höhere Pflanzen. Die Ausdrücke „nieder" und „höher" hängen selbstverständlich auch wieder mit den paläontologischen Funden zusammen: Das Höhere erschien später.

Auch von den Pflanzen können wir jetzt ohne weiteres behaupten, daß es keinen Sinn hat, sich zu fragen, wie die niederen Pflanzen sich zu höheren entwickelt haben. Eine Reihe von Naturforschern befaßte sich neuerlich mit dieser Frage. Es ist deutlich, daß wir es hier mit einem Evolutionsbild zu tun haben.

Liegt es dann nicht auf der Hand, Bolks Schema weiter nach links zu verlängern? Könnten wir nicht die menschliche Evolution weiter nach oben links fortsetzen? Könnten wir uns nicht von den verschiedenen Pflanzenarten vorstellen, daß sie fixierte Stadien der menschlichen Evolution bedeuten?

Ganz bestimmt sind sie das dann von einer anderen Phase der menschlichen Evolution. Charakterisiert man die schräge Linie im ersten Schema als die *tierische Phase* der menschlichen Evolution, so kann die Fortsetzung in bezug auf die Entstehung des Pflanzenreichs als die *Pflanzenphase* der menschlichen Evolution bezeichnet werden.

Da ich am Anfang dieses Buches darüber gesprochen habe, wie die ganze Erdenentwicklung mit einer mineralischen Phase angefangen hat, liegt es auf der Hand – mag es auch abstrakt erscheinen –, daß wir uns fragen müssen, ob nicht auch das Mineralreich ein Abdruck von einer noch früheren Phase der menschlichen Evolution sein könnte, die wir dann die *mineralische Phase* nennen müßten. Das klingt natürlich phantastisch, ist es aber nicht. Man sollte nicht vergessen, daß die Vorstellungen, mit denen die materialistische Gedankenwelt die Entstehung der Welt erklären will, mindestens ebenso phantastisch sind! Ich will lieber fragen, ob ich mit meinem neuen Gedankengang ein immer umfassenderes Bild entwickeln kann. Dazu muß eine letzte Anregung gegeben werden, die sich besonders mit der geäußerten mineralischen Phase des Menschen beschäftigt.

In begreiflicher Weise vermutet der moderne Mensch, der die Erde in der „Menschenphase“ gut kennt, daß die Evolution sich auf einer Erde abgespielt hat, die so war, wie sie jetzt ist. Pflanzen, Tiere und Menschen werden als Formen in der Natur angesehen, die allmählich daraus entstanden sind. Ideen zu bilden über den Gang dieser Entwicklung ist das Bestreben des wissenschaftlichen Forschens.

Eine Sache muß dabei vorausgesetzt werden: Die anfängliche „mineralische Phase“ des Menschen kann niemals die Eigenschaften unserer jetzigen mineralischen Welt gehabt haben.

Hier liegt nun eine große Schwierigkeit, die faktisch den Hintergrund von allem bis jetzt über die Evolutionstheorien Gesagten bildet: die Annahme, daß der Gedanke: Nur die materielle Welt ist real (Du Bois-Reymond und Brücke, 1842), der

Hauptpunkt in unserer modernen und materialistischen Weltanschauung ist.

Da man natürlich fühlt, daß es doch nicht angeht, mit der Materie anzufangen, ohne sagen zu können, wo die Materie, die Moleküle, Atome, Elektronen, Neutronen usw. herkommen, so muß man einen Ausgangspunkt suchen, wo die Qualitäten, die man gewöhnlich der Materie zuerkennt, noch nicht gelten! Die Hypothese: Am Anfang war der Urknall, ist ein Versuch in dieser Richtung. Ebenso wird damit aber gesagt: Von dem, was vor der Materie „war", werden wir niemals etwas wissen können. Mit der Überzeugung von der Überlegenheit der Materie hat man sich endgültig den Weg verbaut.

Ich bin der Meinung, daß wir wohl Hypothesen aufstellen können, daß diese jedoch nur berechtigt sind, wenn sie einmal aufhören können, Hypothesen zu sein!

In der Mythologie finden wir Vorstellungen wie das „Nifelland" der Germanen; Colchis, das Land, wohin die Reise der Argonauten ging; Aiolia, die Insel des Windgottes Aeolus; alles Welten, die in tiefe Nebel gehüllt sind! Faktisch erzählen sie, daß unsere sichtbare Welt einst aus einem unsichtbaren Zustand „auftauchte". Man kann auch von einer Verdichtung sprechen.

Früher war es bestimmt nicht schwierig, diese Welt (die immer mit dem Begriff „schaffende Welt" verbunden war) mit einem Wirklichkeitsbewußtsein zu umkleiden, wie wir dies jetzt den Elementarteilchen gegenüber tun.

Ist es nicht möglich, hier eine Brücke zu schlagen? Sicher nicht, indem man jeden Gedanken, der bereits festgefügte Auffassungen durchkreuzt, abweist, weil ein bestimmter Punkt ein Tabu, ein Dogma ist. In der Behandlung des Wortes „Schöpfung" wurde schon darüber gesprochen.

Welche Wege können sich weiterhin vor uns öffnen? Wir sind, die mineralische Phase des Menschen betreffend, völlig ins Hypothetische geraten und müssen uns also an die Gesetze jeder Hypothese halten.

Wenn wir für eine Reihe von Erscheinungen „befriedigende Erklärungen" suchen, wo könnten wir dann ein Beispiel so einer befriedigenden Erklärung finden, die keiner weiteren Auslegung bedarf? Wenn ich frage: „Wer hat dieses Buch auf den Tisch gelegt?“, und jemand antwortet: „Das habe ich getan“, so ist damit meine Frage beantwortet. Meine Frage liegt auf derselben Ebene, auf der die Antwort erscheint. Prinzipiell kann ich etwas, bei dem ich nicht dabei war, als es geschah, niemals besser kennenlernen, als wenn derjenige, der es getan hat, es mir selber erzählt. – Nebenbei sei darauf hingewiesen, daß die Bemerkung (in meinem ersten Schema über die vier Reiche), man könne den Menschen „ansprechen“, denselben Hintergrund hat.

Es ist deutlich, daß das Geheimnis der genannten Antwort in der Begegnung von zwei „Selbsten“ liegt. Die Person, die „es getan hat“, ist der Anfangspunkt einer bestimmten Handlung. Wir haben mit der Antwort den originalen Ausgangspunkt, den Ursprung entdeckt. Ich betone dies besonders, weil hier der Unterschied zwischen Mensch und Tier einmal mehr deutlich wird. Wir können beim Tier notfalls auch von einer Ursache seines Tuns und Lassens sprechen, niemals werden wir aber diese Ursache vom Tier selbst vernehmen.

Ich möchte die behandelte Problematik noch in dem Sinne ergänzen, daß ich sage: Hypothetisch angenommene Geschehnisse, wie sie hier gemeint sind, können nur dann den Charakter einer Erfahrung bekommen, wenn die zu erklärenden Erscheinungen auf Handlungen von Wesen zurückgeführt werden können, mit denen ein anderes Wesen, das auch Selbsterkenntnis hat, in direkte Beziehung treten kann. Das heißt also: in ähnlicher Weise wie beim Beispiel der Frage nach dem Ursprung einer Handlung unter Menschen. Man hat hier faktisch das Beispiel einer Hypothese, die in einem bestimmten Augenblick aufhört, eine Hypothese zu sein. Daß dies eine total neue Sichtweise gegenüber den Geschehnissen der Vergangenheit mit sich bringt, ist begreiflich.

Es kann noch ein letzter Punkt erwähnt werden, der das Schema von S. 156 vervollständigen kann, insofern es um eigene Erfahrungen geht.

Die Naturreiche dienten als Ausgangspunkt für die ganze

Betrachtung. Wir sprachen ständig von einem Bild der Evolution, und wir versuchten auch, in diesem Bild zu lesen. Die daraus folgenden Gedanken beruhten im Prinzip auf Erfahrungen.

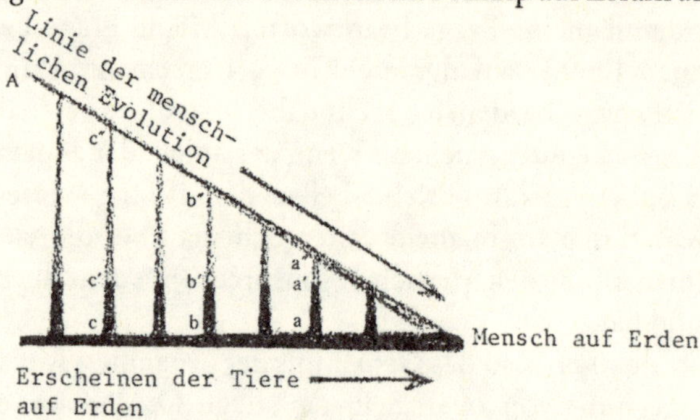

Im Kapitel über die Evolutionstheorien von Lamarck und Darwin wurde von den prähistorischen Tieren gesprochen. Sie sind in dem Schema (S. 156) noch nicht erwähnt. Wir können sie als durchgehende senkrechte Linien angeben (z.B.: a-a' usw.*). Eine Reihe von Evolutionisten sagt, daß der Übergang von den niederen zu den höheren Tieren nicht in der Zeit nach dem Erscheinen der prähistorischen Tiere gesucht werden muß, sondern in noch früheren Zeiten (in unserem Schema also „oberhalb" von a', b', bei a", b" usw.). Das ist aber dasselbe wie das, worauf ich in diesem Buch hinauswill. Konsequent durchgeführte und logische Gedankengänge können sich immer wieder begegnen, auch wenn sie von verschiedenen Gesichtspunkten ausgehen, vorausgesetzt, sie stützen sich nicht auf Dogmen! Daß die hier verfolgten Gedanken über die Evolution damit in Übereinstimmung sind und die punktierte (hellgraue) Linie nach oben schließlich in die Linie der menschlichen Evolution einmündet (so wie es bei Bolk der Fall ist), mag für einige noch phantastisch sein. Aber es bringt zumindest eine total neue und überraschende Perspektive mit sich. Eine Anzahl von Forschern hat schon lange auf dieses Ziel hingearbeitet. Ihre Ausgangspunkte sind ohne weiteres damit zu vereinbaren.

* Was darüber liegt (der hellgraue Teil), liegt vorläufig außerhalb jeder Erfahrung!

Fast auf der Hand liegt nun der Gedanke an einen materiellen Verdichtungsprozeß, der sich vor dem Sichtbarwerden der prähistorischen Welt abgespielt haben muß. Die eben genannten Beispiele dieser „Verdichtung“ vor diesem „Auftauchen“ aus dem Unbestimmten ins Bestimmte können getrost danebengestellt werden.

Meines Erachtens ist damit genug gesagt. Es könnten vielleicht noch mehr erfahrbare Faktoren hinzugefügt werden. Das müssen wir aber abwarten. Wir haben neben einer Reihe von Erfahrungen eine ebenso große Reihe von Fragen. Wir stehen vor einer deutlichen Kluft!

Ich greife nun auf die gegebene Anregung zurück, daß all dies anders wäre, wenn wir in der Lage wären, mit der Welt, die hier von Anfang an die „schaffende“ Welt genannt wurde, dergestalt in Beziehung zu treten, daß die „Bedingung“ einer Beziehung von „Wesen zu Wesen“ erfüllt wäre.

An diesem Punkt ist es an der Zeit, das Werk Rudolf Steiners heranzuziehen; ein Werk, das, wie sich bald zeigen wird, in der Lage ist, die genannte Kluft zu überbrücken.

Als in dem Kapitel „Das Bild der Evolution im Tierreich“ die Reihenfolge der Tiere zum erstenmal aufgezählt wurde, wurde als Quelle Rudolf Steiners Beitrag über Geologie und Paläontologie in Pierers Lexikon erwähnt. Am Ende des vergangenen Jahrhunderts war Rudolf Steiner in Deutschland und Österreich allgemein bekannt als eine Persönlichkeit, die, was wissenschaftliche Erkenntnisse anbelangte, auf der Höhe ihrer Zeit stand. Nicht umsonst gab man ihm den Auftrag, die naturwissenschaftlichen Schriften Goethes herauszugeben. Damals war er gerade einundzwanzig Jahre alt. Auch bei der Ausgabe von Nietzsches Werken hat man an erster Stelle an ihn gedacht. Er hatte als Wissenschaftler und Philosoph einen europaweiten Ruf. Ein paar Titel seiner philosophischen Werke sind: „Wahrheit und Wissenschaft“, „Wahrnehmen und Denken“, „Die Philosophie der Freiheit“.

1909 erschien von seiner Hand „Die Geheimwissenschaft im Umriß“. Im Kapitel „Die Weltentwicklung und der Mensch“ findet man eine Übersicht über die Entstehung des Menschen und der Naturreiche, wobei die Quelle dieser Entstehung in den Tätigkeiten von geistigen Wesen gefunden wird. Die Welt, die wir jetzt wahrnehmen und die wir früher die „Schöpfung" nannten, ist das Resultat einer schaffenden Welt. Als dieses Werk erschien – in der Zeit, wo Rudolf Steiner anfing, öffentliche Vorträge über die Wirklichkeit der geistigen Welt zu halten –, veränderte sich die Haltung der wissenschaftlichen Welt ihm gegenüber schlagartig. Man ließ ihn fallen. Über geistige Wesen zu sprechen betrachtete man als unvereinbar mit wirklicher Wissenschaft.

Das Besondere an der Art und Weise, wie Rudolf Steiner von der Wirklichkeit einer schaffenden Welt spricht, besteht darin, daß sie nicht nur als bloße Nachricht mitgeteilt wird. Ebensowenig wird zur Erhärtung des Mitgeteilten auf „Offenbarungen" früherer Zeiten verwiesen.

Wenn in der Bibel steht, „Am Anfang schuf Gott Himmel und Erde", oder „Im Urbeginne war das Wort", können wir von dieser Schöpfung nur das Ergebnis wahrnehmen. Die Tatsache, daß das durch schaffende Wesen geschehen ist, kann als „Glaube" angesehen werden. Hierzu muß ich sagen: Es ist nicht korrekt, das Wort „Glaube" mit „unbegründet" zu verbinden, was nicht selten geschieht. Mit den Ideen, die die Bibel von der Schöpfung gibt, verbinden wir uns nicht nur durch abstraktes Denken (von Vorstellungen kann hier noch nicht einmal die Rede sein), sondern es werden, jedenfalls bei vielen Menschen, auch noch andere und tiefere Bereiche ihres Wesens berührt; Reiche, die mehr mit dem Gefühlsleben und der Urteilsbildung zu tun haben. Vergessen wir vor allem nicht, daß das „Schaffen" eine Tätigkeit ist, die innerhalb unserer eigenen Erfahrung liegt. Wenn man das nur einsehen würde! Für das moderne und wissenschaftliche Denken ist es aber keine brauchbare Wissensgrundlage. Man will „harte Fakten"! Hat man nicht daran gedacht, daß das Wort „Faktum" (das Gemachte) nichts anderes bedeutet als Schöpfung?*

* Das französische „fait", das englische „fact", das deutsche „Tatsache" („Sache, die getan ist"), alle drücken dasselbe aus.

In der „Geheimwissenschaft im Umriß“ wird gesagt, daß die mitgeteilten Erfahrungen von geistigen Wesen kommen, mit denen der Autor selber in Wechselwirkung gestanden habe. Auf keinen Fall darf also das in diesem Werk Ausgesprochene nur als eine Hypothese aufgefaßt werden. Es wird als Erfahrung mitgeteilt.

Selbstverständlich werden viele Menschen sagen: Das ist in unserer Zeit doch unannehmbar. Das können nur Phantasiegebilde oder Halluzinationen sein! Oder man wird sagen: Und wenn dem so wäre, wo liegt dann der Unterschied zwischen dem Wert dieser Offenbarungen und dem Wert der Bibel oder eines anderen Werkes, das auch Offenbarungen aus geistigen Welten zu enthüllen behauptet? Die Antwort wird sein: Es gibt vorläufig keinen Unterschied. Ein Unterschied entsteht erst dort, wo Rudolf Steiner nicht nur Tatsachen mitteilt, sondern zugleich die Methode angibt, mit der diese Tatsachen zu unseren eigenen Erfahrungen werden können.

Fragt man sich, ob es möglich ist, sich eine Vorstellung davon zu machen, wie so etwas zustande kommt, so möchte ich den folgenden Vergleich anführen.

Wir müssen uns einmal klarmachen, wie wenig man noch immer darüber weiß, wie unser Erinnerungsvermögen zustande kommt! In der Psychologie wird von Engrammen, Eindrücken aus der Umgebung gesprochen, die auf diese oder jene Weise in unserem Gehirn gespeichert werden. Das Wesen des Erinnerungsvermögens selber, wie wir es im Leben kennen, wird dadurch in keiner Weise begriffen. Es kommt darauf an, daß wir in unserer eigenen Erinnerung in der Zeit zurückgehen können und daß alles, was wir von der Geschichte wissen, aus den Erinnerungen von Personen aufgebaut ist. Jede Wissenschaft besteht aus Erinnerungen. Jede mir bekannte Tatsache lebt in meinem Gedächtnis. Die Erinnerungen anderer Menschen stehen mir aber auch offen. Mit jeder Biographie lesen wir im Erinnerungsbuch anderer Menschen!

Was in der „Geheimwissenschaft im Umriß“ mitgeteilt wird, kann als ein Eindringen von einem dazu geschulten Wahrnehmungsvermögen in das Erinnerungsbuch der höheren Wesen angesehen werden; von Wesen, die hier immer als „schaffende Welt" angedeutet wurden. In diesem „Erinnerungsbuch des Kosmos" wurden die Tatsachen abgelesen, die in dem genannten Werk erwähnt werden.

In der „Geheimwissenschaft im Umriß" wie in der „Theosophie" und ganz besonders in „Wie erlangt man Erkenntnisse der höheren Welten?" wird das „Wie" dieses Entwicklungsweges deutlich angegeben. Man kann die Anthroposophie wie folgt charakterisieren:

„Anthroposophie ist ein Erkenntnisweg, der das Geistige im Menschenwesen zum Geistigen im Weltall führen möchte." Man könnte hier anstatt „das Geistige" auch das „Schaffende" sagen.

Zur Verdeutlichung möchte ich erwähnen, daß wir die Umwelt nur durch unsere Sinneswerkzeuge wahrnehmen können. Ebenso kann das Wahrnehmen der Wesen in der geistigen Welt nur durch Sinnesorgane, durch Wahrnehmungsorgane geschehen, auch wenn diese von ganz anderer Art sind. Der bezeichnete Schulungsweg hat also in erster Linie die Entwicklung solcher Wahrnehmungsorgane zur Folge. Für weitere Einzelheiten muß auf die genannte Literatur verwiesen werden.*

Es ist einzusehen, daß die Beschreibung eines Schulungsweges, auf dem man selber zur Einsicht der erwähnten Tatsachen kommen kann, viele nicht ganz befriedigen wird. Man will Tatsachen begreifen, und zwar mit den Mitteln, über die man jetzt verfügt. Man wird höchstens sagen: Das alles kann schon wahr sein, aber dann hat es erst einen Sinn, diese Dinge kennenzulernen, wenn man selber dazu in der Lage ist, sie zu erfassen.

---

* Der Vollständigkeit halber sei noch darauf hingewiesen, daß der Begriff „Wahrnehmungsorgane für eine geistige Welt" uralt ist. Der Osten ist mit diesen Gedanken vertraut. Bekannte Ausdrücke sind: Schakra's, Lotusblumen, das dritte Auge usw. Die Entwicklung neuer Wahrnehmungsorgane für die geistige Welt beruht jedoch nicht auf einem Rückfall in ein altes Bewußtsein. Die Genauigkeit, die wir in unserer wahrnehmenden Tätigkeit in der alltäglichen Sinneswelt entwickelt haben, geht dabei durchaus nicht verloren. Im Gegenteil, das Resultat des Schulungsweges ist als eine Neuorientierung in der geistigen Welt gemeint, mit Hilfe des Unterscheidungsvermögens, das wir in der sinnlichen Welt entwickeln konnten.

Neben diese Bemerkung, die natürlich zu erwarten war, kann der folgende Kommentar aus Rudolf Steiners Buch „Wie erlangt man Erkenntnisse der höheren Welten?“ gestellt werden:

> *„Wer die Tatsachen beobachten will, welche zu diesen Aussagen führen, der muß zu übersinnlichen Erkenntnissen aufsteigen. Er muß den Weg gehen, welcher in dieser Schrift zu schildern versucht wird.“*
> (Namentlich den Weg der Inneren Schulung. L. M.)
> *„Doch wäre es ein Irrtum, zu glauben, daß die Mitteilungen der Geisteswissenschaft für den wertlos seien, der nicht Neigung oder Möglichkeit hat, diesen Weg selbst zu gehen. Um die Tatsachen zu* erforschen, *muß man die Fähigkeit haben, in die übersinnlichen Welten hineinzutreten. Sind sie aber erforscht und werden sie mitgeteilt, so kann auch derjenige, welcher sie nicht selber wahrnimmt, sich eine hinreichende Überzeugung von der Wahrheit der Mitteilungen verschaffen. Ein großer Teil derselben ist ohne weiteres dadurch zu prüfen, daß man die gesunde Urteilskraft in wirklich unbefangener Weise auf sie anwendet. Man wird sich nur nicht in dieser Unbefangenheit stören lassen dürfen durch alle möglichen Vorurteile, die einmal im Menschenleben so zahlreich vorhanden sind. Es wird z. B. leicht vorkommen, daß jemand findet, dies oder jenes vertrage sich nicht mit gewissen wissenschaftlichen Ergebnissen der Gegenwart. In Wahrheit gibt es kein wissenschaftliches Ergebnis, welches der geistigen Forschung widerspricht.“*

An diese letzte Bemerkung möchte ich anschließen. Ich möchte versuchen, die Beschreibung aus der „Geheimwissenschaft im Umriß“ so wiederzugeben, daß eine Beziehung zwischen diesen Mitteilungen und den Fragen sichtbar wird, die bei der Entwicklung der Evolutionsgedanken aufgetaucht sind.

Dabei muß noch einmal auf die Tatsache hingewiesen werden, daß wir uns im folgenden von der Vorstellung lösen müssen, daß die Evolution sich in einem Erdenzustand vollzogen hat, wie wir ihn jetzt kennen. Auch wenn man von den Elementarteilchen ausgeht, so stellt man sich diese doch materialistisch vor. Hiermit hängt es zusammen, daß man auch von den bekannten Flüssigkeiten und Gasen auf der Erde keine andere Vorstellung hat, als die einer festen Materie und den Unterschied nur in einer loseren Verbindung zwischen den Molekülen, Atomen usw. sieht. Das geht so weit, daß man die Aggregatzustände – fest, flüssig und gasförmig – im wesentlichen nicht als verschiedene Gebiete betrachtet, sondern nur als Grade der Verdichtung oder Verdünnung einer letztlich „mineralischen" Materie.

Es wird für viele nicht einfach sein, von der „Teilchenvorstellung" abzusehen. Dem kann man abhelfen, wenn man die Reihenfolge – fest, flüssig, gasförmig (Erde, Wasser, Luft) – durch ein viertes Element erweitert, welches früher ohne weiteres dazugehörte: die Wärme. Als man vor einigen Jahrzehnten noch ausschließlich in Fachausdrücken wie Molekülen, Atomen und noch kleineren mineralischen Teilchen dachte, war eine Verbindung zwischen der Wärme und den drei genannten Aggregatzuständen undenkbar. Wärme hatte nichts mit Materie zu tun; Wärme war Bewegungsenergie, d. h. Wärme war Energie. Seitdem in den letzten Jahrzehnten die Materie als Verdichtung von Energie aufgefaßt wird, ist in der modernen Physik die Kluft zwischen Wärme und Materie weggefallen. So wie Materie in Energie (Wärme) übergehen kann, muß auch Wärme (Energie) in Materie übergehen können. Diese Bemerkung war nötig, um die Schwierigkeit zu verdeutlichen, wenn vorgestellt werden soll, was nun weiter beschrieben wird.

Man wird vielleicht bemerken, daß wir auf diese Weise eine – allerdings neue – Beziehung bekommen zur früheren Lehre der vier Elemente: Erde, Wasser, Luft und Feuer. Wir werden sehen, inwiefern sich eine befriedigende Schlußfolgerung daraus ergeben kann.

XI. Rudolf Steiners Beschreibung der Entwicklung der Erde und des Menschen

In der „Geheimwissenschaft im Umriß“ wird die Entstehung der Erde, wie sie jetzt ist, in vier Phasen beschrieben als: Wärme, Luft, Wasser, Erde. Die erste Phase ist nur Wärme, die zweite Wärme und Luft, die dritte Wärme, Luft und Wasser und die vierte Wärme, Luft, Wasser und Erde. Das ist nur ganz schematisch wiedergegeben. Wenn von den drei früheren Zuständen gesprochen wird und die Ausdrücke Wärme, Luft und Wasser gebraucht werden, so muß man damit rechnen, daß diese Begriffe nicht ganz mit den Zuständen, die wir jetzt kennen, übereinstimmen. Man sollte sich vorstellen, daß die mehr oder weniger scharfe Grenze, die wir im täglichen Leben zwischen diesen Elementen ziehen, immer verschwommener wird, wenn man in die Vergangenheit zurückgeht.

Die vier Phasen, welche die Erde durchlaufen hat, werden traditionell* angedeutet mit den Namen: „Alter Saturn“, „Alte Sonne“, „Alter Mond“ und Erdenphase. Jede Phase hat einen Anfang, einen „Ansatz“, eine Entfaltung und wieder ein „Zurücknehmen“, während zwischen den Phasen eine Ruhepause liegt, in der das Entstandene wieder verschwindet, sozusagen „zurückgenommen wird“. Man kann also von vier Rhythmen sprechen, zwischen denen drei Pausen liegen, die „Pralaya“ genannt werden und welche man als eine Art Atempause beschreiben könnte.

Wenn am Ende der Saturnphase diese wieder „eingeatmet“ wird und darauf die zweite Phase, die Sonnenphase, beginnt, ist es nicht schwer zu begreifen, daß am Anfang der Sonnen-

* Vielleicht wird man sich über dieses Wort wundern. Doch die mitgeteilten Tatsachen aus der „Geheimwissenschaft im Umriß“ waren in einer fernen Vergangenheit bekannt, als sogenannte Mysterienweisheit, die jedoch nur für bestimmte Individualitäten, Eingeweihte genannt, zugänglich waren. Man kann also sagen, daß mit der Erscheinung dieser Schrift dasjenige, was früher verborgen war, jetzt völlig der Öffentlichkeit preisgegeben wurde.

phase die Saturnphase wiederholt wird. Man braucht nur daran zu denken, daß die Verdichtung der „Wärme" zur „Luft", die damals stattfand, auch wieder mit „Wärme" anfangen mußte. So ist es auch nicht schwer, sich vorzustellen, wie am Anfang der Alten Mondphase sowohl die Sonnen- wie die Saturnphase wiederholend durchlaufen werden. Am Anfang der eigentlichen Erdenentwicklung haben wir es zuerst genauso mit einer kurzen Wiederholung des Alten Saturn, der Alten Sonne und des Alten Mondes zu tun. (Hier möchte ich an das Biogenetische Grundgesetz von Haeckel erinnern und gleichzeitig an die Bemerkung, daß man es dabei tatsächlich mit einem Urgesetz zu tun hat. Die eben beschriebenen Wiederholungen können auch als Illustrationen dieses Gesetzes betrachtet werden).

Im folgenden sollen nur die allerwichtigsten Hauptpunkte angeführt werden, die nötig sind, das von mir angestrebte Ziel, nämlich eine neue Ansicht von der Evolution, zu entwickeln.

Der Ursprung dieser materiellen Verdichtung wird als „Energie" beschrieben. Von Rudolf Steiner wird dafür das Wort „Wille" gebraucht. Es ist nicht weit hergeholt, diese beiden Wörter nebeneinander zu stellen. Ich könnte sagen: Ist Energie nicht eigentlich die „Außenseite" und Wille die „Innenseite" desselben Prinzips?

Selbstverständlich führt das zur Frage nach dem, was der Ursprung dieses „Willens", des Willens überhaupt, ist. In bezug auf die Art und Weise, wie in diesem Buch über die „Schöpfung" gesprochen wird, liegt es auf der Hand, diese und auch die folgenden Begriffe unzertrennlich mit dem Begriff der „schaffenden" Wesen verbunden zu denken.

In der ersten Phase, während des Alten Saturn, wird (in der Qualität der Wärme) der physische Körper des Menschen veranlagt. In der zweiten Phase, während der Alten Sonne, wird diesem physischen Körper das Leben verliehen. In der dritten Phase, während des Alten Mondes, wird die Seele hinzugefügt. In der Erdenphase wird dem Menschen dasjenige geschenkt, was als sein „Selbst" (sein Geist) bezeichnet werden kann. Wir haben es also zuerst mit einem Wesen zu tun, das nur einen physischen Körper hat; in der zweiten Phase verfügt es über einen mit Leben erfüllten Körper, in der dritten Phase über einen physischen Körper, über Leben und über eine Seele (Empfindung) und in der vierten Phase über einen physischen Körper, über Leben, Seele und Geist.

Am Anfang wurde die gleiche Reihenfolge schon einmal genannt, als ich die Naturreiche nacheinander beschrieb. Ich werde diese Methode beibehalten, die Mitteilungen aus der Geisteswissenschaft in einen direkten Zusammenhang zu bringen mit der bisher „unüberbrückbaren Kluft".

Wir können jetzt die Entwicklung der Menschenwesen durch die „Planetarischen Phasen" – wie sie auch genannt werden – wie folgt beschreiben:

Der Mensch durchläuft in den vier genannten Perioden eine mineralische Phase, eine Pflanzenphase und eine Tierphase, um dann erst in die menschliche Phase einzutreten. Es fehlt jetzt nur noch eine Bemerkung, um das Prinzip des „Wie?" in der Evolution anzudeuten. Von der mineralischen Phase des Menschen entwickelte sich ein Teil nicht weiter, sondern blieb auf dieser Stufe stehen. Dasselbe geschah in der Pflanzen- und Tierphase. Mineralreich, Pflanzenreich und Tierreich sind also zurückgebliebene, nicht weiter evoluierte Reiche, die vom evoluierenden Menschenreich „abgespalten" werden.

Dadurch kann das alte Schema wie folgt neu gezeichnet werden:

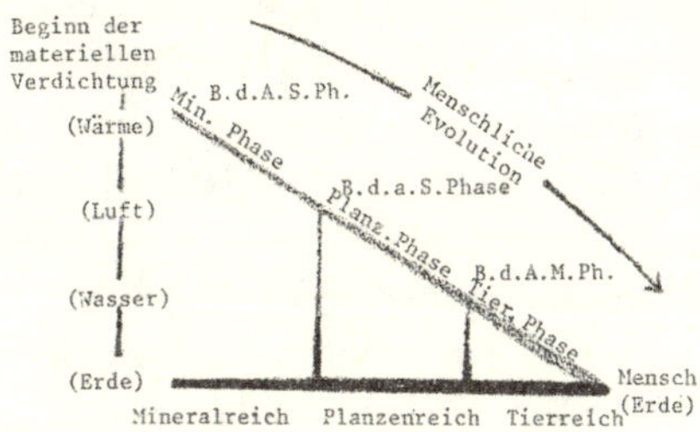

Abkürzungen im Schema:

B. d. A. S. Ph. = Beginn der Alten Saturnphase
B. d. A. S. Phase = Beginn der Alten Sonnenphase
B. d. A. M. Ph. = Beginn der Alten Mondphase

Ich hoffe, es wird immer deutlicher, daß solche Schemata einen viel größeren Wert bekommen, wenn wir sie in Verbindung mit Erfahrungen und Problemen bringen können, denen wir anderswo begegnen, wodurch der Ausgangspunkt neu beleuchtet wird. Somit können Mitteilungen aus der Mythologie, aus dem Alten Testament usw. von großer Wichtigkeit sein, um den Hintergrund des Schemas zu bereichern.

Für viele werden die eingeführten Begriffe des Alten Saturn, der Alten Sonne, des Alten Mondes und der Erde so aus der Luft gegriffen sein, daß man, wenn man einen solchen Gedankengang ins Auge fassen will, sagen wird: Es ist unbefriedigend, gar keinen Zugang zu solchen Mitteilungen zu haben.

Doch ist das nicht ganz der Fall. Rudolf Steiner macht eine Bemerkung in dieser Richtung. Er fügt aber hinzu, daß man von diesen Tatsachen etwas in sich trägt, das jedermann selbst erfahren kann. Es geht da um drei, faktisch um vier Zustände, die jeder aus eigener Erfahrung kennt: Wachen, Träumen, Schlafen und tot sein! Es ist nicht schwer, in diesen vier „Bewußtseinsformen" das bis jetzt Behandelte im wesentlichen wiederzufinden.

Jemand, der sich „kennt", der anzusprechen ist, der unter Menschen verkehrt, ist „wach"! Jemand, der träumt, verfügt nicht über das, was ich hier als „Geist", als Ichbewußtsein beschrieben habe. Der Träumende wird von seiner Umgebung „beeinflußt". Er „erleidet" sie, wie es auch beim Tier in einer bestimmten Weise der Fall ist. Der Träumende weiß nicht, daß er träumt! Viele werden sagen, sie wären sich bewußt gewesen, daß sie träumten. Das mag stimmen. Dann ist derjenige jedoch schon wieder wach gewesen!

Beim Traumzustand hat man es nur mit Körper, Leben und Seele zu tun, so wie es beim Tier der Fall ist. In dieser Weise kann man auch zum Vergleich des Schlafzustandes mit dem Leben, das die Pflanze zeigt, kommen.

Das bedeutet natürlich nicht, daß ein Tier „träumt" oder eine Pflanze „schläft". Aber es bedeutet *ebensowenig*, wie bereits ausdrücklich gesagt wurde, daß *ein Mensch jemals ein Tier oder eine Pflanze gewesen ist.*

Das Mineralreich wurde im zweiten Kapitel als *verlassenes* Reich charakterisiert. Wir können diesen Zustand mit dem Zustand des Menschen nach seinem Tode vergleichen.

Damit ist eine Erweiterung des Schemas von S. 41 möglich geworden.

Es wäre also falsch zu behaupten, der Mensch in der Alten Mondphase hätte geträumt. Man kann auch nicht sagen: Das Tier träumt. Das Tierbewußtsein kann aber schon mit den Eigenschaften unseres Traumzustandes verglichen werden. Wir aber können sagen, daß der Mensch in dieser Phase seine Umgebung *erlitt,* wobei dieses Erleiden einen Bewußtseinszustand bedeutete, den wir teilweise noch in unseren gegenwärtigen Träumen wiederfinden.

Es ist erhellend, hier etwas hinzuzufügen, was unsere Einsicht in den Unterschied zwischen dem Menschen und den übrigen Naturreichen noch verdeutlichen kann. Es geht dabei um eine Charakteristik der Rhythmen in Pflanze, Tier und Mensch, wodurch die Unterschiede wieder in einer anderen Weise auftreten. Diese Rhythmen sind: geboren werden und sterben, wachen und schlafen, erinnern und vergessen.

	Mineral	Pflanze	Tier	Mensch
Was geschieht in	sich erhalten	sich formen	sich fühlen	sich erkennen
Art unserer Beziehung	anfassen	anschauen	anrühren	ansprechen
Bedeutung für uns	auf	von	mit	unter
Enthalten	Körper	Leben	Seele	Geist
Beziehung der schaffenden Welt zu den Reichen	aus	an	in	durch
Durchlaufene Phasen der Evolution	(Wärme) Alter Saturn	(Luft) Alte Sonne	(Wasser) Alter Mond	(Erde) Erde
Ähnliche Zustände beim Menschen	Tod	Schlaf	Traum	Wachen

Geburt und Tod hängen mit dem Leben zusammen. Damit ist das körperliche Leben gemeint. Auch wenn die sterbende Pflanze den Keim für das folgende Leben hinterläßt, so geht es doch um die Vergänglichkeit der sichtbaren Pflanzengestalt. Jedermann weiß, was es heißt, wenn etwas stirbt und wenn etwas geboren wird. Gerade die Tatsache, daß Leben nur auf der Basis des Lebens erscheinen kann (ein Gesetz, das erst im letzten Jahrhundert erkannt wurde!), kann uns einen Begriff von der einzigartigen Unabhängigkeit der Lebenswirklichkeit geben. Selbstverständlich besitzen alle Tiere und Menschen das „Leben".

Wachen und Schlafen gehören zum Tier (und zum Menschen). Da gibt es eigentlich keine Probleme. Auch wenn die moderne Biochemie nicht weiß, welche Veränderungen dabei im Körper stattfinden, ändert das nichts an der Tatsache, daß jeder weiß, was mit Schlafen und Wachen gemeint ist.

Man kann vom Leben auch anders sprechen, etwa in Gesprächen, in Vorträgen, in Kunstwerken. Das stimmt ohne Zweifel, aber wir müssen uns hier auf das Sachlich-Konkrete beschränken. Man spricht wohl auch bei Blumen zum Beispiel von Schlafen und Wachen („Die Blümelein, sie schlafen"), wenn man das Bild der Pflanzenwelt im Sommer mit dem des Winters vergleicht. Wenn man aber die Eigenschaften der Reiche aus den vorigen Schemata ansieht, so ist es nicht schwer, die Wirklichkeit von Wachen und Schlafen mit dem Tier- und dem Menschenreich zu verbinden.

Das Tierreich zeigt also in erster Linie das Wachen und das Schlafen, wie es hier beschrieben wurde. Die Art und Weise, wie wir das Tierreich eingeteilt haben, in Pflanzen-Tiere, Tier-Tiere und Menschen-Tiere, macht gleichzeitig begreiflich, daß Schlafen und Wachen bei den niederen Tieren noch nicht den Rhythmus zeigen, der erst bei den höheren Tieren erscheint. Der Wach- und Schlafrhythmus der niederen Tiere erinnert noch stark an das, was wir in der Pflanzenwelt auch als Sommer- und Winterrhythmus kennen.

Wir wollen nun den Unterschied zwischen Mensch und Tier in bezug auf das Erinnern und das Vergessen beschreiben. Hier liegen viele Fußangeln und Fallstricke. Wer das Leben der höheren Tiere – besonders der Haustiere – miterlebt oder an die Dressur denkt, wird dazu neigen, bei den Tieren von Erinnerungsvermögen zu sprechen. Meines Erachtens ist es jedoch möglich, grundsätzliche Unterschiede zum menschlichen Erinnern zu entdecken.

Für die Entstehung der Formen in der Tierwelt gilt unter anderem das Gesetz, das Lamarck und Darwin zur Unterstützung ihrer Evolutionstheorie aufstellten: die Anpassung an die Umgebung. In der Natur gibt es einige Beispiele. Wenn ein Polarfuchs ein weißes Fell hat, ist er an die Umgebung angepaßt. In einer anderen Umgebung wäre er nicht mehr an seinem Platz.

Bei der Tierdressur verändert man faktisch die Umgebung der Tiere, an die sie sich anpassen. Geschah das einmal und bringt man sie wieder in ihre frühere Situation, so werden sie sich dort nicht mehr zu Hause fühlen. Kommen sie später wieder zurück an den Ort der Dressur, fühlen sie sich wieder heimisch. Man kann jedoch nicht sagen, daß sie sich dann an alles wiederum erinnern.

Wenn wir an die Umgebung eines Hundes denken, so gehört dazu als erstes sein Herr. Das ist einer der Gründe, weshalb Haustiere so unterschiedliche Eigenschaften haben, weil ihre Besitzer so verschieden sind. Wenn ein Hund von seinem Herrn getrennt wird, oder wenn dieser stirbt, fehlt ihm die Umgebung, in der er sich zu Hause fühlt. Für ein so hoch entwickeltes Tier bedeutet seine Umgebung aber etwas, das mit der Nahrung *zu vergleichen* ist, die er zu bekommen gewöhnt ist. Geschichten von Hunden, die beim Tod ihrer Herren starben, sind nicht aus der Luft gegriffen. Dann aber zu behaupten, daß das Tier sich an seinen Herren erinnert, ist meines Erachtens eine falsche Schlußfolgerung. Hier geht es um das „Entbehren", das auftritt, wenn das Begehrte abwesend ist.

Das Erinnern des Menschen ist etwas, das jeden Augenblick heraufgerufen und losgelassen werden kann. Daß das Vergessen verschiedene Formen kennt, ist begreiflich. Etwas kann von uns in einem bestimmten Augenblick beiseite geschoben werden. Wir können es wieder hervorholen, sobald wir es wünschen. Etwas kann einem „entglitten“ sein. Durch bestimmte Assoziationen fällt es uns wieder ein. Etwas kann uns anscheinend völlig entfallen sein. Es kann uns aber, oft erst viele Jahre später, wieder einfallen. Ist es nicht auffallend, daß ältere Menschen oft darüber staunen, wie sie sich an Ereignisse, die vor langer Zeit geschahen, erst „jetzt“ wieder erinnern können? Es ist, als ob allmählich ein Vorhang beiseite geschoben würde.

Das Erinnern ist ein innerliches Geschehen, und es bedeutet, daß Dinge, die uns in der einen oder anderen Weise beeindruckten und vergessen wurden, durch uns wieder zum Inhalt unseres Seelenlebens, wieder er-innert werden können.

Wenn man nochmal an das Schema auf S. 29 denkt, wo gesagt wurde, „der Mensch hat Selbsterkenntnis“ und man dasjenige danebenstellt, was hier über Erinnern und Vergessen vorgebracht wurde, so wird man die Verbindung erkennen. Ich kann dem Schema also noch einen letzten Satz hinzufügen als ein achtes Kennzeichen:

Um geboren zu werden und zu sterben, muß ein Wesen über Leben verfügen,

um schlafen und wachen zu können, muß es über Seele verfügen,

um zu erinnern und zu vergessen, muß es Geist besitzen.

LEBEN	SEELE	GEIST
geboren werden	wachen	erinnern
und sterben	und schlafen	und vergessen

Vielleicht wird man fragen: Und das Mineralreich? In der Wissenschaft strebt man nach Vollständigkeit. Soll man eine übereinstimmende Eigenschaft für das Mineralreich angeben, so gibt es meines Erachtens nur eine Möglichkeit: erscheinen und verschwinden. Damit wird die Verdichtung der Wärme zur Erde angedeutet, womit gleichzeitig das „Sichtbarwerden“ verbunden ist. Dieses Problem soll im Kapitel „Das Rätsel der Materie“ besprochen werden.

XII. Die Entstehung der Naturreiche

Anhand der Naturtatsachen im weitesten Sinne des Wortes stellte ich, soweit möglich, ein Schema auf. Dieses Schema führte zur Aufstellung von mehreren Hypothesen, deren Ziel es war, die Komposition des Ganzen besser überschauen zu können.

Das aus Hypothesen zusammengestellte Schema füllt sozusagen in selbstverständlicher Weise die Lücke in unserer Sinneserfahrung aus. Das ist für gewöhnlich bei allen (hypothetischen) Schemata der Fall. So entstand der Teil in den Zeichnungen, der als punktierte (hellgraue) Linie angegeben wurde. Dabei spielte das kleine Dreieck, rechts unten, eine große Rolle, bei dem wir es mit einer konkreten Erfahrung von Bolk zu tun haben. Diese Erfahrung führte zu einer Hypothese, welche ihrerseits wieder das verlängerte Schema von Bolk zur Folge hatte.

Das Überraschende für mich ist, daß die Enthüllungen aus der „Geheimwissenschaft im Umriß", ganz abgesehen von einer Beurteilung ihres Wirklichkeitsgehaltes, eine völlige Kongruenz mit dem hypothetischen Teil des Schemas zeigen. Deshalb erschien es mir so wertvoll, von Bolk auszugehen. Die Hypothesen sind eine Ergänzung zu Bolks Anregungen, daß der Mensch „von Anfang an" beabsichtigt war. Daraus wird man erkennen, wie sehr ich das Erscheinen von Bolks Werk schätze.

Das bis jetzt Behandelte ist faktisch eine Antwort auf die Frage nach dem *Wie* der Entstehung der Naturreiche: durch ein „Zurückbleiben" während bestimmter Stadien in der menschlichen Evolution. Ich werde mich nun mit zwei weiteren Fragen beschäftigen und auch mit dem *Warum* und *Wodurch* dieses „Zurückbleibens".

Die Antwort auf das *Warum* hängt mit der Antwort auf das *Wie* zusammen. Sie bringt uns gleichzeitig wieder in einen unmittelbaren Kontakt mit den früher aufgeworfenen Rätseln hinsichtlich der Evolution in ihrer Ganzheit. Darum möchte ich einen bestimmten Punkt der schräg nach unten gehenden Linie ins Auge fassen: den Teil, wo wir es mit dem Übergang von der Pflanzenphase zur Tierphase des Menschen* zu tun haben. Während dieses Übergangs kondensierte die dichteste „Substanz", woraus der Planet mit seinem damaligen Reich bestand, von „Luft" zu „Wasser".

Wie müssen wir uns diese Pflanzenphase des Menschen vorstellen? Können wir uns überhaupt eine Vorstellung davon machen? Gerade um eine Antwort auf diese Frage geben zu können, wurde am Anfang die Beschreibung der Naturreiche in der Weise gegeben, daß man sich von einem solchen Zustand wenigstens einigermaßen ein Bild machen kann. Man muß dann nicht in erster Linie an das sichtbare „Ding" Pflanze denken, sondern an die Art und Weise, wie man die Pflanze als Komposition in ihrer Totalität sehen kann.

Für gewöhnlich unterscheidet man an der Pflanze die Wurzel, den Stengel-Blatt-Teil und die Blüte (der Deutlichkeit halber beschäftige ich mich nur mit Pflanzen, die Blüten tragen). Es lohnt sich, die Frage zu stellen: Woher weiß man, daß eine Pflanze Wurzeln hat? Doch nur daher, weil man sie aus der Erde gezogen hat. Ist das jedoch für unsere Betrachtung richtig? Die Pflanze wächst in der Erde. Sie bildet insofern eine Ganzheit mit dieser Erde, wie unsere Haare eine Ganzheit mit unserem Körper bilden. Wie unser Körper zu unseren Haaren gehört, so gehört die Erde zur Pflanze. Man spricht auch von „Pflanzen*decke*" oder vom Pflanzenkleid der Erde.

Daraus ist ersichtlich, daß sich die Pflanze an der Erde „festhält". Wie steht es mit der Blüte? Hält sich die Blüte nicht ebenso an der Sonne fest? Natürlich ist diese Verbindung weniger „solide". Deswegen ist sie aber nicht weniger real. Wärme und Licht sind physikalische Begriffe, und wir tun unserem Vorstellungsvermögen keine Gewalt an, wenn wir sagen, daß die Pflanze genauso gut mit der Sonne wie mit der Erde verbunden ist.

---

* Siehe Schema, S. 171

Ist der mittlere Teil, der Blatt-Teil der Pflanze, nicht auch mit seiner Umgebung, mit der Luft, verbunden? Darauf wurde schon auf S. 39 hingewiesen, wo die Pflanze als ein völlig „offenes“ Wesen charakterisiert wurde. Einige Besonderheiten wurden dort hinzugefügt. Der Ausdruck „offen“ führte damals zur Bemerkung: Das Leben erscheint *an* der Pflanze.

Kommen wir nun auf die Frage zurück, wie der Mensch in der Pflanzenphase war, so kann man sagen, daß er mit der damaligen Erde und mit der damaligen Sonne in einer direkten und offenen Verbindung gestanden hat.*

Es war auch schon die Rede davon, daß eine Pflanze niemals wahrnehmen kann, daß aber die Umgebung die Pflanze „körperlich“ beeinflußt. Was Wahrnehmen tatsächlich ist, können wir studieren, wenn wir den Übergang der Pflanzenphase zur Tierphase näher untersuchen.

In der Pflanzenphase war der Mensch ein überaus lebendiges Wesen. In der Tierphase bekam er die Fähigkeit, wahrzunehmen. Vielleicht sollte man eher von Empfindungsfähigkeit sprechen. Der Mensch bekam eine Seele. Was verstehen wir darunter, was ist Wahrnehmen?

Darüber wurde schon gesprochen. Etwas „wahrnehmen können“ heißt, „getrennt sein von ...“! Darum konnte beim Tier von einer *Innerlichkeit* die Rede sein. Damit ist auch gesagt, daß dieses „Getrenntsein“ mit der Entwicklung der Sinnesorgane identisch ist. Seelenleben, Wahrnehmung und Besitz von Sinnesorganen bilden eine unzertrennliche Einheit. Man muß den Begriff „Sinnesorgane“ breiter auffassen, als das in der Physiologie der Fall ist.

Wenn der Mensch seine Umgebung erst wahrnehmen konnte, nachdem er durch seine Sinneswerkzeuge von ihr abgetrennt wurde, müssen wir fragen: Was war die Umgebung des Menschen? Mit einer bestimmten Unbefangenheit ist es leicht –

---

* Es ist begreiflich, daß hier die Frage entsteht, wie in jeder der genannten Phasen das damalige Pflanzensystem gedacht werden muß. Dazu muß auf die genannte Literatur von R. Steiner hingewiesen werden.

im Zusammenhang mit den Ideen, die in diesem Buch entwikkelt werden – über „schaffende Wesen“ zu sprechen.

Während seiner Pflanzenphase erlebte der Mensch die Tätigkeit der schaffenden Wesen an seiner werdenden Gestalt. In der Tierphase wurde er als Seelenwesen durch seine Wahrnehmungsorgane von diesen schaffenden Wesen getrennt. Er fing an, die schaffenden Wesen wahrzunehmen. Das ist dasselbe wie die bildhafte Beschreibung des Zustands im „Paradies“: Der Mensch lebte mit den Göttern. In unserer Bibelerzählung wird zwar von Gott gesprochen, aber das ursprüngliche Elohim ist eine Pluralform. Viel interessanter wird dieses mit der Entdeckung, daß auf der ganzen Welt, in allen Gottesdiensten, also auch in allen Mythologien, wenn über die Urzeit des Menschenwesens gesprochen wird, immer von Göttern gesprochen wird.*

Wir können aus der Paradieserzählung des weiteren erahnen, daß, als der Mensch anfing, ein Bewußtsein von seiner Umgebung zu bekommen, dieser „Verkehr“ „harmonisch“ war. Deswegen hat das Wort „Paradies“ einen so besonderen Beiklang, der in dieselbe Richtung weist.

Der Begriff „Sündenfall“

Was damals geschah, oder was wir uns darunter vorstellen können, ist, daß der Mensch unter einen bestimmten Einfluß geriet. Ich kann es nicht anders ausdrücken als mit den Worten: Ein bestimmter Einfluß näherte sich dem Menschen und fügte seiner Wahrnehmung etwas hinzu, so daß sie dadurch anders wurde. Dieses „Etwas“ war die Begierde, und das Wesen, von dem der Einfluß ausging, wird Luzifer genannt. Wir begegnen hier einem konkreten Begriff aus dem Alten Testament. Die

---

* Ist es nicht interessant, daß wir mit diesem Gedankengang die Beziehung des Menschen zur geistigen Welt in drei Perioden aufteilen können: Eine Vielgötterei (Polytheismus), ein Monotheismus (*ein* Gott) und ein Atheismus (kein Gott)?

Verbindung von Wahrnehmung und Begierde wird mit dem Wort „Sündenfall“ bezeichnet.

Die folgende Frage wird wohl manchem ganz überflüssig erscheinen. Trotzdem weiß ich aus eigener Erfahrung nur allzugut, wie sehr im letzten Jahrhundert, besonders mit der Entstehung der modernen Psychologie, viele Menschen fragten: Was ist Sünde? Es liegt in der Entwicklungslinie des materialistischen Weltbildes, daß man mit dem alten Begriff „Sünde“ nichts mehr anfangen kann. Die Folge davon ist, daß nur noch die Rede von störenden und nicht störenden Einflüssen ist, von befriedigenden und unbefriedigenden Einflüssen, von spannenden und ent-spannenden Einflüssen usw. Der Begriff „Sünde“ ist faktisch übereinstimmend mit „störend sein“ in bezug auf die Umgebung, im Hinblick auf die eigene Befriedigung. Man hat sich in der richtigen Art und Weise zu verhalten, deshalb das Wort „Verhaltenslehre“, „Verhaltenswissenschaft“, „Behaviorism“.

Für die in diesem Buch wiedergegebene Auffassung ist der Begriff der „Sünde“ auch jetzt noch eine ebenso große Realität, wie es in den Tausenden von Jahren, die hinter uns liegen, der Fall war. Der Unterschied besteht jedoch darin, daß der Mensch damals die Beurteilung seiner Taten von außen vernahm. Die griechische Mythologie erzählt das in hervorragender Weise. Der Sünder mußte sich zum Apollo-Orakel begeben, um dort zu hören, welche Strafe er für seine Taten auf sich nehmen mußte. Es war die Zeit des „Du sollst nicht“. Im Fortschreiten der kulturellen Entwicklung wurde dieses langsam zum „Das gehört sich nicht“, das für gewöhnlich mit dem Wort „Viktorianismus“ ausgedrückt wird. In der gegenwärtigen Zeit sind wir schließlich so weit gekommen, daß wir sagen: „Sünde, gibt es nicht.“

Dem möchte ich entschieden widersprechen. Sünde gibt es sehr wohl. Ich möchte eine genaue Definition der „Sünde“ geben: „Sünde ist, was ich für nicht richtig halte und doch tue.“ Das kann nur ich allein wissen, und es gilt ausschließlich für mich selber.

Insofern in der Bibel vom „Sündenfall“ gesprochen wird,

werden viele Menschen sagen: „Ja, aber ich glaube nicht an Geschehnisse, die in der Bibel stehen." Hier waltet ein Mißverständnis. Jemand, der glaubt, daß Dinge nicht geschehen sind, glaubt. Die einzig logische Haltung ist, eine solche Tatsache anzuhören und ruhig abzuwarten, inwiefern es etwas oder nichts zur Unterstützung unserer Einsichten beitragen kann. Es muß aber ausdrücklich gesagt werden: Ich will meinen Gedankengang nicht an die Bibelmitteilung anpassen, sondern eher diese Mitteilungen aus der Bibel durch meinen Gedankengang in ein neues Licht rücken! Hierauf habe ich schon hingewiesen, als davon gesprochen wurde, daß man für die Gewinnung von neuen Einsichten in die Evolution neben der Geologie, Paläontologie und der Archäologie auch die Mythologie als eine Erkenntnisquelle einbeziehen sollte. Daß man mit diesem Stoff anders umzugehen hat als mit Fakten, die aus der Welt des „Exakten" gewonnen werden, ist selbstverständlich. Demgegenüber könnte man sagen, daß die Mythologie – dazu rechne ich auch das Alte Testament* – als das Gebiet des „Inakten" angesehen werden kann.

Die erste Folge des „luziferischen Einflusses" in der Bibelgeschichte wird dort ausgesprochen, wo Gott zu Adam sagt – ich hoffe man begreift, daß ich dieses als eine Bildersprache auffasse, hinter der sich gewaltige Geschehnisse verbergen –: „Adam, wo bist du?" Ich meine, daß es nicht richtig wäre (was von religiöser Seite so oft geschieht) zu sagen: „Aber Gott wußte natürlich, wo Adam war!" Für mich bedeutet es vielmehr, daß hiermit angedeutet wird, daß das menschliche Bewußtsein anfing, sich von seiner ursprünglichen Verbindung mit der schaffenden Welt zu trennen, zu sondern („Sünde" kommt von „sondern").

Schauen wir uns mythologische Erzählungen an, so hören wir von einer „Götterdämmerung". Schauen wir uns die Funde der Archäologie an, dann sehen wir, daß ungefähr dreitausend

* Man stoße sich nicht an dieser Zuordnung. Es bedeutet nicht, daß das Alte Testament „nur auf einer Mythologie" beruht, sondern umgekehrt, daß ich der Mythologie den selben Wert zugestehe wie dem Alten Testament.

Jahre vor Christus überall auf der ganzen Welt die Schrift erschien, neben großen Bauwerken und neben ersten Andeutungen eines Kunstgewerbes. Wir tun gut daran, diese Tatsachen in Verbindung mit einer grundsätzlichen Veränderung des menschlichen Bewußtseins zu sehen, welche mit dem genannten Begriff „Götterdämmerung" aus der Mythologie zusammengebracht werden kann. Ich hoffe, es wird deutlich, daß ich diese Zeitangabe keineswegs als identisch mit dem Übergang von der Pflanzenphase zur Tierphase in der menschlichen Evolution betrachte, sondern nur, daß sie eine spätere Projektion dessen ist, was bereits unvorstellbar lange Zeiten vorher prinzipiell seinen Anfang genommen hatte.

Adam verschwand vor „dem Auge der schaffenden Welt" insofern er begann, ein Innenleben zu entwickeln. Gleichzeitig verschwand allmählich die frühere Empfindung von der schaffenden Welt. Es ist nicht schwer einzusehen, daß dieses mit einer Veränderung der Eigenschaften der Sinnesorgane zusammenhängen muß.

Viele Menschen werden sagen, wenn sie von einer schaffenden Welt, wenn sie von Göttern hören: Warum sehen wir sie denn nicht? „Götter" sind in der Tat nicht mit unseren gegenwärtigen Sinneswerkzeugen wahrnehmbar. Es wurde bereits gesagt, daß die neue Wahrnehmung der schaffenden Welt auf der Entwicklung anderer Wahrnehmungsorgane beruht. Die frühere Wahrnehmung beruhte ebenso auf dem Besitz anderer Organe, die heute verschwunden sind. Das wird sogar in der Genesis mit wenigen Worten angedeutet: Als Adam von dem verbotenen Baume gegessen hatte, da wurden seine Augen aufgetan.

Der Satz „Adam, wo bist du?" und der Begriff „Götterdämmerung", zusammen mit all dem, was darüber gesagt wurde, kann also nicht von der Tatsache getrennt werden, daß unser gegenwärtiges Bewußtsein, aber auch *unsere gegenwärtigen Sinnesorgane* damals zu entstehen begannen.

Hiermit wird eine Beziehung zwischen der Wahrnehmung unserer gegenwärtigen Sinnesorgane und der Begierde geschaffen. Für viele Menschen ist letzteres ein belastetes Wort. Man neigt dazu – von einer bestimmten religiösen Seite aus – zu sagen, der Mensch müsse seine Begierden, die immer mit der „Sünde“ zusammenhängen, überwinden und ausrotten. Darauf möchte ich antworten, daß unsere heutige Wahrnehmung ohne Begierden – im weitesten Sinne des Wortes – undenkbar ist, ebenso wie Begierden ohne Wahrnehmung undenkbar wären. Gut zu essen ist sicher eine Begierde, ebenso wie die sexuelle Befriedigung; aber das Lesen eines schönen Buches, das Hören eines Konzerts oder einer Predigt sind geradeso Begierden, d. h. mit „Trieben“ verbunden.

Wie Begierden niemals ohne unsere gegenwärtigen Sinneswahrnehmungen existieren könnten, kennen wir auch keine Sinneseindrücke ohne Begierden. Vielleicht ist es gut, jetzt schon zu bemerken, daß eine Lösung dieses Dilemmas in der Tatsache gefunden werden kann, daß der Mensch in der Lage ist, sein Triebleben zu lenken, wodurch er dem Erdentrieb gegenüber einen *Geisttrieb* entwickeln kann.

Die Entstehung des Tierreiches

Die Verbindung der Begierde mit dem Wahrnehmen brachte eine ganz besondere Gefahr mit sich. Am besten erkläre ich das folgendermaßen. Man stelle sich eine Anzahl Kinder vor, die während der Nikolauszeit vor einem Schaufenster stehen. Was tun sie, was hört man? Sie schauen die ausgestellten Gegenstände an und bringen ihr Verlangen zum Ausdruck: „Schau mal das an, oh! Das mußt du sehen, nein das, nein das!“ Es hört nicht auf. Die Augen springen fast aus ihren Höhlen. Wir pflegen dann wohl zu sagen: Sie bekommen Stielaugen.

Nun, das ist eine Redewendung. Jeder weiß, daß Kinder keine Stielaugen bekommen. In der Evolutionsperiode, von der jetzt gesprochen wird, war diese Gefahr jedoch eine Realität. Die körperliche Konstitution des Menschen war noch so weich, so leicht formbar, daß man (um in dem Bild zu bleiben) tatsächlich solche Augen mit Stielen hätte bekommen können. Wir haben es aber nicht nur mit den Augen zu tun, sondern mit einer ganzen Reihe von Organen: Nase, Mund, Ohren, Haut usw. Es bestand die Gefahr, daß der Mensch nicht nur Stielaugen entwickelt hätte, sondern auch „Stielohren“, „Stielnasen“, ein „Stielmaul“ usw. Stellt man sich das mit etwas Phantasie vor, so kann man plötzlich zu der beinahe verwirrenden Schlußfolgerung kommen: Das ist es, was wir im Tierreich sehen. So wie Schnecken Stielaugen haben, so hat das Krokodil ein „Stielmaul“, der Elefant eine „Stielnase“ und viele Tiere „Stielohren“. Man sieht das Tierreich plötzlich mit ganz anderen Augen.

Ein bestimmtes Gefühl der Tragik kann in uns entstehen. Warum? Mit dieser Bemerkung will ich deutlich machen, daß dasjenige, was mit Stielorganen bezeichnet wurde, eigentlich eine Deformation gegenüber der ursprünglich gewollten Menschengestalt ist. Die menschliche Evolution bestand in einer ständig zunehmenden Anzahl von Sinnesorganen für die irdische Umgebung. Für diese irdische Umgebung entwickelte der Mensch dann ein neues Bewußtsein. Ebensoviele Male drohte dadurch eine Deformation aufzutreten.

Wir können das Tierreich nun in einer ganz neuen Weise anschauen und begreifen. Es zeigt immer das Bild einer Evolution, die das Tier jedoch selber nicht durchmacht. Nur der Mensch ist evoluiert! Darum können wir an den Tieren, so wie sie im Laufe der Erdenentwicklung erschienen sind, tatsächlich ablesen, was sich in der menschlichen Entwicklung abgespielt hat. Ich charakterisierte das Tierreich als ein Sich-Wandeln vom Offenen zum Geschlossenen, vom Äußeren zum Inneren, vom Unabhängigen zum Abhängigen. Nun kann ich diese erarbeiteten Begriffe gebrauchen, um eine neue Beziehung zur Entwicklung des Menschenwesens selber zu bekommen, die in der „Geheimwissenschaft im Umriß“ näher beschrieben wird.

Obwohl später noch mehr über den Unterschied gesagt werden soll, der zwischen der Tiergestalt in ihrer ursprünglichen und in ihrer jetzigen Form besteht, wird doch jetzt schon begreiflich, daß die höchsten Tiere (die im Diagramm also zuletzt abgezweigt werden), am meisten Ähnlichkeit mit dem Menschen haben. Ich darf hier an die Einteilung des Tierreiches in Pflanzen–Tiere, Tier–Tiere und Menschen–Tiere erinnern.

Als ich versuchte, das Tierreich zu charakterisieren, habe ich die Einseitigkeit des Tierwesens sehr stark betont. Wenn ich die Frage des *Warum* der Entstehung des Tierreiches wieder aufgreife, können wir verstehen, daß jetzt der Augenblick gekommen ist, darauf eine Antwort zu geben. Sie muß lauten: Das Tier ist die *Verkörperung eines Begierdenüberschusses, der sonst für den Menschen ein Hindernis in seiner Evolution geworden wäre.* Das wirft ein neues Licht auf die Aussage: Tiere *sind* Begierden, der Mensch *hat* Begierden.

Diese Ausdrücke weisen aber darauf hin, daß auch der Mensch die Begierden noch in sich hat und daß er durch die Entstehung des Tierreiches nur von einem Übermaß befreit wurde, das seine weitere Evolution verhindert hätte.

Weshalb hätte er sich dann nicht weiterentwickeln können? Um diese Frage beantworten zu können, müssen wir uns zuerst wieder an den Unterschied zwischen Mensch und Tier erinnern. Der Mensch ist ein Wesen, welches sich aufrichtet, welches spricht und denkt. Das war nicht nur als eine „Meinung" hingestellt. Für die Beurteilung der Tatsache, daß der Tierkörper in bezug auf die Menschenform eine Deformation bedeutet, ist nur ein unbefangener Blick nötig. In der gegenwärtigen Zeit, in der das Wort Diskriminierung eine so große Bedeutung bekommen hat, hört man gegenüber dem eben ausgesprochenen Gedanken immer wieder: Was bildest du dir ein, wie kommst du dazu, das Tier als eine Deformation anzusehen? Im gleichen Augenblick beginnen die Emotionen aufzuwallen, die eine ruhige Beurteilung prinzipiell unmöglich machen. Als ob dieses Wort Deformation auch nur das geringste mit dem Begriff der Disqualifikation zu tun hätte! Die Schönheit dessen, was im ganzen Tierreich zu sehen ist, wird dadurch keinen Augenblick in Frage gestellt, ganz im Gegenteil! Wir werden sehen, daß die objektive Beurteilung einer Reihe von Phänomenen sich zu einer Ganzheit vereinen läßt, die die Idee von der Evolution auf eine unendlich viel höhere Ebene hebt, als es jetzt der Fall ist.

Ich hoffe, es ist deutlich geworden, was mit dem Wort Deformation gemeint ist.* Der Gebrauch dieses Wortes ist nicht von der Tatsache zu trennen, daß das Tier im Naturreich dem Menschen am nächsten steht. Nicht umsonst pflegt man zu sagen: Der Mensch ist ein Tier. Gerade die große Ähnlichkeit zwischen Mensch und Tier führte zu den heftigsten Versuchen, den Unterschied zwischen Mensch und Tier zu nivellieren. Da muß man wohl blind werden für alles, was wirklich menschlich am Menschen ist und was ihm nicht gestattet, sich bestialisch zu benehmen!

Denn es ist deutlich: Der Mensch hat das Tierische noch tief in sich. Er äußert das auch andauernd, wenn er unter gewissen Umständen seine Mitmenschen in bestimmter Weise charakterisiert. Ich weise auf die vielen Ausdrücke hin, die er dafür gebraucht: Affe, Rind, Hund, Esel, Schafskopf, Schwein, Ferkel, Katze usw.: Das waren die Säugetiere. – Bei den Vögeln sind Ente, Gans, Papagei, Huhn und Aasgeier die bekanntesten Ausdrücke. – Unter den Kriechtieren wird die Schlange (eventuell die Viper) am meisten gebraucht. Der Ausdruck Krokodilstränen ist weniger durchsichtig in dieser Hinsicht. Bei den Lurchen kennen wir die Ausdrücke: plumper Frosch, aufgeblasene Kröte und ähnliches. Bei den Fischen hört man: so glatt wie ein Aal, stumm wie ein Fisch. Die Insekten sind ziemlich reichlich vertreten: spinnefeind sein, so arbeitsam wie eine Ameise, bienenfleißig, ein Leben führen wie die Made im Speck. Bei den Weichtieren hat man den Ausdruck: Schnekkengang. Bei den niederen Tieren sind die Ausdrücke etwas weniger spezifisch, doch man sollte nicht das schlimmste holländische Schimpfwort vergessen: Qualle! Was so viel wie Ekel heißt.

Ist es nicht auffallend, was für ein großer Teil des Tierreiches angesprochen wird, der doch wohl „zum Tier im Menschen" in Beziehung steht?

Ich möchte hier nochmals die Bemerkung auf S. 87 erwähnen, wo vom Menschen gesagt wurde, er wäre „klein in einer

---

* Deformation heißt nichts anderes als Gestaltveränderung.

großen Umgebung". Dort wurde aber auch gesagt, daß dieses nicht immer gilt. Man verdeutliche sich nur die Ausdrücke: einen großen Bogen um einen Menschen machen müssen, auf großem Fuße leben.

Jetzt wird es noch deutlicher: Tiere *sind*, was Menschen *haben*. Man könnte das auf eine etwas humoristische Weise erläutern. Wenn ich einen Menschen als Schwein bezeichne, wird er verständlicherweise sehr beleidigt sein. Wenn ich aber zu einem Schwein „Schwein" sage, würde es – wenn es sprechen könnte – antworten: „Ja, bitte?"

Das Tier ist also von Anfang an der Erdenverdichtung gefolgt. Der Mensch wurde von einem von außen kommenden Einfluß davon abgehalten. Die Worte „Propulsion" und „Retardation" werden also auf einen Einfluß der schaffenden Wesen zurückgeführt. Man begreift dann auch, daß Lamarck und Darwin mit ihren Anpassungstheorien von der rätselhaften Einheit von Tier und Umgebung durchdrungen waren. Die Frage, der sie jedoch aus dem Wege gingen, lautet: Wie war das Tier *vor* seiner Anpassung? Darüber wurde schon gesprochen: Das Tier war von Anfang an angepaßt, und zwar vollkommen. Die bei den prähistorischen Formen zu beobachtenden Veränderungen sind Antworten auf Veränderungen der *Umgebung*.

Damit kann aber noch nicht die Entstehung einer neuen Tierart erklärt werden. Dazu müßte man begreifen, wie eine neue Begierde im Tier entstehen kann! Dann würde der Gedanke, daß die Tierform dadurch eine ganz andere werden müßte, Hand und Fuß haben.

Meines Erachtens fühlte das Lamarck, als er die Anstrengung des Tieres, das etwas erreichen will, als den Ausgangspunkt der Evolution ansah. Von ihm kommt die folgende Geschichte: Ein Mensch, der lange genug auf einer Insel leben würde und von dort wegfliegen will, würde schließlich Flügel bekommen. Das „Wie" bleibt aber völlig im dunkeln.

Zuletzt möchte ich noch auf die Beschreibung der Menschengestalt zurückgreifen, neben der des Tieres, wo in Verbindung mit dem aufrechten Gang auch von seinen Sprach- und Denkfähigkeiten die Rede war. Das bedeutet auch, daß die menschliche Gestalt von einer dreifachen Erdenverbundenheit befreit werden *mußte*, um ein Instrument für den Geist werden zu können. Das ist der Grund, weshalb allein der Mensch seine Triebe, ohne sie jedoch zu verlieren, in eine andere Richtung lenken kann. Es wäre gut, hier noch einmal den Erdentrieb dem Geisttrieb gegenüberzustellen!

Die Frage liegt auf der Hand: Wie war das Tier, wie müssen wir es uns vorstellen, als es sich vom Menschlichen (d. h. von der schrägen Linie der menschlichen Evolution – siehe das Schema auf S. 134) entfernte? Nicht umsonst sind in diesem Schema die absteigenden Linien schwach bzw. punktiert gezeichnet. Dazu muß gesagt werden, daß dieser Vorgang sich in einem Medium abgespielt hat, welches niemals einen „Abdruck" hat hinterlassen können. Die Tierformen, wie wir sie jetzt haben, sind daraus erst nach langen Zeiträumen entstanden und haben sich dann auch weiterhin selbständig entwikkelt. Der Mensch hat also früher niemals „so" (wie ein Menschenaffe) ausgesehen! Um einen Begriff zu bekommen von der Bildung der jetzigen Tierformen aus der ursprünglichen ersten „Abzweigung" heraus können die Gesetze von Lamarck und Darwin herangezogen werden. Im Kapitel „Die zwölf Tiergruppen, schaffende Phantasie in der Natur" komme ich auf dieses Thema zurück.

Die dritte Frage auf S. 71 lautete: *Wodurch* ist das Tier entstanden? In der „Geheimwissenschaft im Umriß" wird die Schöpfung des Tierreiches als die Tat von ganz besonderen schaffenden Wesen beschrieben, die damit gleichzeitig die Aufgabe übernahmen, das Tierreich zu erhalten. Die Folge war, daß diese Wesen sich damit von der weiteren Evolution ausgeschlossen haben. Wir begegnen hier zum erstenmal einer Aktivität, die ohne weiteres als „Opfer" charakterisiert werden darf. Das Tierreich bekommt dadurch die Bedeutung eines Opfers, das von geistigen Wesen gebracht wurde, um dem werdenden Menschen die Möglichkeit zu geben, Mensch zu werden. In diesem letzten Satz wird mit wenigen Worten etwas gesagt, das auf Geschehnisse in der schaffenden Welt hindeutet, die in der „Geheimwissenschaft im Umriß" viele Seiten in Anspruch nehmen. Am Ende der Besprechung über die Evolution, wenn auch für Pflanzen- und Mineralreich übereinstimmende Bilder gefunden worden sind, soll darauf näher eingegangen werden.

Vor der Ausarbeitung dieses Gedankenganges hinsichtlich der anderen Naturreiche ist es gut zu versuchen, eine Einsicht zu gewinnen, inwiefern diese Gedanken über die Entstehung des Naturreiches in der Lage sind, die auf S. 150 erwähnten Probleme und Fragen zu beantworten.

1. An Bolks Schema war ohne weiteres abzulesen, warum die früher entstandenen Tiere immer noch da sind, was in Übereinstimmung ist mit dem Gedanken, daß keine Evolution im Tierreich selber stattfand.
2. Die ganze Tierwerdung und auch die übrige Evolution spielte sich in einem materiellen Zustand ab, den wir als eine Verdichtung von Luft zu Erde bezeichnet haben. Dadurch wird auch verständlicher, daß die Luft-, Wasser- und Landtiere als mögliche Zeugen früherer Phasen der Erdenentwicklung betrachtet werden können.
3. Die Entstehung der prähistorischen Tiere muß im Zusammenhang gesehen werden mit dem evoluierenden Menschenwesen.
4. Die Antwort auf die Frage der alten Dame kann jetzt wie folgt lauten: „Gott" hat das „furchtbare" Tierreich geschaffen, um den Menschen „Mensch" werden lassen zu können.

Hinsichtlich des (verhöhnten) Grundgesetzes von Haeckel, der Entdeckung Blechschmidts und der Retardationstheorie von Bolk können jetzt noch drei weitere Punkte hinzugefügt werden:

5. Alles, was vor der prähistorischen Tierform existierte, kann niemals einen materiellen Abdruck hinterlassen haben. Selbst unsere heute bekannten prähistorischen Funde finden wir in einem härteren und materielleren Zustand, als sie ursprünglich waren.

   Es ist also möglich, von jeder Tierart drei Perioden anzugeben: von A-a", noch im Schoße der menschlichen Evolution selber; von a"-a' als Teil der eigentlichen Tierwerdung, die noch keine Abdrücke hinterlassen konnte; von a'-a als prähistorische Form.

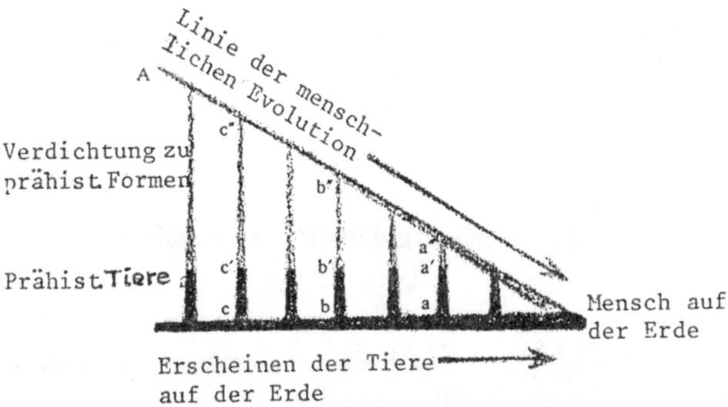

6. In einem ganz besonderen Licht erscheint jetzt die Schlußfolgerung Blechschmidts, von der wir sagen möchten, daß sie in einer vollkommenen Übereinstimmung mit dem gefundenen Schema ist: Die menschliche Linie geht vom Anfang bis zum Ende ihren eigenen Weg. „Der Mensch war niemals ein Tier."
7. Bei der Retardationstheorie von Bolk wurde bemerkt, daß Bolk zwei Dinge nicht wissen konnte: *wie* die Evolution sich abgespielt hat und *woher* das Tierreich seine Propulsivität bekommen hat. Das *Wie* betreffend muß wieder darauf hingewiesen werden, daß sich die Evolution in sich verdichtender Materie abgespielt hat. Wir können sogar sagen: Als die Erde so wurde, wie sie jetzt ist, war die Evolution schon abgeschlossen!

   Die Frage nach dem *Warum* der Entstehung des Tierreiches (worauf Bolk keine Antwort zugeben wußte), wurde durch das vorher Geschriebene in befriedigender Weise beantwortet.

Der Zeitpunkt, an dem die Erde wirklich fest wurde, d. h. an dem der Zustand entstand, den wir in der Elementenlehre als

„Erde“ bezeichnen (siehe Schema S. 171), soll im XV. Kapitel „Rätsel der Materie“ besprochen werden.

Jetzt muß erklärt werden, warum die Tiere ein Bild zeigen von:

offen	→ geschlossen
abhängig	→ unabhängig
äußerlich	→ innerlich

Die Entstehung des Pflanzenreiches

Wir wenden uns jetzt dem Pflanzenreich zu. Es ist die Frage zu stellen, ob auch hier etwas Ähnliches stattgefunden hat, d. h., ob die Erschaffung des Pflanzenreiches in derselben Weise das werdende Menschenwesen „entlastete“, wie das beim Tierreich gezeigt wurde. Beim Tierreich ging es um einen Begierdenüberschuß. Wir könnten fragen, ob uns auch das Pflanzenreich von einem bestimmten Übermaß befreit hat, das einer weiteren Entwicklung im Weg gestanden hätte.

Wir haben es hier nicht mehr mit Begierden zu tun. Wir befinden uns beim Übergang vom Tier zur Pflanze in einer ganz anderen Sphäre. Nicht umsonst wurde die Bemerkung der alten Dame im Hinblick auf das „schreckliche“ Tierreich erwähnt. Für Pflanzen- und Mineralreich kann man natürlich niemals einen derartigen Ausdruck verwenden, jedenfalls nicht in dem von ihr gemeinten Sinne. Es ist jedoch gar nicht so schwer, im Pflanzenreich etwas im Übermaß zu finden, das beim Menschen nur reduziert vorhanden ist: Wir können dieses „Etwas“ mit dem Wort „Vitalität“ umschreiben.

In der heutigen Zeit ist es natürlich nicht einfach, von diesem Wort eine Definition zu geben. Doch in diesem Gebiet gibt es Phänomene in Hülle und Fülle. Hier geht es um eine körperliche Vitalität, um eine Entfaltungskraft des körperlichen Lebens. Im Vergleich der Naturreiche wurde das Pflanzenreich als „Körper und Leben“ beschrieben.

Was ist Leben? Vom Leben können wir nahezu ebensowenig

eine Definition geben, wie das im Hinblick auf die Seele der Fall sein konnte. Erscheinungen, die zeigen, was mit Leben gemeint ist, gibt es genügend; besonders wenn es um ein Übermaß an Lebenskraft im Körperlichen geht. Wir brauchen nur an eine frisch gemähte Wiese zu denken. Der intensive und besondere Geruch wird jedem bekannt sein; aber auch, daß so eine Wiese mit unvorstellbarer Schnelligkeit wieder zu wachsen beginnt. Jeder, der mit Pflanzen umgeht, weiß, daß beschnittene Pflanzen eher mehr als weniger Wachstumskraft entwickeln. Man könnte das Paradoxon aussprechen: Das Gras verlangt danach, gemäht zu werden, um erneut wachsen zu können.

Das ist einer der Gründe, weshalb eine Pflanze lebt. Dort, wo eine Pflanze in der Blüte aufhört zu wachsen, wirken schon andere Gesetze. Die grüne und vitale Pflanze hat immer die Tendenz weiter zu wachsen.

Bei Tier und Mensch sehen wir deutlich, wie das Wachstum verhältnismäßig beschränkt ist. Es ist auch nicht schwer zu begreifen, daß das in Beziehung steht mit einem neuen Element, wir nannten es Seele, das hier mitspielt. Wir können sogar sagen: Das Seelenleben kann sich nur dort offenbaren, wo die Vitalität in bestimmten Grenzen bleibt.

Auch hier ist es übrigens interessant, noch einmal an die Einteilung des Tierreichs in Pflanzen-Tiere, Tier-Tiere und Menschen-Tiere zu denken. Bei den Pflanzen finden wir eine große „Offenheit", ein völliges Verbundensein mit der Umgebung. Wir brauchen nur an die Tatsache zu denken, daß die Mineralien, das Wasser, die Luft, das Licht und die Wärme von außen durch die Pflanze aufgenommen werden oder sie beeinflussen können über ihre Oberfläche. Das macht es auch verständlich, daß eine Pflanze so stark an die Jahreszeit gebunden ist. Bei den Pflanzen-Tieren fanden wir die Eigenschaften offen, äußerlich und abhängig. Es ist deutlich, daß die Pflanzen diese Eigenschaften in noch viel größerem Ausmaße besitzen als die niederen Tiere, wo immer wir ihnen begegnen.

Gleichzeitig fanden wir bei den Pflanzen-Tieren eine Eigenschaft, die direkt mit der Vitalität der Pflanzen zu vergleichen ist: Ihre ganz besonders starke Fortpflanzungskraft. Sie zeigt sich besonders in all dem, was wir an Regenerationsvermögen bei den niederen Tieren finden.

Wir haben also die Möglichkeit gefunden, für die Entstehung des Pflanzenreichs einen ähnlichen Hintergrund zu entdecken, wie das auch für das Tierreich geschehen konnte: Das Pflanzenreich ist die *Verkörperung eines Übermaßes an Vitalität, welche einer weiteren Evolution des Menschen im Wege gestanden hätte.* Selbstverständlich hat sich diese Abspaltung in einer noch „dünneren", weniger verdichteten Phase der Erdentwicklung abgespielt, als es bei der Entstehung des Tierreiches der Fall war.

Auch für die Erschaffung des Pflanzenreiches gilt, daß wir es mit einem Teil der geistigen Welt zu tun haben, der dieses Reich geschaffen hat und auch weiter erhalten muß. Wir begegnen demselben Prinzip wie beim Tier: Wesen opferten ihre Evolutionsmöglichkeit, um dem Menschen die Weiterentwicklung zu ermöglichen.

Wie wir bei der abschließenden Beschreibung des Tierreichs entdeckten, daß im menschlichen Seelenleben das Tierische immer noch vorhanden ist, so können wir etwas Ähnliches bezüglich der Entstehung des Pflanzenreiches erkennen. Wir haben gesehen, daß dieses Reich die Verkörperung eines Übermaßes an Vitalität ist. Wir werden beim Menschen zuerst das Entsprechende zum Pflanzenreich aufsuchen müssen. Dieses Gebiet umfaßt alles, was man mit dem „lebenden Körper des Menschen" zu beschreiben pflegt. Was mit der menschlichen Form, Stoffwechsel usw. zusammenhängt, ist verwandt mit den Pflanzen. Es gibt eine geheimnisvolle Beziehung zwischen der Menschengestalt und der Pflanzengestalt. Ich will mich auf eine einfache Beschreibung beschränken und halte mich dabei an eine Pflanze, die Blüten hervorbringt: die vollkommenste Pflanzenform also.

Wenn wir uns die drei Teile einer Pflanze vor die Seele stellen, so sehen wir, daß das „Wurzelgebiet abgerundet, ruhig und kühl" ist; das Blütengebiet strahlend, veränderlich und mit der Wärme (der Sonne) verbunden. Das mittlere Stengelgebiet zeigt einen auffallenden Bau durch die rhythmische Wiederholung der Blattformen den Stengel entlang.

Betrachten wir jetzt die menschliche Gestalt: Auf der einen Seite finden wir den Kopf, „abgerundet, ruhig und kühl"; auf der anderen Seite das Gebiet des Stoffwechsels und der Gliedmaßen, strahlend, beweglich und warm; und in der Mitte haben wir einen Bau, der hauptsächlich durch die Wirbelsäule mit den Rippen und ihrer rhythmischen Wiederholung charakterisiert ist.

Etwas Ähnliches sehen wir im Lungenbau. Wenn wir diesen in seiner Ganzheit von oben nach unten betrachten, haben wir: Luftröhre, Bronchien, immer kleiner werdende Verästelungen der Bronchien, und schließlich die Lungenbläschen.

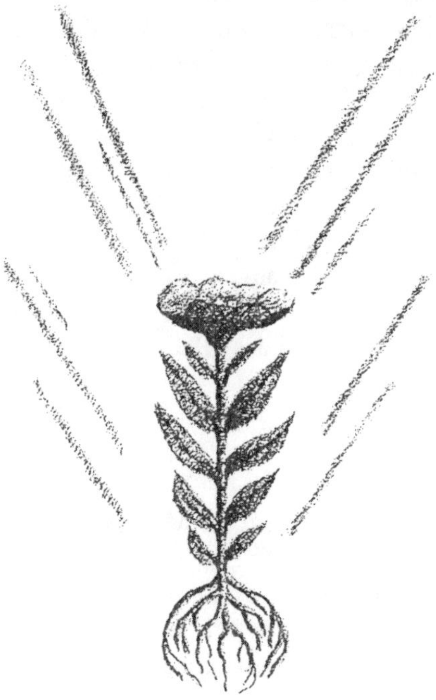

Schematisches Bild einer Pflanze

Das Ganze wird auch Bronchialbaum genannt. Der Vergleich mit einem Baum kann insofern gemacht werden, als die Reihenfolge – Luftröhre, Bronchien, Bronchiolen, Lungenbläschen – neben die Reihenfolge gestellt werden kann – Stamm, dicke Äste, Zweige, Blätter. Der Baum in der Natur ist ein materieller Baum in der Luft. Der Lungenbaum, der Bronchialbaum, ist ein „Luftbaum in der Materie". Der Bronchialbaum ist hauptsächlich rot, der Naturbaum ist hauptsächlich grün. In den Lungenbläschen wird Sauerstoff ein- und Kohlendioxyd ausgeatmet. In den Blättern des Baumes wird Sauerstoff aus- und Kohlendioxyd eingeatmet. Ich meine, daß dieser Vergleich, wie überraschend er auch sein mag, keineswegs übertrieben ist. „Bronchus" heißt „Ast".

Aber auch an anderen Stellen finden wir pflanzenähnliche Formen: im Bau der Nieren mit Mark und Rinde. Auch Ausdrücke wie Saat, Frucht, Befruchtung und Transplantation sprechen eine deutliche Sprache. Ist es nicht interessant, daß sogar in kleinen Organen wie in unseren Zähnen die Pflanzenstruktur fast völlig „verborgen" in Wurzel und Krone noch zu finden ist?

Wie wir in der menschlichen Seele Eigenschaften gefunden haben, die mit Tiernamen angedeutet werden können, so können wir jetzt sehen, ob im Menschen etwas zu finden ist, das sich in ähnlicher Weise auf das Pflanzenreich bezieht. Dem begegnen wir in Redensarten wie: Bohnenstange, Kartoffelnase, Blumenkohlohr usw.

Die Entstehung des Mineralreiches

Beim Mineralreich dürfen wir nicht übersehen, daß die ganze Evolution, insofern wir uns davon eine Vorstellung machen können, sich zwar im „Schlosse der geistigen Wesen" abspielte, zugleich aber auch im Gebiet der Materie, mit der Wärme als Ausgangspunkt. Diese Materie zeigte von Anfang an eine Verdichtungstendenz. Die Reihenfolge Wärme, Luft, Wasser und Erde spricht das aus.

Ohne auf Feinheiten einzugehen, die mit der gegenwärtigen Auffassung der materiellen Strukturen zusammenhängen, können wir einsehen, daß der mineralische Körper unendlich viel dichter ist als bei Pflanzen, Tieren und Menschen.

Die beschriebene Vitalität der Pflanze wird nur durch eine bestimmte Plastizität oder Geschmeidigkeit des Gewebes ermöglicht. Die Folge dieses Gedankens könnte sein, daß das Mineralreich ein Bild von der Neigung zur Verdichtung und Verhärtung ist, die dem Wesen der Materie offensichtlich zu eigen ist und als solche nicht in der Lage war, das Element „Leben“ in sich aufzunehmen. Mit anderen Worten: Durch die Entstehung des Mineralreiches wurde für den werdenden Menschen die Aufnahme des Lebens möglich. *Das Mineralreich befreite den evoluierenden Menschen von seiner zu schnellen Verdichtungstendenz.* Daß wir es auch hier wieder mit geistigen Wesen zu tun haben, die ein Opfer brachten, ist eine selbstverständliche Konsequenz.

Die Bemerkungen über die Entstehung des Pflanzen- und des Mineralreichs werden uns stärker ansprechen, wenn wir uns auf die Bedeutung dieser beiden Reiche im täglichen Leben besinnen. Im ersten Kapitel wurde gesagt, daß das Pflanzenreich unsere Lebensquelle ist und das Mineralreich dem Menschen die Möglichkeit gibt, sich aufrecht zu halten, sich zu behaupten. Es sollte nicht schwer sein, das eine mit dem anderen zu verbinden.

Ebenso wie wir Verwandtschaften zwischen Tier- und Pflanzenreich und Seelenleben und körperlichen Eigenschaften des Menschen gefunden haben, so können wir auch ähnliches im Hinblick auf das Mineralreich zu finden suchen. Hier können wir auf Redewendungen hinweisen wie: ein felsenfestes Vertrauen; ein Glaube, der Berge versetzt; ein eiserner Wille; ein stählerner Blick; ein Herz von Gold. Es gibt auch negative Redensarten wie: ein Herz wie Stein; mit bleiernen Füßen usw. Wir können an die Rolle denken, die das Skelett für das Selbstbewußtsein des Menschen spielt.

Der aufmerksame Leser wird bemerkt haben, daß ich mich in der Aufstellung des (hypothetischen) Schemas auf S. 171

schon von den eben ausgesprochenen Gedanken führen ließ. Wie kommt ein Mensch zu seinen Hypothesen und Gedanken? Sie entstehen im Laufe seines Lebens in der Verbindung mit Erfahrungen auf allerlei Gebieten. Daß ich zu diesen Erfahrungen auch den Inhalt der Anthroposophie rechne, insofern ich ihn kenne, das versteht sich von selbst. Ich habe nur die Pflicht, über eines zu wachen: nirgends eine Bemerkung von Rudolf Steiner als dogmatischen Ausgangspunkt zu nehmen. Wenn ich am Anfang dieses Buches den Evolutionisten und den Kreationisten ihre dogmatische Haltung vorwarf, so darf ich nicht in denselben Fehler verfallen.

Man muß versuchen, die Mitteilungen, wie sie hier aus der „Geheimwissenschaft im Umriß“ gemacht werden, objektiv anzufassen und sich zu fragen, ob sie einem etwas sagen (bilden sie ein logisches Ganzes?), ob sie uns etwas geben (Freude?) und ob wir etwas damit anfangen können (damit leben können). Welche Bedeutung haben diese Mitteilungen im Hinblick auf die Problematik, in der wir jetzt stecken? Hier erscheint die Wichtigkeit jener Aussage, daß der Ursprung einer Handlung oder eines Geschehens niemals sicherer nachgewiesen werden kann, als wenn wir von einem Wesen, das ebenfalls über Selbsterkenntnis verfügt, erfahren können, daß es etwas selber getan hat. Dieser Gedanke mag auf den ersten Blick etwas phantastisch erscheinen. Ich möchte aber doch den Leser dazu einladen, diesen Gedanken auf seinen wesentlichen Wert hin zu untersuchen. Daß geistige Wesen miteinander sprechen und geistige Wirklichkeiten austauschen, ist eine alltägliche Erfahrung: namentlich, wenn zwei Menschen miteinander sprechen!

Das „Opfer“ sämtlicher Naturreiche

Der traditionelle Evolutionsgedanke im Tierreich stützt sich in erster Linie auf den Eindruck von einer Reihenfolge der Tierarten, wie sie im Lauf der Zeit erschienen sind und als „niedere“ und „höhere“ Tiere charakterisiert werden. Das ist aber auch das Gebiet, auf das die Evolutionisten sich mit aller Energie geworfen haben in der Absicht, plausibel zu machen, wie eine Tierart sich in eine „höhere" hätte verwandelt haben können.

Wir kennen auch niedere und höhere Pflanzen, frühere und spätere. Die Reihenfolge von Pilzen über Algen, Flechten, Moose, Farne, Schachtelhalme, Nadelbäume (Nacktsamer), ein- und zweikeimblättrige Pflanzen (Bedecktsamige), wobei erst die echten Blumen erscheinen, zeigt in einem prächtigen Bild, wie sich eine niedere Pflanze zu einer höheren entwickelt haben soll. Mit diesem Punkt haben sich nur sehr wenige Botaniker befaßt. Er bleibt als Fragezeichen stehen.

Selbstverständlich fällt auch diese Frage durch die beschriebene Lösung der Evolutionsfrage weg. Wir müssen uns aber vorstellen, daß der Mensch auch in seiner Pflanzenphase eine Entwicklung durchmachte, die sich in der Reihenfolge von den niederen bis zu den höheren Pflanzen widerspiegelt.

Ich fragte mich schon, ob nicht auch in der mineralischen Phase ein solches Prinzip zu finden ist. In dieser Beziehung sollte man dann nicht nach (niederen und höheren) *Formen* suchen wie bei den Pflanzen und Tieren, sondern nach *Eigenschaften.* Für die Entwicklung des Mineralreichs können nicht so ohne weiteres Begriffe wie „nieder" und „höher" herangezogen werden. Es ist deutlich, daß die fortschreitende Evolution des Menschen Hand in Hand ging mit einer Verdichtung auf dem Gebiet der Materie: Von Wärme zu Luft, zu Wasser und Erde. Die Materie wurde dabei immer mehr „verlassen". Auch das kann nur als eine Tätigkeit von „Wesen" aufgefaßt werden.

Damit wurde in groben Zügen ein Bild von dem gezeichnet, was sich während der Entstehung der Naturreiche in der menschlichen Evolution abgespielt hat. Dreimal ging es um eine Tätigkeit von geistigen Wesen; eine Tätigkeit, die gleichzeitig ein „Opfer" war. Das ist eine Antwort auf die Frage, *wodurch* sich die Evolution hat abspielen können. An die Aktivität, von der hier die Rede ist, werden wir noch erinnert, wenn wir an dasjenige denken, was sich jetzt noch im Mineral, in Pflanze und Tier abspielt. Darüber wurde am Anfang dieses Buches gesprochen.

Wir können das Ganze in folgender Weise wiederholen:

Durch die Entstehung des Mineralreiches konnte der sich entwickelnde Mensch von der mineralischen Phase zur Pflanzenphase übergehen.

Die Entstehung des Pflanzenreiches ermöglichte dem Menschen den Übergang von der Pflanzenphase zur Tierphase.

Durch die Entstehung des Tierreiches wurde es für den Menschen möglich, nach seiner Tierphase Mensch zu werden.

Um Mißverständnissen zuvorzukommen, muß ich hier eine Bemerkung machen. Es wurde ständig mit einer bestimmten Selbstverständlichkeit von „Naturreichen" gesprochen. Im Hinblick auf den Menschen sollte aber die Individualität im Vordergrund stehen. Darauf wurde im sechsten Kapitel „Der Mensch neben dem Tier" schon ausdrücklich hingewiesen. Gleichzeitig wurde gesagt, es sei falsch zu denken, daß – wenn von Tieren und Menschen gesprochen wird – man einen Menschen mit einem Tier vergleichen kann. Daß man dieses bei den höheren Tieren manchmal tut, ist bekannt und auch begreiflich. Die in diesem Buch entwickelte Anschauung vom Tierreich läßt jedoch deutlich erkennen, daß hierüber in einer völlig anderen Weise gedacht wird.

Vielleicht ist es gut, nochmals auf die Reihenfolge Mineral – Pflanze – Tier – Mensch zurückzukommen (in ihrer Beziehung) mit den Entsprechungen: Körper; Körper und Leben; Körper, Leben und Seele; Körper, Leben, Seele und Geist. Wir müssen jetzt hinzufügen: Obwohl der Mensch sich vom Tier durch seinen Geist unterscheidet, heißt das nicht, daß die Tiere keinen Geist haben. Wenn Tiere jedoch einen Geist haben, so bleibt dieser in der schaffenden Welt; er ist nicht „hier".

In der „Geheimwissenschaft im Umriß" wird von Gruppenwesen der Tiere gesprochen, welche nicht auf Erden erscheinen. Schließlich gilt, daß auch beim Mineralreich von Leben, Seele und Geist gesprochen werden kann. Davon ist aber nur der physische Körper „hier" auf Erden anwesend. Nur vom Menschen kann gesagt werden, daß er völlig *hier* ist. Das ist übereinstimmend mit der bereits ausgesprochenen Erfahrung, daß auf Erden nur der Mensch ein schaffendes Wesen ist.

In dem Augenblick, wo solche Dinge gesagt und niedergeschrieben werden, entsteht eine Situation, in der nicht nur unser Erkenntnisdrang angesprochen wird. Für viele wird deutlich sein, daß das Gebiet der nüchternen Fakten sich hier mit Qualitäten unserer ganzen Menschlichkeit verbindet, wodurch eine ganz neue *Haltung* gegenüber den Naturreichen geboren werden kann. Ich meine eine Haltung der Dankbarkeit.

Natürlich gilt auch hier, daß eine solche Behauptung vorläufig nur für den von Wert ist, der sie ausspricht. In der sogenannten objektiven Wissenschaft wird angestrebt, Dinge festzustellen und auszusprechen, die für jedermann gelten; von denen man sagen kann, daß jeder Mensch mit einem logischen Denkvermögen zum gleichen Schluß kommen muß. Das gilt unter anderem für die Mathematik; hier existieren keine Meinungen.

Auf dem Gebiet, mit dem wir es hier zu tun haben, gibt es, vom wissenschaftlichen Standpunkt gesehen, fast *nur* Meinungen. Obgleich ganz andere Elemente in unserer Seele angesprochen wurden, als es beim Erwerben von exaktem Wissen der Fall ist, bedeutet das nicht, daß keine Übereinstimmung der Einsichten entstehen kann. Das ist jedoch nur dann möglich, wenn jeder Mensch individuell bis zum Wesentlichen der Tatsachen durchdringt oder wenn man durch das Gewordene mit dem Werdenden in Verbindung tritt. Diese Möglichkeit besteht deshalb, weil „werden" etwas ausdrückt, was genausogut in unserer Erfahrung liegt wie die exakten Fakten.

Wir wissen aus eigener Erfahrung, wie Formen zustande kommen. Wir sind wieder beim Begriff „schaffen" angekommen. Auch hier können wir wieder sagen, wenn wir die Mitteilungen aus der Schrift „Geheimwissenschaft im Umriß" berücksichtigen, daß wir innerlich nachvollziehen können, was sich in den Naturreichen abgespielt hat. Wir übernehmen diese Tatsachen nicht ohne weiteres. Wir glauben sie auch nicht. Wir hören sie an, und wir müssen den Mut aufbringen, sie auf ihren eigenen Wert hin zu prüfen. Ob und wie wir dann zur Übereinstimmung gelangen, muß die Erfahrung zeigen. Diese Erfahrung spielt sich in einem der schönsten Gebiete des menschlichen Zusammenlebens ab: im Gespräch. Es braucht sich nicht immer in der Form von gesprochenen Worten abzuspielen. Auch im geschriebenen Wort ist das möglich. Man kann mit jemandem einen Briefwechsel führen. Auch das Lesen eines Buches kann den Wert eines Gesprächs bekommen. Die Voraussetzung ist, daß das Gespräch, der Briefwechsel oder das Buch niemals eine Überzeugung aufdrängen will. Das bedeutet nicht, daß man selber keine Überzeugung haben soll. Es bedeutet auch nicht, daß man etwas nicht mit Begeisterung aussprechen darf. Der Ursprung der Haltung, die hier gemeint ist, liegt viel tiefer und läßt sich am besten mit den Worten bezeichnen: den anderen frei lassen. Das sollte in jeder Form des Gespräches so sein.

Wir können jetzt unseren Gedankengang fortsetzen und fragen: Ist diese Dankbarkeit, von der gesprochen wurde, Allgemeingut? Zeigen die Menschen diese Dankbarkeit in der einen oder anderen Weise? Bei einzelnen wird das bestimmt oft der Fall sein. Im allgemeinen kann man nur sagen, daß die Menschheit während des Fortschreitens der sogenannten Zivilisation diese Haltung aus den Augen verloren hat. Daß es sie sicher einmal gab, sehen wir unter anderem an der Tatsache, daß in Tibet jahrhundertelang die Gewohnheit herrschte, die Ackererde nur mit den Händen umzugraben, um ja nie einen Wurm zu verletzen. Wir begegnen dieser Haltung noch bei einzelnen „unzivilisierten" Völkern, wo man beim Töten eines Tieres nicht vergißt ein – sei es auch nur symbolisches – Sühneopfer für den „Geist des Tieres" darzubringen.

Auch im Landbau vom alten Schlag, in der Befolgung von Gesetzen, die beim Anbau der Nahrungspflanzen beachtet werden müssen, begegnet man noch einem Gefühl des Respekts. Hinsichtlich der Freude, die Menschen beim Genießen einer Blumenpracht und beim Gärtnern entwickeln, gilt etwas Ähnliches.

Kommen wir nun zum Mineralreich, so begegnen wir noch oft dem bekannten Enthusiasmus, wenn wir es mit einem „echten" Metall zu tun haben, was leider heutzutage immer seltener der Fall ist. Dann kennt auch jeder die manchmal fast ehrfürchtige Bewunderung von Kristallen und ihrem Bau.

All dem steht gegenüber, daß in den letzten hundert Jahren eine völlig andere Haltung hinsichtlich der Naturreiche entstanden ist. (Daß die Wirtschaft hierbei eine große Rolle spielt, will ich nur nebenbei bemerken.) Ich meine das Quälen der Tiere, den Pflanzen Gewalt antun und das Verschwenden von Mineralstoffen. Man kann natürlich andere Worte finden, aber diese sprechen aus, was hier gemeint ist.

Bei der Tierquälerei braucht man nicht nur an all das zu denken, was mit der Vivisektion zusammenhängt, sondern auch an die Legebatterien für Hühner, an die engen Ferkel- und Kälberställe, wobei nur ökonomische Maßstäbe gelten. Es geht hier nicht darum, durch diese Beispiele bestimmte Gefühle hervorzurufen, deren Ziel es nur ist, eine gewisse Stimmung zu schaffen. Wenn ich hinsichtlich dessen, was in der Welt auch mit höheren Tieren gemacht wird, an die Tatsache erinnere, daß Tiere keine Schmerzen *haben*, sondern Schmerz *sind*, so spreche ich eine Einsicht aus, die uns zu einem bestimmten Urteil führt. Man sollte sich fragen, ob „Tierleid" faktisch nicht viel schlimmer ist, als wir denken; gerade weil das Tier diesem Schmerz nichts entgegenstellen kann.

Hier ist es nötig, eine Bemerkung in bezug auf das Problem der Vivisektion zu machen. Immer wieder hört man von Diskussionen zwischen Menschengruppen, in denen die einen nichts davon wissen wollen und glauben, daß es auch „ohne diese Tierversuche gehen würde", die anderen dagegen immer wieder nachdrücklich zeigen wollen, daß das Testen der gegenwärtigen Heilmittel ohne Tierversuche nicht möglich sei. Man vergißt für gewöhnlich, daß damit gleichzeitig die Überzeugung ausgesprochen wird, daß unsere gegenwärtige Heilkunde die richtige sei, daß man das Gefühl hat – nach jahrelangem, ja, jahrhundertelangem Suchen –, endlich entdeckt zu haben, welches die wahre Ursache der Krankheit ist und welches die wahre Behandlungsart sein muß. Ich meine, daß hier eine Schwachstelle ist.

Im Lauf der Geschichte gab es viele Momente, in denen man auf einem bestimmten Gebiet der Wissenschaft meinte, „es nun endlich erreicht zu haben". Es wäre ein Zeichen von Weisheit, wenn man sich immer vor Augen hielte, daß das menschliche Kulturleben sich in einer fortwährenden Entwicklung befindet und daß wir schon unzählige Male erlebt haben, wie wir im Begriff waren, Gefahr zu laufen, uns von dogmatischen Vorstellungen gefangen nehmen zu lassen. In meinem Buch „Krankheit als Segen – Heilung als Aufgabe" habe ich mich darüber ausführlich geäußert.

Wie auch immer, sollte man jemals in der Medizin von Tierversuchen absehen, so müßte sich die Medizin selber künftig in eine ganz andere Richtung entwickeln.

Wenn auch die gegenwärtige Medizin davon überzeugt ist, auf dem richtigen Weg zu sein und noch so begeistert ist von den erreichten Resultaten (was nur allzu verständlich ist), so kann man doch nicht leugnen, daß sich in ihr Gebiet Dinge eingeschlichen haben, die man mit den folgenden Worten bezeichnen muß: Quantität, Schnelligkeit und Gewalt. Wir können sagen, daß seit der Einführung von Kunstdünger im Landbau und seit der Bekämpfung der Pflanzenkrankheiten mit Pestiziden auch auf diesem Gebiet die „Gewalt" eingetreten ist. Die Erzeugung großer Quantitäten hat die Suche nach einer besseren Qualität weitgehend verdrängt. Hier geht es jedoch hauptsächlich darum, diese Fakten neben die Begriffe des „Opfers" und der „Dankbarkeit" zu stellen. Daß der Einfluß der Wirtschaft auf unser Handeln unverkennbar ist, wird wohl jeder auch an sich selber beobachten können.

Endlich will ich noch einen Blick auf die Haltung des Menschen dem Mineralreich gegenüber werfen, wobei das Wort Verschwendung schon erwähnt wurde. Es geht hier nicht nur um ein „Zuviel", sondern um die Tatsache, daß das Wort Verschwendung mit einem Mangel an Respekt eng verbunden ist. Ich könnte mir gut vorstellen, daß viele Menschen gegenwärtig mit dem Wort „Respekt"* dem Mineralreich gegenüber nicht

* Respekt = Rück-sicht

viel anfangen können. Ist es nicht denkbar, daß auch hier die Vorstellung, die ganze mineralische Welt sei nichts anderes als eine Quantität eigenschaftsloser Elementarteilchen, schuld daran ist?

Ist es nicht auffallend, daß die Gewalt auch ins Gebiet der materiellen Welt in hohem Maße eingedrungen ist? Das Bombardieren der Materie, um sie zu zwingen, ihre unvorstellbare Energie preiszugeben, spricht doch, in Verbindung mit dem soeben Gesagten (über den Umgang mit Tier- und Pflanzenreich), Bände!

Wir können das alles nicht aussprechen, ohne darauf zurückzukommen, daß die ersehnte Haltung erst in einem bestimmten Augenblick ihren Einzug in die Menschheit halten konnte. Das Besondere an dieser Haltung ist, daß sie ausschließlich vom Menschen selber abhängt. Wir sprechen hier von einer Zeit, in der der Mensch zum erstenmal kein geführtes Wesen mehr war und in der ein neues Element in ihm geboren wurde, das ich am besten als „das Gute" umschreiben kann.

Ich möchte für „das Gute" noch ein anderes Wort gebrauchen: das Christliche. Dieses Wort hat nichts mit Gottesdienst und Kirche zu tun. Damit ist etwas gemeint, das – zu dem Zeitpunkt, von dem eben gesprochen wurde – der ganzen Menschheit geschenkt wurde. Das bedeutet, daß der Mensch mit dieser Eigenschaft erst wirklich anfing, Mensch zu werden.

Damit wird auf ein besonderes Geschehen hingewiesen, welches in der Menschheitsgeschichte stattgefunden hat: das Geschehen in Palästina. Es lebt unter anderem im folgenden Gedicht von Christian Morgenstern. In diesem herrlichen Gedicht „Die Fußwaschung" hat er sowohl das Prinzip der Evolution, wie es hier beschrieben ist, als auch den Augenblick der Inkarnation des Christuswesens wiedergegeben:

„DIE FUSSWASCHUNG

Ich danke dir, du stummer Stein,
und neige mich zu dir hernieder:
Ich schulde dir mein Pflanzensein.

Ich danke euch, ihr Grund und Flor,
und bücke mich zu euch hernieder:
Ihr halft zum Tiere mir empor.

Ich danke euch, Stein, Kraut und Tier,
und beuge mich zu euch hernieder:
Ihr halft mir alle drei zu Mir.

Wir danken dir, du Menschenkind,
und lassen fromm uns vor dir nieder:
weil dadurch, daß du bist, wir sind.

Es dankt aus aller Gottheit Ein-
und aller Gottheit Vielfalt wieder.
In Dank verschlingt sich alles Sein."

In der heutigen Wissenschaft strebt man für gewöhnlich nach objektiven Tatsachen, von denen man sich erhofft, daß sie bleibende Gültigkeit haben. Dem möchte ich etwas ganz anderes entgegenstellen: Das in diesem Buch Gesagte hätte im vorigen Jahrhundert noch nicht gesagt werden können; vielleicht nicht einmal vor einem halben Jahrhundert, vielleicht auch nicht vor einem viertel Jahrhundert. Die Zeiten ändern sich, sie verändern sich schnell. Die menschliche Individualität steht an der Schwelle einer neuen Zeit. Nur so können wir begreifen, weshalb sich in der Welt diese dramatischen Dinge abspielen, die wir jetzt erleben. Sie sind nicht die Folge einer drastischen Verschlechterung der Menschheit, sondern sie wollen einen Anstoß dazu geben, daß die Menschen sich erneut auf ihren Ursprung und damit auf ihre Zukunft besinnen sollen.

Die gemachten Andeutungen können nun so miteinander verbunden werden, daß sie eine Frage zu beantworten versuchen, die noch nicht gestellt wurde. Diese Frage lautet: Wenn es wahr ist, daß geistige Reiche ein Opfer gebracht haben, um die menschliche Evolution zu ermöglichen, was könnte dann der Mensch – außer seiner Dankbarkeit – diesen noch entgegenbringen?

Darauf könnten nur Wesen antworten, die es betrifft, die zum Tierreich beziehungsweise Pflanzenreich und Mineralreich „gehören". Die Anthroposophie gibt uns über diese Antworten Auskunft. An uns ist es dann zu beurteilen, ob diese Antworten uns befriedigen. Die Voraussetzungen sollten durch das bisher Geschriebene geschaffen werden.

Wenn der Mensch für Pflanze, Tier und Mineral die richtigen Begriffe bildet, die richtige Dankbarkeit entwickelt und in der richtigen Weise mit ihnen umgeht, so bedeutet das für die betreffenden Wesen eine Befruchtung, durch die sie in den Strom der Evolution wieder aufgenommen werden können! Das ist kein hypothetischer Gedanke. Es ist eine Mitteilung aus einem Gebiet, zu dem wir direkt im Augenblick keinen Zugang haben, wohl aber erwerben können.

Wie müssen wir uns einer solchen Mitteilung gegenüber verhalten? Es liegt an uns, in Freiheit den Entschluß zu fassen: So will ich denken; denn das heißt für mich das Erleben einer Wirklichkeit, die allmählich erscheinen wird. Wir verfügen dann noch nicht über ein „Wissen", aber genauso, wie wir im täglichen Leben nach etwas greifen und damit zusammenhängend zu einem *Begreifen* neuer Dinge kommen können, so können wir auch von einem allmählichen „Wissend-Werden" sprechen, von einem *„Be-wissen"* der Dinge.* In der deutschen Sprache kennen wir das schöne Wort „einsehen". In dieser Weise bekommen wir einen neuen Zugang zur Entwicklungsmöglichkeit unseres Bewußtseins.

Hinsichtlich des Inhalts früherer Offenbarungen gab es die Glaubenshaltung. In bezug auf die Tatsachen der Sinneswelt verfügen wir über das Wissen. Unsere zukünftige Bewußtseinshaltung könnte mit dem Wort „Einsicht" angedeutet werden.

---

* Holländisch „beseffen" hängt zusammen mit französisch „savoir", italienisch „sapere".

Vierter Teil

SCHLUSSFOLGERUNGEN

XIII. Das Tierdrama

Der Titel dieses Kapitels ist eng verbunden mit der hier wiedergegebenen Zeichnung, die ein schematisches Bild der drei Tiertypen zeigt, welche im Lauf der Evolution erschienen sind und die ich andeutete als: ausgebreitete Tiere – Pflanzen–Tiere (Anschau-Tiere), niedere Tiere – Tier–Tiere (Gruseltiere) und große Tiere – Menschen–Tiere (Streicheltiere). Diese Einteilung hängt mit Vorgängen zusammen, die in der Tierphase der menschlichen Evolution stattfanden und worüber das Tierreich als eine Erinnerung an diese Zeiten uns noch erzählen kann.

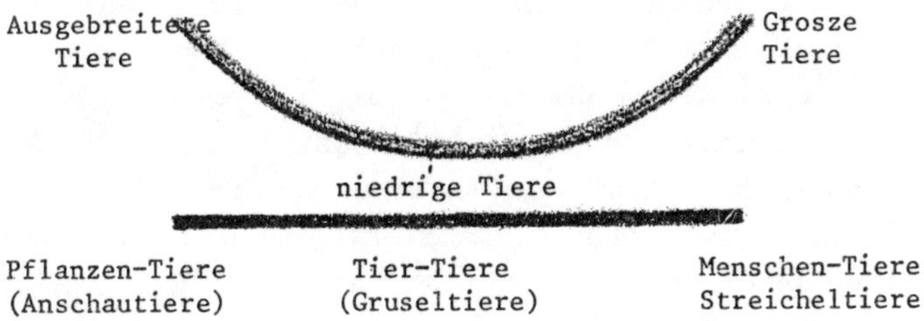

Bei der Beschreibung der menschlichen Evolutionsphasen im Hinblick auf die Verdichtung der Materie und auf die Entstehung von Körper, Leben und Seele usw. wurde nichts von dem gesagt, was sich inzwischen auf einem ganz anderen Gebiet des kosmischen Werdens abgespielt hat. Außer den verschiedenen Erdenphasen, die als Alter Saturn, Alte Sonne, Alter Mond beschrieben wurden, muß noch von der Entstehung unseres Planetensystems im Laufe dieser verschiedenen Perioden gesprochen werden. In jeder von ihr entstanden durch Abspaltungen von der ursprünglichen Erde – man sollte besser sagen: vom ursprünglichen planetarischen Zustand – Himmelskörper, die wir mit dem vergleichen müssen, was wir jetzt als

Planeten am Himmel sehen. Dabei darf man vor allem nicht vergessen, daß neben dem bereits erwähnten Satz: „Als die Erde mineralisch wurde, war die Evolution schon abgeschlossen", gleichzeitig gesagt werden kann: Das heutige Planetensystem wurde sichtbar. Für die Einzelheiten der Entstehung der gegenwärtigen Planeten muß auf das schon genannte Buch „Geheimwissenschaft im Umriß" hingewiesen werden.

Um einen Begriff vom folgenden zu bekommen, muß erneut an das auf S. 169 über die Entstehung des gegenwärtigen Erdenzustandes Gesagte erinnert werden. In aller Kürze: Die Periode, welche ich die Tierphase der Evolution nannte, begann beim Übergang des Alten Sonnenzustandes zum Alten Mondzustand. Jede neue Phase beginnt mit der Wiederholung der vorigen nach einer Ruhepause. Man kann auch sagen, daß am Anfang des Alten Sonnenzustandes der Alte Saturnzustand nochmals wiederholt wurde. So wurden mit Beginn des Alten Mondzustandes die früheren Saturn- und Sonnenzustände noch einmal wiederholt. Für die Erde gilt dasselbe.

Diese Wiederholungen tragen besondere Namen. Die Wiederholung des Alten Saturn (mineralische Phase) am Anfang der Erdenphase wird das Polarische Zeitalter genannt; die Wiederholung der Alten Sonne (Entstehung des Lebens) das Hyperboräische Zeitalter. Die Wiederholung des Alten Mondes wird das Lemurische Zeitalter genannt. Das eigentliche Erdenzeitalter beginnt erst mit der Atlantischen Zeit. Diese Phasen stimmen ungefähr mit den Perioden überein, die als Archaikum, Paläozoikum, Mesozoikum, Känozoikum oder als ihre Synonyme in der Geologie bekannt sind.

Wenn wir jetzt von der Alten Mondphase sprechen, von der Tierphase, so ist damit das Lemurische Zeitalter gemeint. Was mich aber jetzt an dieser Tierphase interessiert, das hängt mit der Tatsache zusammen, daß dasjenige, was wir später als Sonne, Mond und Erde kennen, im Polarischen Zeitalter noch ein Ganzes war. Auf die übrigen Planeten brauche ich hier nicht näher einzugehen. Für meine Ausführung ist es wichtig, daß im Polarischen Zeitalter Sonne und Mond *anfänglich* noch mit der Erde verbunden waren.

Im Hyperboräischen Zeitalter, in der Wiederholung der Alten Sonnenphase, hatten wir es mit der Pflanzenphase des Menschen zu tun. Es war die Periode, in der die menschliche Form mit „Leben" begabt wurde. Daß Pflanze und „Leben" eine intensive Einheit bilden, hängt damit zusammen. Der Einfluß der Sonnekräfte war am Anfang der Lemurischen Phase noch von einer solchen Kraft, daß die allbeherrschende Vitalität die weitere Entwicklung aufgehalten hätte. Darauf beruht auch die Entstehung des Pflanzenreiches und die Tatsache, daß die Sonne die Erde verlassen mußte. Die Sonne beschien nun das Pflanzenreich von außen her! Die enge Beziehung zwischen Sonne und Pflanzenreich wird dadurch noch deutlicher. Dem steht gegenüber, daß der jetzt in den Vordergrund tretende Mondeinfluß eine umgekehrte Wirkung hatte; das Ganze wurde zu kalt, zu fest, zu dicht. Man könnte sagen: Es neigte zu stark zur Erstarrung und Verhärtung. Auch das bedeutete eine Gefahr. So wie die Sonne zuerst aus der Verbindung mit der Erde losgelöst werden mußte, so mußte nun das gleiche mit dem Mond geschehen. Der Mond erscheint am Ende der damaligen Periode zum erstenmal als Himmelskörper, und auf Erden wurde dadurch ein Gleichgewicht hergestellt, das für den weiteren Fortgang der Entwicklung notwendig war.

Auch diese Mitteilungen sind nichts anderes als eine Wiedergabe dessen, was in der „Geheimwissenschaft im Umriß" behandelt wird. Warum ich es hier anführe, wird später verständlich werden. Es muß aber erneut gesagt werden, daß ich das nicht tun könnte, wenn nicht gleichzeitig die Möglichkeit einer Projektion dieses Geschehens auf unseren Erfahrungsbereich zu erkennen wäre. Diese finden wir dort, wo über Pflanzen-Tiere, Tier-Tiere und Menschen-Tiere gesprochen wurde.

Die Pflanzen-Tiere erzählen uns faktisch von der ersten Zeit, als die Vitalität noch beherrschend war. Wir fanden dies unter anderem in der großen Fortpflanzungsintensität dieser Periode. Die Phase der Tier–Tiere deutet auf eine Verhärtung, auf eine Erstarrung. Daß gleichzeitig von einem aggressiven Moment in bezug auf das Verzehren (Verdauen) gesprochen wurde, hängt mit der sich entwickelnden Kraft der Begierden, auch der Aggressionen zusammen. Das Gleichgewicht, das allmählich entstand, als der unmittelbare Einfluß der Sonnen- und Mondkräfte herabgedämpft wurde, können wir ohne weiteres auch in der Entstehung der Mensch-Tiere auffinden. Die Mensch-Tiere können als Zeugen vom Zustandekommen eines Gleichgewichts zwischen den Einflüssen von Sonne und Mond angesehen werden.

Im „Landwirtschaftlichen Kurs“ sprach Rudolf Steiner über die schaffenden Kräfte im Hinblick auf die Entstehung der Tierformen. Er machte damals eine sehr merkwürdige Aussage, nämlich, daß die Säugetiere von vorne nach hinten und von hinten nach vorne durch verschiedene Einflüsse geformt worden seien, und zwar von vorne nach hinten durch einen Einfluß, der mit dem Begriff „Sonnenkräfte“ in Beziehung stand, d. h. mit Wesen, die aus der Sphäre wirkten, von der wir jetzt nur noch die sichtbare Sonne kennen; von hinten nach vorne dagegen durch einen Einfluß, der mehr mit dem Mond in Beziehung stand. Das sind vorläufig, meines Erachtens, unkontrollierbare Aussagen. Man kann sie nur anhören und abwarten, ob sie später mehr Bedeutung gewinnen.

Ich kann auch hier sagen, daß eine bestimmte Erfahrung ein besonderes Licht auf diese merkwürdige Mitteilung werfen kann. Als ich vor längerer Zeit in den Besitz einer großen Sammlung von Tierskeletten kam und als erstes das Skelett eines Krokodils mit dem eines Säugetiers verglich, etwa mit einer Katze, einem Kaninchen oder Hasen, da fiel beim Reptil die herrliche Wirbelsäule auf, die über ihre ganze Länge den gleichen Wirbeltypus zeigte; eine einheitliche Reihe, vom Kopf bis zum Schwanz.

Wenn man dagegen das Skelett einer Katze oder eines Hasen anschaut, wird man etwas sehen, das so auffallend ist, daß man – so erging es mir – nicht begreift, daß man es nicht früher gesehen hat. Beim Kopf beginnend strömt die Wirbelform – also die Halswirbel, danach die rippentragenden Brustwirbel – harmonisch und fein gebaut nach hinten. Wo die Lendenwirbel beginnen, ist es, als ob ein anderer Strom, von hinten nach vorne, gegen den vorderen Strom anstoße. Als ich dieses einmal einem Publikum zeigte, rief einer der Zuschauer: „Zwei total verschiedene Hälften bei demselben Tier!“

In jeder der genannten Phasen, in denen allmählich die Naturreiche entstanden, war der Mensch ständig als werdendes Wesen anwesend!

Selbstverständlich erlitt seine Körperlichkeit nicht die Verdichtung, der wir bei den entstandenen Naturreichen begegnen. Gerade dadurch konnte er sich weiterentwickeln.

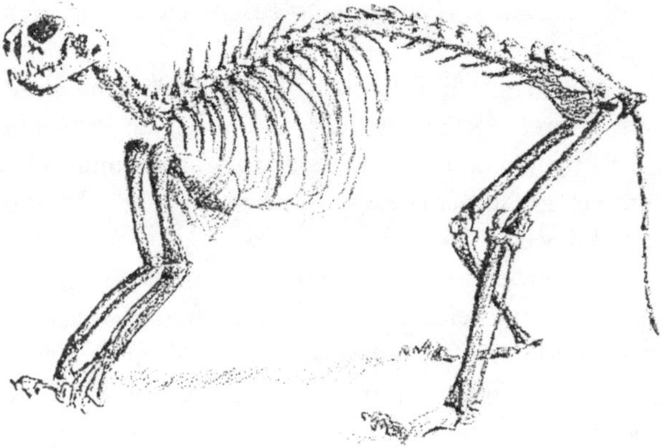

Skelett einer Katze

Als in der Lemurischen Zeit der Mond noch mit der Erde verbunden war, wurde der Zustand kritisch. Der Erdenplanet kam nach dem Austritt der Sonne unter einen derartigen Einfluß der verdichtenden Kräfte, daß es für die Menschen in der damaligen Form nicht mehr möglich war, sich in der für sie notwendigen Weise mit der damaligen Erdenmaterie zu verbinden. Man könnte sagen: Die Materie war zu starr, zu wenig plastisch für die Menschenformen. Dadurch mußten sie die Erde verlassen und vorübergehend andere Planeten, die inzwischen durch Abspaltung von Saturn und Sonne entstanden waren, bewohnen. *Erst als der Mond auch aus der Erde verschwunden war, konnten die Menschenseelen sich allmählich wieder mit der Erdensubstanz verbinden.*

Dieses Weggehen der Menschen von der Erde geschah *unter*

der Führung eines geistigen Wesens. Als die Situation auf der Erde sich wieder verändert hatte, mußte dieses geistige Wesen sich wieder von den Menschen zurückziehen. Man könnte sagen: Es mußte die Menschen wieder zur Erde zurückgehen lassen. Darüber wird mitgeteilt, daß sich dieses nur allmählich zugetragen hat. Hier ist es jedoch notwendig zu wissen, daß es für eine Anzahl menschlicher Formen, wenn auch nur für sehr wenige, möglich war, den kritischen Zustand „auszuhalten", wodurch sie die Grundlage für eine Körperlichkeit bilden konnten, welche die zurückkehrenden Menschen wieder aufnehmen konnte.*

Die eben genannten Tatsachen, die in der „Geheimwissenschaft im Umriß" mitgeteilt werden, kannte man schon in früheren Zeiten; oder man studierte sie in den sogenannten Mysterientempeln. Diese Bemerkung ist nötig, um das folgende verstehen zu können.

Kinder haben nicht nur ihr eigenes Leben, sie haben auch ihre eigenen Krankheiten: Kinderkrankheiten. Wie kommt ein Kind zu den Masern, zu Windpocken, zu Mumps? Weil es mit einem anderen Kind zusammenkommt, das die Windpocken, Mumps usw. hat. Die Folge dieser Erfahrung ist, daß Kinderkrankheiten seit dem Anfang ihrer Erscheinung „sozusagen" immer anwesend geblieben sind. Nüchtern ausgesprochen: Kinder bekommen Kinderkrankheiten voneinander. Kinderkrankheiten sind eines der Elemente, die bereits jahrhundertelang zum Kinderleben gehört haben.

Es gibt noch etwas anderes, was Kinder voneinander bekommen: Kinderspiele. Es gibt Spiele, welche Erwachsene mit Kindern machen und solche, die Kinder untereinander spielen. Besonders über die letzteren möchte ich etwas sagen. Wir wollen uns eines anschauen.

In diesem Spiel gibt es zwei ausgewählte „Führer", von denen der eine mit einer Kindergruppe auf der einen Straßenseite

* Man begreift vielleicht, daß ich hier auf eine Situation hindeute, welche im Alten Testament im *Bild* von der Geschichte Adams und Evas zu finden ist.

steht, der andere auf der anderen Seite. Dieser ruft dann: „Schäfer, laß deine Schäfchen gehn." Der kleine Freund auf der anderen Straßenseite ruft dann: „Ich darf nicht." Dann wieder der erste: „Warum nicht?" Der andere: „Wegen dem bösen Wolf nicht", worauf der erste sagt:

„Der böse Wolf sitzt gefangen
zwischen zwei eisernen Zangen,
zwischen der Sonn' und dem Mon'.
Schäfer, laß deine Schäfchen gohn!"

Darauf erlaubt dieser seinem Grüppchen auf die andere Seite zu rennen. Selbstverständlich wird das Kind auf der anderen Straßenseite, das den Wolf darstellt, ihnen dann doch entgegenrennen, um eines der Schäfchen zu fangen, welches dann im folgenden Spiel den Wolf spielen muß, während wieder ein anderer Schäfer ausgewählt wird.

Was kann uns ein solches Spiel erzählen?

Bis in die Wortwahl hinein liegt eine seltsame Urweisheit in diesem Kinderspiel verborgen. Alles, was sich in der Lemurischen Periode abgespielt hat, alles, was im Schäferspiel zum Ausdruck kommt und was Rudolf Steiner über Weidetiere bemerkt, all das kommt gleichsam zusammen. Man entdeckt auch plötzlich, wie durch Kinderspiele eine Verbindung zur esoterischen Weisheit gefunden werden kann. Man kann sogar sagen: Kinder übergeben sich die Kinderkrankheiten, so wie sie einander auch die Kinderspiele übergeben, Kinderspiele, in denen alte Weisheit verborgen liegt, die im Kinderleben selbstverständlich eine besondere Form angenommen hat.

Hier erhebt sich die Frage, wie diese Weisheit ins Kinderleben eingedrungen ist. Zuerst muß ich darauf hinweisen, daß es hier nur um ein einziges Beispiel ging. Es kann aber noch durch viele andere ergänzt werden. Dieses hier behandelte Beispiel ist in seiner tieferen Bedeutung kein Einzelfall.

Wie verlief das Kinderleben früher? Wie wurden Kinder damals erzogen? Darüber gibt es zwar keine Literatur. Von einer wirklichen Erziehung hört man erst – und dann auch nur sehr summarisch – in der griechischen Zeit. Davor müssen Kinder das Leben der Erwachsenen viel intensiver mitgemacht haben, als es jetzt der Fall ist. Auf die eine oder andere Weise mußten solche Tatsachen, die in den damaligen Mysterientempeln gelehrt wurden, „durchgesickert" sein. Anders kann ich mir das nicht vorstellen. Auf der anderen Seite kann man auch denken, daß die Kinder mit ihrem eigenen Bewußtsein der Wirklichkeit der inspirierenden Welt noch viel näher standen. Ich empfinde Befriedigung bei diesem Gedankengang. Er verbindet das gegenwärtige Menschenleben mit der fernen Vergangenheit. Er stellt den Menschen wieder in eine wirkliche Evolution.

XIV. Das Problem der ausgestorbenen Urmenschheit (Neandertaler usw.)

Das Rätsel der verlassenen Städte

Für die Menschen, die ganz an dem Gedanken festhalten, daß die Evolution sich innerhalb des einzelnen Naturreiches selber abgespielt hat und die also auch an der Tatsache festhalten, daß der Mensch aus dem Tierreich hervorgegangen ist, besteht die Pflicht, das fehlende Verbindungsglied zwischen Affe und Mensch zu suchen und zu finden. Im Laufe des letzten Jahrhunderts wurden verschiedene Beispiele hiervon vorgestellt: Der Pithecanthropos erectus, der Homo neanderthalensis, der Homo australiensis, der Homo heidelbergiensis, der Pekingmensch, der Cro-Magnon-Mensch aus Afrika usw. Die aufgezählten Namen sind mehr oder weniger bekannt. In der spezialisierten Anthropologie kommen noch viele andere Namen vor: z. B. Ramapithecus, Australopithecus, Homo habilis, Homo erectus, Homo sapiens.

Nach dem, was bis jetzt über die Evolution herausgearbeitet wurde, mag die Frage entstehen: Wie steht es denn mit diesen Menschen? Wo liegt ihr Ursprung? Wo kommen sie her? Wo finden sie ihren Platz in unserer Betrachtung? Wie ist es ihnen weiter ergangen?

Zuerst müssen wir bestimmte Funde sehr kritisch anschauen. Zum größten Teil handelt es sich um Rekonstruktionen, wobei von nur sehr spärlichem Material ausgegangen wurde. Wir dürfen also niemals vergessen, daß wir dadurch größtenteils der Phantasie der betreffenden Naturforscher ausgeliefert sind, wobei „wishful thinking“ oft mitgewirkt haben mag. Der „Entdecker“ des Pithecanthropos erectus, Dubois, hat am Ende seines Lebens selber zugegeben, etwas verschwiegen zu haben, was seinen ganzen Fund wertlos macht. Der Pithecanthropos war ein Gibbon, ein Affe. Der ihm zugedachte Oberschenkelknochen stammte von einem Menschen und hatte damit nichts zu tun. Er war nur in der Umgebung gefunden worden. Auch für andere Funde mußte später bezweifelt werden, ob es sich wirklich um Menschen handelte. Das Finden von Affenschädeln kann, so sagte man, auch mit der Tatsache zusammenhängen, daß die Gehirne der großen Affen damals viel gegessen wurden, wodurch sehr viele Affenschädelstücke in der Umgebung von menschlichen Niederlassungen zu finden waren.

Es gibt noch eine andere Tatsache, auf die immer wieder hingewiesen wird, daß nämlich stets Lücken bleiben zwischen den Funden und dem gegenwärtigen Menschen. Wenn diese früheren Menschenformen der Ursprung des heutigen Menschen sind, dann sollte man zumindest viel mehr Übergänge erwarten können. Man kann jedoch ebensogut annehmen, daß es Reste von ausgestorbenen Rassen sind.

Auch im Gedankengang von Louis Bolk könnte diese Annahme untergebracht werden: daß wir es mit primitiven Rassen zu tun hätten, die eine starke „Propulsion" aufwiesen, d. h. eine schnelle Verdichtung, eine schnelle Verhärtung ihrer Konstitution. Man hätte es dann aber doch mit Menschen zu tun, welche von Anfang an Menschen gewesen sind. Dabei darf man nicht aus dem Auge verlieren, was auf S. 102 erwähnt wurde: daß die zum aufrechten Gang notwendigen Organe die Vorbedingung und nicht die Folgeerscheinung dieses aufrechten Ganges waren. In dieser Hinsicht ist es irreführend, in einem Artikel von Mary Leaky (In: N. R. C. „Nieuwe Rotterdamsche Courant" – eine holländische Zeitung – Februar 1982) zu lesen, daß fossile Fußabdrücke in der vulkanischen Asche (in Laetoli, Tansania) beweisen sollen, daß vor 3,7 Millionen Jahren menschenartige Wesen *schon* in der Lage waren, aufrecht zu gehen. Diese Deutung der Dinge suggeriert, daß der Mensch sich die Möglichkeit des aufrechten Ganges erst „im Tun" auf der Erde erworben hat.

In der Tat ist es ein revolutionärer Gedanke, sich vorzustellen, daß die Möglichkeit des aufrechten Gehens in der menschlichen Form schon vorher hat „eingebaut" werden müssen. Der Mensch ist auf der festen Erde immer aufrecht gegangen.

Nochmals will ich die Aufmerksamkeit darauf lenken, daß

der Mensch immer Mensch, das Tier immer Tier und die Pflanze immer Pflanze gewesen ist. Wenn man von Übergängen spricht, heißt das, daß man immer noch davon ausgeht, daß das Höhere aus dem Niederen hervorgegangen ist. Wenn man nicht gleich genau sagen kann, ob etwas zum Tier- oder Pflanzenreich gehört, so stellt das nicht die Tatsache in Frage, daß Tier und Pflanze verschiedene Wesen sind. Der Unterschied zwischen den drei Reichen ist in den Worten ausgedrückt: Leben, Seele und Geist. Diese drei Prinzipien sind im ersten Kapitel beschrieben worden.

Leben, Seele und Geist kann man niemals definieren mit Ausdrücken, die nur in der sichtbaren Welt gelten. Leben, Seele und Geist *offenbaren* sich in Pflanze, Tier und Mensch. Wenn wir diese Reiche studieren, so werden wir mit der Wirklichkeit von Leben, Seele und Geist mehr und mehr vertraut.

Man kann natürlich fragen, wo Pflanze, Tier und Mensch herkommen. Aber das hat nur einen Sinn, wenn man gleichzeitig fragt: Wo kommen Leben, Seele und Geist her? Darüber wurde im elften Kapitel gesprochen.

Will man nicht auf den dazu angegebenen Schulungsweg eingehen, so kann man doch Leben, Seele und Geist als absolute Realitäten kennenlernen, auch wenn der Ursprung ein Rätsel bleibt. Meines Erachtens ist es sogar eine Bedingung für die weitere Entwicklung unserer Einsichten, daß man die Wirklichkeit von Leben, Seele und Geist im vollen Sinne des Wortes im voraus begreift.

Der Titel dieses Buches heißt: *„TIERE SIND, WAS MENSCHEN HABEN."* Es wurde gesagt, daß Tiere Begierden, somit Seelenwesen *sind!* Nun kann man auch sagen, daß Pflanzen Leben *sind.* Das Tier *hat* Leben, es *ist* eine Seele. Der Mensch *hat* Leben und Seele, aber er *ist* Geist. Wäre der Mensch jemals ein Tier gewesen, so hätten für ihn dieselben Gesetze gegolten, welche im Vorhergehenden für das ganze Tierreich, für jede Form im Tierreich gefunden wurden. Das können wir in einer einzigen Aussage zusammenfassen: Jede Tierform ist in der gegebenen Situation in sich selber „vollkommen".

Das meinte ich mit der Bemerkung, daß die Theorien von

Lamarck und Darwin eigentlich antievolutionär sind! Die Formen müßten sich nach diesen Gedanken gerade mehr und mehr verfestigt haben. Es entstand ein Zustand, der mit dem Satz wiedergegeben wurde: Dem Tier bleibt nichts zu wünschen übrig.

Die Tierform ist völlig auf die Eigenschaften ihrer Umgebung eingestellt. Verändern sie sich, so wird das Tier sich, soweit wie möglich, wieder anpassen, aber niemals im Sinne eines Strebens oder Wünschens, *welches außerhalb seiner eigenen Art liegt*, d. h. außerhalb der einmal gefundenen Einheit von Trieb, Form und Umgebung.

Einer der schwächsten Punkte vieler modernen Evolutionisten ist, daß sie hiermit überhaupt nicht rechnen. Man gebraucht große Worte wie „... und damals, als der Menschenaffe ...", und dann kommt der eine oder andere neue Trieb zum Vorschein, von dem man sich jedoch fragen müßte, woher er denn wirklich kommt. In dem Buch „Der nackte Affe" von Desmond Morris wird die Tatsache, daß der primitive Urmensch das Feuer zu gebrauchen begann, lapidar festgestellt. Man stellt sich vor, daß ein solches Urwesen allmählich die Nützlichkeit des Feuers entdeckt hätte und daß man die Nahrung dadurch in einer ganz anderen Weise zubereiten konnte usw.

Man vergißt hierbei, daß der Umgang mit dem Feuer nicht anders entstanden sein kann als durch eine Vorstellung, was mit dem Feuer alles zu machen sei. Ich weiß sehr gut, daß man dieses von seiten der modernen Evolutionisten niemals zugeben wird, weil man unbewußt fühlt, daß man damit an einen Punkt käme, wo man nicht weiter weiß.

Das Problem ist: *Woher kommt die Vorstellung, die Idee?* Wie entsteht sie zum erstenmal im Gehirn des primitiven Menschen? Daß wir hier *Mensch* sagen müssen und nicht *Tier*, das folgt unmittelbar daraus, daß beim Tier kein Raum und keine Notwendigkeit vorhanden wäre für einen solchen Inhalt oder Einfall. Das Tier bildet immer eine geschlossene Einheit mit seiner Umgebung; ein Tier ist „zu". Ich sagte schon mehrmals: es ist „vollendet".

Meines Erachtens liegt hier einer der wichtigsten Punkte, der unser Denken über die Evolution völlig verändern wird.

Für den Menschen in seinem gegenwärtigen Zustand ist dieses „auf etwas Neues kommen" keine Frage. Wollte man eine Geschichte des Geisteslebens der Menschheit schreiben, so müßte davon ausgegangen werden, daß dieses Geistesleben des Menschen in Urzeiten wirklich anders gewesen sein muß als jetzt, daß aber auch eine äußerst wichtige Gemeinsamkeit vorhanden sein mußte. Das ist die Eigenschaft der Erfindungsgabe, die Möglichkeit, Einfälle, Ideen und Inspirationen zu haben. Dafür muß jedoch im Bewußtsein der damaligen Menschheit von Anfang an ein „Raum" vorhanden gewesen sein.

Auch Bolk hat im Hinblick auf dieses Problem eine besondere Bemerkung gemacht. Auf S. 10 seines Buches „Gehirn und Kultur" lesen wir:

> *„Das erste Kapitel eines Werkes über die Entwicklung des menschlichen Geistes müßte meines Erachtens doch mit diesen Worten beginnen: ‚Am Anfang war das Genie.' Die ersten Strahlen, welche aus dem Unbewußten, Unsichtbaren, Unbekannten auf die noch düstere Welt des menschlichen Geistes fielen, die durch ihr Licht den schlummernden Keim von Menschlichkeit zum Wachsen brachten, durch ihre Glut das noch gedämpfte Licht der Vernunft entflammten, waren die Strahlen der Genialität und des sittlichen Gefühls. Letzteres brach sich zum erstenmal Bahn, als ein in sich gekehrter Mensch in der Einsamkeit, in seinem Innern, die Frage aufkeimen fühlte: ‚Soll ich meines Bruders Hüter sein?' Mit dieser Frage brachte zum erstenmal die Menschheit ihre Menschlichkeit zum Ausdruck.*
>
> *Und die zweite Grundeigenschaft des menschlichen Geistes, seine Genialität, wie hat diese sich zum erstenmal geäußert? Es kostet bestimmt einige Bemühungen, und man wird sein Vorstellungsvermögen wohl etwas anstrengen müssen, um einzusehen, daß der Mensch, der als erster auf den Gedanken kam, Pfeilspitzen oder*

Wurfspieße mit Widerhaken zu versehen, ein Genie gewesen sein muß und daß derjenige, der als erster den Gedanken hatte, einen Pflug in seiner einfachsten Form zusammenzustellen, genialer war als so mancher, für den eine dankbare Nachkommenschaft Standbilder errichtete."

Die Behauptung, es gäbe keinen wirklichen Übergang vom Tier zum Menschen, stimmt völlig überein mit den anthropologischen Funden von Blechschmidt, der daraus ja schließen mußte, daß der Mensch von Anfang an Mensch gewesen ist, d. h. eine eigene Evolution durchgemacht hat. Derselbe Gedanke lebt in Bolks Anschauung, der den Menschen immer als „von Anfang an beabsichtigt" betrachtete.

Um den eigenen Charakter dieser menschlichen Evolution kennenzulernen, wäre es gut, in dieser Evolution vorläufig zwei Phasen zu unterscheiden. Die eine Phase beinhaltet die Zeit, in der die drei Naturreiche nacheinander entstanden. Im Augenblick, wo der Mensch „seinen Fuß auf die Erde setzte", waren die anderen Bereiche bereits entstanden, und es begann die zweite Phase.

Das Vorhergehende bedeutet gleichzeitig, daß mit dem Menschen ein Wesen auf Erden erschien, welches selbst die Möglichkeit hatte zu schaffen. Man könnte sich vorstellen, daß die frühere schaffende Welt ihren Sitz zum Teil verlagert hat. Das bringt es mit sich, daß der Mensch nicht als ein „vollendetes Wesen" angeschaut werden kann, wie es bei den Tieren gesagt wurde. Der Mensch ist nicht „fertig", sondern er ist ein *werdendes* Wesen, welches sich noch immer in Evolution befindet. Wollen wir diesen Gedanken mit der Tatsache verbinden, daß der Mensch über ein Seelenleben verfügt, in dem Raum ist für neue Einfälle, Inspirationen usw., so kommen wir zu weitreichenden Schlußfolgerungen.

Für das Altertum hören wir immer von „primitiven" Kulturen, denen die heutige technische Kultur mit ihren enormen Fortschritten und Entwicklungen gegenübersteht. Waren aber diese Kulturen wirklich so primitiv?

Auf technischem Gebiet scheint es so zu sein – das Gebiet der Werkzeuge, der Instrumente und ähnlicher Dinge war sehr beschränkt. Wir müssen uns aber darüber im klaren sein, daß alle Kulturpflanzen (auch unsere Nahrungspflanzen) und alle Haustiere (auch unser Vieh) in jener Zeit gezüchtet wurden.

Reis, Weizen und Mais gehören zur Familie der Gräser. Daraus mußten sie gezüchtet werden. Wie konnte eine primitive Bevölkerung dieses zustande bringen?

Das Leben der Völker in den Urzeiten wird oft als ein Nebeneinanderleben von wilden Horden gedacht. Man kann aber ein glaubwürdigeres Bild von diesen Zeiten entwickeln, wenn man die Erde von Völkern besiedelt denkt, die durch Gestalten geleitet wurden, welche über andere Erkenntnisquellen verfügten als die Völker selbst. Wenn wir die Geschichten aller Mythologien, auch des Alten Testaments, nebeneinanderstellen, begegnen wir vielen Namen; Namen von *führenden* Gestalten. Sie wurden König, Priester, Eingeweihter oder Halbgott genannt. Danach trat, besonders in der griechischen Mythologie, der Ausdruck „Hirte" auf. Wir können also die Völker als „Herde" bezeichnen. Wir könnten auch sagen: Die Erde war bedeckt von Herden-Völkern, die von „Königen" geführt wurden.

Wie konnte man Korn aus den Gräsern heranzüchten? Die einfachste Antwort wäre: Man muß das Gras fragen. Über diesen Satz braucht man nicht erstaunt zu sein. Ein moderner Gärtner oder Züchter, der neue Pflanzenarten zu züchten versucht, experimentiert. Er macht etwas und betrachtet dann die Folgen. Das heißt, er muß abwarten, wie die Pflanze auf seine Manipulation reagiert. Ist das faktisch nicht auch ein Fragen?

Ein moderner Züchter kann das aber nur tun, weil er inzwischen die Möglichkeit hat, auf der Erde zu leben. Außerdem häuften sich auf dem Gebiet der Züchtung im Laufe der Jahrtausende viele Erfahrungen an. Wir müssen uns vorstellen, daß wir es danach mit dem Anfang einer neuen Phase in der menschlichen Evolution zu tun haben. Wenn jetzt gesagt wird, daß die Könige das „Gras fragen mußten", so bedeutet das: Sie mußten sich an die Wesen wenden, die das Gras geschaffen hatten. Das heißt: Neben dem gewöhnlichen Tagesbewußtsein mußte man noch über ein ganz anderes Wahrnehmungsvermögen verfügen, um mit den schaffenden Wesen in Verbindung treten zu können. In Übereinstimmung damit wird dann auch im Alten Testament und in allen mythologischen Erzählungen immer von einer konkreten Götterwelt gesprochen. Mit dieser Götterwelt konnten noch bestimmte Menschen in einer direkten Verbindung stehen. Von diesem Kontakt hing die ganze Zukunft der Kultur ab. Der König empfing die Inspirationen, das Volk empfing von ihm seine Anweisungen. Die Völker hingen an den Königen, die Könige hingen am Himmel. Dadurch wird deutlich, wie sehr die damalige Menschheit „peripherisch" orientiert war.

Fragt man sich, wovon die Menschheit damals lebte, so muß man bei der Antwort bedenken, daß die Erde damals noch nicht so völlig fest war, wie sie es heute ist. Auch für den Menschen selber galten bestimmt noch andere Gesetze. Das bedeutet, daß es eine Zeit gab, in der man sich unter Nahrung etwas anderes vorstellen muß als jetzt.

Diejenigen, die auf dem Standpunkt stehen, daß die Evolution sich auf einer Erde abgespielt hat, welche der heutigen Erde gleich ist, werden sich höchstwahrscheinlich hiervon distanzieren wollen. Dem möchte ich entgegenhalten: Könnten die alten mythologischen Überlieferungen in einem zukünftigen Weltbild nicht wieder einen neuen Platz einnehmen, wenn die Zeit dazu reif ist?

Dieses Weltbild ist dann wohl ein anderes als jenes, welches ich schon einige Male als „die Welt der elementaren Teilchen" bezeichnet habe. Wir müssen uns die damalige Menschheit mit dem angedeuteten Wahrnehmungsvermögen für die schaffende Welt vorstellen. Dieses Wahrnehmungsvermögen beruhte auf dem Besitz von Wahrnehmungsorganen, die von ganz anderer Art waren als die unsrigen. So wie der Mensch noch nicht unseren „festen" Körper hatte, so hatte er Wahrnehmungsorgane, die viel weniger physisch waren. Erinnerungen daran gibt es noch immer, besonders im Osten. Es ist wichtig zu begreifen, daß diese Organe allmählich degenerierten.

Von dieser Degeneration wird ebenso in der griechischen Mythologie wie im Alten Testament gesprochen. In den Abenteuern des Odysseus und seiner Kameraden auf seiner Rückreise von Troja (das als „himmelsverbunden" galt) nach Ithaka (das als ein Teil Griechenlands „zur Erde gerichtet" bedeutete) kommt Odysseus unter anderem auf eine Insel, wo der Riese Polyphemus sie zu vernichten droht. Dieser Polyphemus ist ein Zyklop. Er besitzt *ein* rundes Auge auf seiner Stirn. Es ist eine reizende Geschichte, von der hier nur gesagt werden kann, daß es dem Odysseus glückte, einen durch Feuer hart und heiß gemachten Pfahl in Polyphemus' Auge zu stechen und ihn dadurch blind zu machen. Diese Geschichte ist deshalb so interessant, weil sie im wesentlichen mit der Geschichte von David und Goliath übereinstimmt im Streit Israels gegen die Philister. David trifft Goliath mit einem Stein genau mitten auf die Stirn.

Weshalb diese Abschweifung? Weil wir dadurch begreifen können, wie die Menschheit im Altertum zu Ideen kommen konnte. Sie wurde *inspiriert*, und das direkt aus der schaffenden und geistigen Welt selber. Wir finden sogar Beispiele einer Andeutung vom Zusammenhang bestimmter Entdeckungen mit einer Inspirationsquelle. Eines davon ist das des Feuers, welches durch Prometheus der Menschheit gegeben wurde. Primitive Völker waren überhaupt nicht primitiv; sie waren es nur auf technischem Gebiet. Geistig gesprochen waren sie noch durchdrungen von der Weisheit einer schaffenden Welt, mit der sie noch in Verbindung standen. Erst als diese Menschheit sich allmählich von dieser Verbindung befreite, wurde es möglich, selber Gedanken, Ideen, Wünsche, Pläne und Erwartungen zu entwickeln.

Doch ist das Element der Inspiration niemals ganz verschwunden. In der Kunst, in Erfindungen und in Funden der Wissenschaft (Kekulé, der Erfinder des aromatischen Kohlenstoffrings in der organischen Chemie, erzählt, wie ihn eine Vision inspirierte, in der er kleine Schlangen sah, die sich plötzlich in ihren eigenen Schwanz bissen und so einen Ring bildeten!) finden wir noch immer konkrete Beispiele von Inspirationen.

Wir können uns in die Tatsache hineindenken, daß der Mensch immer Mensch gewesen ist, daß aber die Kulturen sich sehr unterschiedlich entwickelt haben. Eines wird jedoch deutlich: Sollte eine Kultur wirklich die Möglichkeit einer Entwicklung behalten wollen, so durfte sie sich nicht zu früh „festfahren". Bolk gebrauchte das Wort „propulsiv" für das Tier. Es ist auch denkbar, daß Kulturen von früheren Menschengruppen zu propulsiv verliefen, wodurch das mehr oder weniger starke „Besessensein" von Begierden und Trieben zu einer Behinderung für die weitere Entwicklung wurde. Ich kann es mir nicht anders vorstellen, als daß diese Menschen doch immer Menschen blieben, aber ihre Möglichkeit für eine weitere Entwicklung aufhörte. Wir haben es dann mit ausgestorbenen Völkern zu tun.

Eine andere Seite des hier Besprochenen könnten wir im Rätsel der sogenannten verlassenen Städte wiederfinden. Darüber wurde in Amerika viel gesprochen. Wir hören dann von Kulturstätten, die plötzlich verlassen wurden, ohne daß man je hat begreifen können, warum dies geschah. Könnte es nicht sein, daß diesem Volk die Führung – durch welche Ursache auch immer, Krieg oder Katastrophe – entzogen wurde?

Ein Beispiel hierfür kann man im Trojanischen Krieg sehen. Der Zustand, in dem die Könige noch „am Himmel hingen", veränderte sich im Laufe der Jahrhunderte. Wie der Mensch jetzt ein selbständiges, auf Erden lebendes und schaffendes Wesen geworden ist, so kann man die trojanische Welt als ein Stadium ansehen, in dem dieses schaffende Prinzip noch nicht im Menschen selber wohnte, sondern sich darin offenbarte.

Man kann die weitere Entwicklung auf Erden auch mit den Worten charakterisieren: Die Völker wurden individueller; die Könige verloren ihre Sonderstellung. Der Unterschied zwischen Königen und Völkern begann allmählich zu verschwinden. Daß diese Entwicklung nicht ohne Katastrophen stattgefunden hat, ist begreiflich. In dieser Hinsicht können wir den Trojanischen Krieg auch in einem anderen Licht sehen, als es für gewöhnlich getan wird.

Viele Male findet man in der „Ilias" (dem Buch über den Trojanischen Krieg) die Aussage: „Troja muß untergehen." Dieser Satz kann auch bedeuten: Die Zeit der direkten Inspiration aus dem Himmel ist abgelaufen. In Griechenland herrschte ein Zustand, der die Zukunft bereits in hohem Maße enthüllte. Selbstverständlich gab es noch eine starke Beziehung zu der schaffenden Welt, aber die Aufmerksamkeit des Menschen wurde schon viel mehr auf die Erde selber gerichtet. Auch Griechenland konnte sich nur weiterentwickeln, weil es noch über Inspirationen verfügte. Die Quelle dieser Inspirationen wird in diesem Fall treffend in der Gestalt der Helena dargestellt. Es ist sicher nicht übertrieben, im Weiblichen etwas zu sehen, das sich prinzipiell noch näher am „Himmel" befindet als das Männliche.

Troja mußte untergehen. Die Tatsache, daß der Trojaner Paris Helena aus Griechenland raubt, kann als ein letzter Versuch betrachtet werden, zu überleben. Ebenso begreiflich ist, daß die Griechen nicht ohne diesen Inspirationsbrunnen leben konnten. Helena wird nach Griechenland zurückgebracht, Troja wird vernichtet.

Gerade hier, wo wir es mit Geschehnissen zu tun haben, in denen die geistige Kultur und der technische Fortschritt verwoben sind, finden wir ein gutes Beispiel von der Möglichkeit gegenseitiger Befruchtung zwischen Archäologie und Mythologie.

XV. Das Rätsel der Materie

Man wird diese Abbildung gleich als das Schema erkennen, von dem seit der Beschreibung von Bolks Retardationstheorie schon oft die Rede war. Diese „graphische Darstellung“, die im wesentlichen versucht, etwas wiederzugeben, was in vergangenen Zeiten geschah, wirft auch eine Frage auf: Wie könnte man sich die Fortsetzung denken?

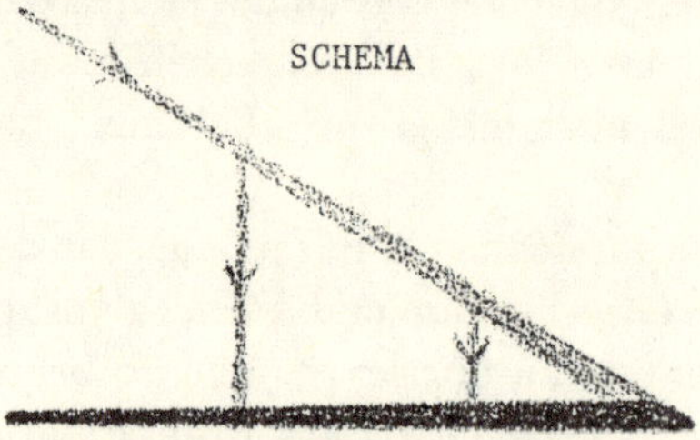

Die Frage kann beantwortet werden, wenn man im Auge behält, daß es nur eine erste Antwort ist, die eine Richtung andeuten kann.

Wo die schräge Linie der menschlichen Evolution mit der horizontalen Linie zusammenkommt, liegt gleichzeitig der Punkt des völligen Sichtbarwerdens dessen, was in diesem Buch immer „die Schöpfung“ genannt wird. Dieses Sichtbarwerden ist unzertrennbar verbunden mit den Eigenschaften des Mineralreichs, welche im Laufe der Evolution entstanden sind. Von diesem Reich muß ich jetzt noch etwas sagen.

Vergessen wir keinen Augenblick, welche Vorstellungen man im Laufe der Jahrhunderte in der Wissenschaft von der Materie entwickelt hat. Denken wir an ein Stück Stein oder Metall, wie es sichtbar und schwer vor uns liegt.

Was sehen wir? Die Oberfläche. Im allgemeinen wird der naive Mensch die Oberfläche mit der Außenseite gleichsetzen und bei dem Begriff Oberfläche automatisch an eine Innenseite denken, an ein Inneres, oder wie man es ausdrücken will. So könnte jemand fragen: Was ist im Stein drinnen? Dazu bricht er ihn in zwei Stücke und sieht wieder eine Oberfläche!

Wir können diesen Gedanken fortsetzen und die Materie, welche wir vor uns haben, in immer kleinere Elemente zerstükkeln, gedanklich sogar in Moleküle, Atome oder Elementarteilchen. Wir werden dann staunend sagen müssen: Wir erleben immer eine Oberfläche.

Was nahmen wir an der ursprünglichen Oberfläche wahr? Eine Anzahl von Eigenschaften; Eigenschaften, durch die wir ein Stück Materie erkennen können. Mit der Zerstückelung der Materie bis ins Theoretische hinein, also bis in die Moleküle, Atome und Elektronen, verschwinden die Eigenschaften der ursprünglichen Materie.

Wir erkennen ein Metall an seiner Farbe, an seinem Glanz, an seinem Gewicht, an Schmiedbarkeit und Leitfähigkeit für Wärme und Elektrizität. Gelten diese Eigenschaften auch für Moleküle? Ich weiß, daß dieses für viele Physiker eine absurde Frage ist, und doch muß ich sie stellen, weil sie zur Schlußfolgerung führt, daß Elementarteilchen hinsichtlich der genannten Merkmale eigenschaftslos genannt werden müssen. Mag es auch die Chemiker und Physiker irritieren, in dieser Weise zu den tiefsten Geheimnissen der Materie vordringen zu wollen, es ist auch möglich, die Frage zu stellen: Sind wir da auf dem richtigen Weg, das eigentliche Mysterium der Materie zu entdecken?

Man könnte die eben gemachte Bemerkung, daß ich immer „an der Außenseite bleibe", in einem einzigen Satz zusammenfassen: *Materie ist durch und durch Oberfläche*. Der Ausdruck „durch und durch" ist hier von größter Wichtigkeit. Er kann nur begriffen werden, wenn wir dazu bereit sind, völlig neue Aspekte in die Beurteilung unserer Anschauung von der Materie aufzunehmen. Das kann nicht auf einmal geschehen. Wer sich aber mit dem Gedanken länger beschäftigt: Materie ist durch und durch Oberfläche, wird seine Schlüsse daraus ziehen müssen.

Was ist eine Oberfläche? Ich stellte schon unzählige Male diese Frage. Immer gerieten die Menschen in Verwirrung. Ich glaube, das ist nur allzu verständlich, weil man sich über das, was man ständig und überall vor Augen hat, keine Gedanken macht. Oberfläche bedeutet nämlich nichts anderes als Sichtbarkeit (wenn man will: Wahrnehmbarkeit). Führt man diesen Gedanken konsequent weiter, so beginnt die Vorstellung, die man für gewöhnlich von Materie hat, zu wanken, und man steht vor dem Rätsel, daß dieses „durch und durch Oberfläche sein" mit Schwere verbunden ist!

Wir haben uns jahrhundertelang Materie in Verbindung mit dem Wort Schwere und als Ausdruck der harten und konkreten Wirklichkeit vorgestellt. Diese Vorstellung von Materie hat alle anderen Elemente unserer Erfahrungen aus dem täglichen Leben beiseite gedrängt. Als im Jahre 1842 Du Bois-Reymond und Brücke die Materie zur einzigen Wirklichkeit erklärten, führten sie eine bestimmte Entwicklung konsequent zu ihrem Endpunkt hin.

Dem möchte ich einen völlig anderen Gedankengang gegenüberstellen, nicht vergessend, daß Sichtbarkeit und Schwere unantastbare Aussagen sind. Ich möchte nämlich die Frage stellen: Wenn die Materie durch und durch Oberfläche ist, *wovon* ist sie dann die Oberfläche?

Bei Pflanze, Tier und Mensch können wir den Begriff Oberfläche – oder Außenseite – immer mit einer Form oder einer Gestalt in Verbindung bringen. Im Hinblick auf die Materie können wir nur sagen: Sie ist die Oberfläche von etwas, von einem „Wesen". Damit ist gesagt, daß dieses Wesen die Eigenschaften der Materie, welche soeben aufgezählt wurden, an seiner Oberfläche zeigt.

Fragt man sich nun, wo dieses Wesen ist, begegnet man einer großen Schwierigkeit. Ein Mensch, ein Tier und eine Pflanze als Wesen anzusprechen ist akzeptabel. Aber Materie? Wo ist das Wesen der Materie?

Darauf kommen wir, wenn wir uns daran erinnern, daß ich die Materie als „verlassen" bezeichnet habe. Es ist auch der Grund, weshalb in dem ersten Schema über die vier Naturreiche das Wort *aus* dem Mineral* gebraucht wurde. Dort fragte ich auch, ob das Mineral schon immer verlassen gewesen ist.

Waren das Mineral und sein Wesen in Urzeiten einmal enger verbunden als jetzt? Die Schlußfolgerung würde sein, daß die Materie dann weniger sichtbar und auch weniger schwer gewesen sein muß!

Unwillkürlich geht man in der Vergangenheit weiter zurück und fragt sich, ob Materie dabei nicht immer weniger materiell gedacht werden muß, dafür aber auch weniger verlassen! Man könnte weiter fragen, ob das Wesen der Materie einst völlig mit seiner Substanz verbunden war, bei Ausschluß aller Wahrnehmbarkeit ihrer Eigenschaften.

In diesem Buch steht nicht die Anschauung über die Materie im Zentrum. Es geht nur um eine Seite der vielen Probleme, mit denen wir es zu tun haben. Der hier erwähnte Gedanke stimmt mit der Vorstellung überein, daß unsere sichtbare materielle Welt der Endpunkt einer unvorstellbar langen Entwicklung ist, die einmal im immateriell-physischen Zustand der Wärme begann.

Man wird fragen, was dann die ganze Atomstruktur bedeutet, in die man so weit vorgedrungen ist und mit der die Namen so vieler großer Wissenschaftler verbunden sind (Bohr, Einstein, Jeans, Heisenberg)? Befinden sich dann die Ideen dieser Wissenschaftler ganz außerhalb jeglicher Wirklichkeit?

Bestimmt nicht! Diese großen Persönlichkeiten haben in ihren Formeln physikalische und chemische Erfahrungen zum Ausdruck gebracht. Formeln sind Zusammenfassungen (Symbole) von Erfahrungen. Daran ist nicht zu rütteln.

Was haben diese Menschen damit entdeckt? Eigenschaften der Materie.

Dabei muß man jedoch bedenken, daß dieses nur möglich war, indem die Materie einer bestimmten Behandlung ausgesetzt wurde wie Erwärmen, Auflösen, Verdampfen usw. Eines der ersten Gesetze in der Chemie heißt, daß feste Stoffe nicht aufeinander einwirken. Sie geben ihr Geheimnis nicht ohne weiteres preis, d. h.. daß ein Großteil ihrer Eigenschaften erst durch solche Untersuchungen entdeckt wird. Vorher waren sie

---

* Siehe auch „Lebende Metalle“ von L. F. C. Mees

verborgen, *be*deckt. Man erkennt den großen Unterschied zwischen dem Mineralreich und den anderen Naturreichen.

Man kann sagen: Die Pflanze wird durch die Umgebung zu neuem Formenwachstum gebracht; das Tier wird durch die Umgebung zu einem anderen Verhalten gebracht; und der Mensch wird durch die Umgebung auf neue Gedanken gebracht. Zu Formen, zum Verhalten und zu Gedanken haben wir einen direkten Zugang. Die Eigenschaften der festen Materie sind nahezu verborgen, es sei denn, wir machen sie durch unsere Untersuchungen wahrnehmbar.

Ich habe schon über den Zusammenhang zwischen den Worten Energie und Willen gesprochen. Daß der Begriff der Energie heute in der Wissenschaft wie ein vereinzelter Begriff behandelt wird, ist die Folge des Verlustes jedes denkbaren Bewußtseins der schaffenden Welt. Es lohnt sich, die Frage zu stellen, ob Worte wie „Kräfte", „Energie", „Verwandtschaft" (d. h. eine Sache bevorzugen), „auf etwas einwirken", sogar das Wort „Eigenschaften" nicht erneut unter die Lupe genommen werden müßten. Enthüllen sie faktisch nicht, daß diese Begriffe nur dann einen Inhalt bekommen, wenn wir erkennen, daß nur ein *Wesen* Eigenschaften haben kann, Kräfte entwikkeln kann, über Energie verfügen kann, auf etwas einwirken kann, sich von einem anderen Wesen angezogen fühlen kann?

Man könnte sagen, daß dies „nur" bildliche Ausdrücke sind. Diese Meinung entsteht auf den ersten Blick, sie ist selbstverständlich. Sie hängt aber zusammen mit jener Vorstellung von Materie, die sich in den letzten hundert Jahren entwickelt hat. Bei Goethe finden wir (in seiner „Naturwissenschaft") noch einen Rest früherer Einsichten, die jetzt als primitiv oder kindisch abgetan werden. Goethes Linie, via Alchimisten wie Paracelsus bis Pythagoras und seine Zeitgenossen, führt in eine Zeit zurück, in der über Materie ganz anders gedacht wurde, in eine Zeit, auf die wir wieder aufmerksam werden können, wenn wir die Frage „Was ist Materie?" im Sinne der obigen Betrachtung erneut stellen.

Wenn wir unter den „Eigenschaften der Materie" die „Eigenschaften ihres Wesens" verstehen und daran denken, daß dieses Wesen die Materie *verlassen* hat, wo wäre es dann zu suchen? Das kann nur in dem Gebiet sein, welches bereits etliche Male als die „schaffende Welt" bezeichnet wurde.

Wir sprechen im täglichen Leben von Himmel und Erde. In den Vorstellungen der modernen Physik, unzertrennlich verbunden mit einer materialistischen Weltanschauung, gelten – wo es auch sei – immer dieselben Gesetze, die auf Erden herrschen. Faktisch bedeutet dieses, daß es bis in die weitesten und entlegensten Winkel des Weltalls nur „Erde" gibt.

Das Wort Himmel ist ein Begriff, der abgetan ist. Aber Menschen, die wir doch nicht so ohne weiteres als wertlos bezeichnen können (einschließlich der großen Gelehrten aus dem Altertum wie Pythagoras), haben über die Sternenwelt völlig anders gedacht als über die Erde selber. Sie sahen darin die äußere Seite einer Welt von schaffenden Wesen. Wir begegnen der Anschauung noch in der traditionellen Astrologie: Konstellationen von Planeten und Sternbildern drücken im weitesten Sinne des Wortes das Zusammenwirken von Kräften aus, die sich in allem offenbaren, was sich auf Erden und in der Natur abspielt. Daß man mit dieser Vorstellung gegenwärtig in der Wissenschaft nichts mehr anfangen kann, ist allen bekannt. Ich zitiere dieses Beispiel nur, um zu zeigen, wie Reste von früheren Vorstellungen noch immer zu finden sind.

Um diese Betrachtung abzuschließen, muß ich noch einmal auf die Aussage, „Materie ist durch und durch Oberfläche" zurückkommen. Was „kann" eine Oberfläche? Spiegeln, nur spiegeln. Eine Oberfläche hat keine Dicke, eine Oberfläche ist nur Sichtbarkeit.

Eine spiegelnde Oberfläche gibt das Bild wieder, das vor ihr liegt. Wenn ich vor einem Spiegel stehe, so sehe ich mich selber hinter der Oberfläche stehen. Das ist nur Schein, ich stehe davor. Es wäre unsinnig, hinter den Spiegel zu schauen, ob ich dort zu finden wäre. Ich kann mir nur vorstellen, daß (sei es auch in völlig begreiflicher Weise) die Wissenschaft im Laufe der Jahrhunderte dazu gekommen ist, dieses Oberfläche-Sein völlig aus den Augen zu verlieren und dadurch den Materiebegriff entwickelte, der nun allgemein gebräuchlich ist. Im Sinne des eben Gesagten läuft das doch darauf hinaus, hinter der Oberfläche dasjenige zu suchen, was sich in Wirklichkeit davor befindet.

Dann wird begreiflich, daß man in der Atomstruktur das Bild der Planetensysteme wiederfindet. Die Formel der Materie heißt dann: *Materie ist die Spiegelung verborgener Eigenschaften geistiger Wesen.*

Wir kennen die Materie anfänglich nur in ihren Eigenschaften als Oberfläche-Sein, Sichtbar-Sein, Schwer-Sein. Sie können mit dem alltäglichen Begriff (nicht im wissenschaftlichen!) Materiell-konkret-Sein zusammengefaßt werden.

Dieses Konkrete ist aber gleichzeitig ein Endpunkt. Materie kann nicht noch mehr „Oberfläche" werden, nicht sichtbarer werden und vor allem *nicht schwerer werden!* Hier liegt der heikle Punkt der gegenwärtigen Forschungen nach dem Wesen der Materie. Man will weiter in die Atomstruktur vordringen und denkt das zu erreichen, indem man mit Gewalt die Materie „bombardiert", wobei man wiederum aufgrund von Formeln zu dem Begriff „schwerer machen" gekommen ist.

Auch hier muß ich sagen, daß man die – sei es auch einseitige – Intuition der modernen Forscher bewundern kann, die unter anderem den Begriff „schwerer machen" einführten, der uns jedoch gleichzeitig in die Lage versetzt, die Folgen zu vermuten. Der Begriff des hohen Atomgewichts beim Radium, die Ausdrücke „angereichertes Uranium, schwerer Wasserstoff, schweres Wasser" streben alle in eine Richtung, in der die Materie *ihre Grenze faktisch schon erreicht hat!*

Daß die Materie dann nicht länger Materie bleiben kann, ist zumindest anzunehmen. Was die Folgen sind, wenn die unvorstellbare Energie, welche die Materie zur „Materie" gemacht hat, jetzt plötzlich frei wird, ist bekannt. Daß man mit Kräften spielt, denen in unserer Zeit kein moralisches Gegengewicht gegenübersteht, kann man an all dem ablesen, was zur Zeit in der Welt geschieht.

Was jetzt? Wenn die Materie im wesentlichen nicht schwerer werden kann, ohne ihren gegenwärtigen Zustand aufzugeben, wo geht dann die Linie der menschlichen Evolution in der Zukunft hin?

Wieder zurück, wieder hoch, wie es im folgenden Schema verdeutlicht wird:

SCHEMA

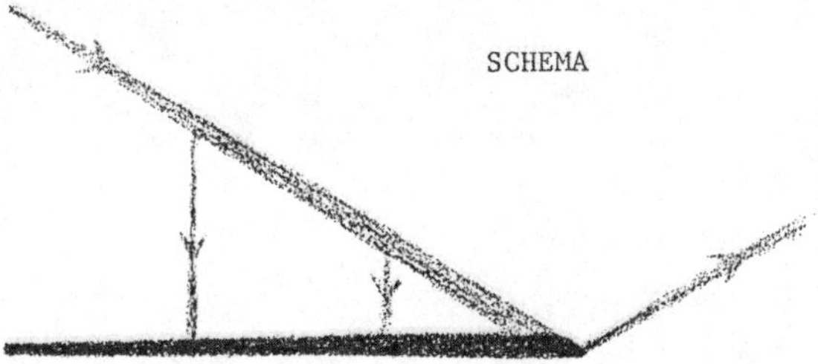

Das einzige, was hierüber gesagt werden kann, ist, daß die Naturreiche eins nach dem anderen, Stufe um Stufe aus ihrer „Verzauberung" erlöst werden müssen. Wenn eine Welt von schaffenden Wesen von ihrer Aufgabe, die sie fesselt, befreit wird, kann sie wieder in die Evolution aufgenommen werden.

Wie und wann soll das geschehen? Wer von uns könnte davon etwas wissen, wo doch deutlich wurde, daß diese Zukunft auch durch das moralische Verhalten des Menschen bestimmt werden muß? In einer äußerst kurz zusammengefaßten Vorausschau hat Rudolf Steiner etwas von den Möglichkeiten in der „Geheimwissenschaft im Umriß" angegeben.

Es wird darin angedeutet, daß zuerst das Mineralreich, also auch die Sichtbarkeit der übrigen Naturreiche, wieder verschwinden wird. Danach das Pflanzenreich und schließlich das Tierreich. Man muß sich sowohl das Pflanzen- wie das Tierreich in den folgenden Phasen also nicht mehr so denken, wie wir sie jetzt erleben! Jede hiermit angedeutete Stufe ist ein weiterer Schritt auf dem Weg der Evolution. Welche Rolle der Mensch darin spielen soll, welche Verantwortung er dabei trägt, das habe ich im dritten Teil beschrieben.

Diese zukünftigen Phasen sind also die Fortsetzung von dem, was vor der Erdenphase als Alter Saturn, Alte Sonne und Alter Mond beschrieben wurde. Die Namen der späteren Phasen sind: die Jupiter-, die Venus- und die Vulkanphase. Man darf bei diesen Namen allerdings keine direkte Beziehung zu den gleichnamigen Planeten sehen. Die Grundlage, auf der diese Phasen basieren, sind in diesem Buch, soweit wie möglich, zumindest denk-bar dargestellt worden.

Die Evolution hat sich hauptsächlich in einer Welt vollzogen, die, obwohl bereits materiell, noch nicht für unsere heutigen Sinnesorgane sichtbar gewesen sein kann. In Wärme, Luft und Wasser kann von einer Sichtbarkeit im gewöhnlichen Sinne des Wortes nicht gesprochen werden. Ich kann einen Zukkerwürfel unsichtbar machen, indem er sich im Wasser auflöst. Erst wenn er auskristallisiert, wird er wieder sichtbar.

Hier liegt die Möglichkeit, den Gegensatz zwischen Kreationisten und Evolutionisten in anderem Licht zu sehen. Wir entdeckten durch das Vorhergehende die Möglichkeit zu sagen: Die Erde wurde erst während ihrer letzten Phase sichtbar.

Am Anfang der gemeinten (vierten) Erdenphase wurden die früheren Zustände des Alten Saturn, der Alten Sonne und des Alten Mondes noch einmal wiederholt; in der Polaren, Hyperboräischen und Lemurischen Zeit. In der darauffolgenden Periode, der Atlantischen Zeit, wurde die Erde fest. Erst von da an konnten Geschehnisse, die sich auf ihr abspielten, sichtbare Spuren hinterlassen, auf die wir mit unseren heutigen Sinnesorganen und dem auf sie gegründeten Unterscheidungsvermögen angewiesen sind.

Wenn die Kreationisten sagen, die Erde bestünde erst seit siebentausend oder achttausend Jahren, kann das damit zusammenhängen, daß sie erst von da an sichtbar wurde.

Demgegenüber sprechen die Evolutionisten von einer Evolution, die sich in einer unendlich viel größeren Zeitspanne abgespielt hat. Würde man hinzufügen: anfänglich jedoch noch nicht in einer Sichtbarkeit, brauchte man seinem logischen Denken keine Gewalt anzutun. Die Vorstellungen, die die Evolutionisten über das „Wie“ der Evolution entwickelt haben, werden in diesem Buch verworfen. Die Tatsache, daß sie diese Evolution als eine unwiderrufliche Wirklichkeit von den sichtbaren Tatsachen ablesen, kann nicht hoch genug bewertet werden. Auch hier finden wir eine Synthese zwischen den Gedanken der Kreationisten und der Evolutionisten.

XVI. Die zwölf Tiergruppen, Schöpfung und Phantasie in der Natur

Abgesehen von der Anzahl der Gruppen, in die man das Tierreich einteilt, möchte ich die Frage beleuchten, warum es verschiedene Gruppen gibt. Es wurde schon gesagt, daß diese Unterteilungen nicht von allen Forschern in gleicher Weise gemacht werden; wohl die Wirbeltiere betreffend, aber nicht im Hinblick auf die Wirbellosen.

Wenn wir uns auf die Wirbeltiere beschränken, so haben wir es mit dem Problem zu tun, womit die Kreationisten die Evolutionisten konfrontieren: Warum gibt es zwischen verschiedenen Tierarten solche Klüfte?

Teilhard de Chardin hat als Evolutionist diese Frage meines Erachtens in einer begreiflichen Weise beantwortet, indem er sagte, daß dazwischenliegende Tierarten ausgestorben sind, weil sie keine Lebensfähigkeit hatten oder, wenn man so will, den Kampf ums Dasein nicht durchhalten konnten. Wir dürfen jedoch nicht vergessen, daß er dabei davon ausging, daß die Evolution sich bis zu einer bestimmten Höhe so vollzogen hatte, wie es sich die Evolutionisten vorstellen. Wenn wir damit nicht einverstanden sind, wie es in diesem Buche angedeutet wurde, muß eine Antwort auf die Frage gegeben werden, weshalb denn das Schaffen des Tierreichs zur Entstehung der angedeuteten Gruppen geführt hat. Diese Frage ist meines Erachtens nicht aus dem Tierreich selber heraus zu beantworten.

Da wir es mit Tätigkeiten einer schaffenden Welt zu tun haben, kommen wir höchstens beim Überblicken der Gesamtentwicklung zu der Einsicht, daß z. B. in der planetaren Evolution der Erde, wie sie in der „Geheimwissenschaft im Umriß" beschrieben wird, ein Bild erscheint, das wir in den aufeinanderfolgenden Erscheinungen der Naturreiche wiederfinden können. Es wird in dieser kurzen Beschreibung der kosmischen Evolution von Rhythmen gesprochen.

Wenn ich den Satz nochmals wiederholen darf: Das Tierreich ist die Verkörperung eines Überschusses an Begierden, die sonst des Menschen Menschwerdung behindert hätten. Das bedeutet: Wenn wir an die Tiergruppen denken, müßten wir uns vorstellen, daß auch dieses Geschehen in Rhythmen stattfand. Auch die Einteilung in Wärme-, Luft-, Wasser- und Erdentiere weist darauf hin.

Auf weitere Feinheiten einzugehen, würde bedeuten, eine viel größere Anzahl von Zwischenphasen der menschlichen Evolution behandeln zu müssen. Das sollte immer so gehandhabt werden, daß man sich auf der einen Seite an den Mitteilungen aus der Geisteswissenschaft orientiert und auf der anderen Seite diese Mitteilungen als Ausgangspunkt betrachtet, wodurch man, wenn möglich, auf damit zusammenhängende, für uns kontrollierbare Phänomene in der Erdenentwicklung kommen kann. Das ist aber nicht die Absicht dieses Buches. Es ging nur darum, den Evolutionsgedanken als solchen in einem neuen Licht zu sehen.

Wenn ein Gegenstand so besprochen wird, daß er von verschiedenen Seiten beleuchtet wird, kann er einen ganz anderen Charakter bekommen, als ursprünglich erwartet wurde. Auf den letzten Seiten wurde vom Verhältnis der schaffenden zur geschaffenen Welt gesprochen. Hieran anknüpfend möchte ich noch etwas zu dem Problem der Entstehung der Tierarten hinzufügen in Verbindung mit der Tatsache, daß wir es mit einer Abzweigung vom werdenden Menschenwesen zu tun haben.

Im Schema auf S. 191 finden wir vertikale Linien, die von einem bestimmten Punkt an die Entwicklung prähistorischer Tierformen zu historischen Tierformen andeuten. Es blieb immer eine unbesetzte Strecke vorhanden, von den Punkten a', b', c' aufwärts bis zur Linie der menschlichen Evolution. Die Ereignisse in diesem Gebiet spielten sich immer in „Substantialitäten" ab, die sie niemals in die Lage versetzten, Spuren in späteren und dichteren Perioden zu hinterlassen. Kann man sich vorstellen, wie aus dieser „unbeschreiblichen" Anlage der Tierformen die vielen gegenwärtigen und sichtbaren Formen zustande gekommen sind?

Hier werden wir wieder an die moderne Evolutionslehre

erinnert, die davon ausgeht, daß die Formen in der Natur durch äußere Einflüsse entstanden sind, z. B. durch den Daseinskampf, die natürliche Zuchtwahl und die Anpassung an die Umgebung. Mit diesem Gedankengang versuchten unzählige Forscher die vielen Formen in der Natur „begreiflich" zu machen. Auf diese Problematik brauche ich jetzt nicht mehr zurückzukommen. Ich möchte nur eine bestimmte Erfahrung erwähnen, die mich das Ganze in einem total anderen Licht sehen ließ und von der ich das Gefühl habe, daß es an dieser Stelle der Mühe wert ist, sie zu erwähnen.

Vor Jahren sah ich einen Trickfilm, in dem verschiedene Fische desselben Typus, aber mit einer verschiedenen Fleckenanzahl herumschwammen. Einige hatten viele Flecken, einige nur wenige, und andere hatten gar keine. Plötzlich kam ein Raubfisch. Er fraß zuerst die Fische mit vielen Flecken auf, weil sie ihm am meisten auffielen: So wurde im Film gesagt. Dann kamen die Fische mit weniger Flecken dran. Die Folge war schließlich, daß nur die Fische ohne Flecken sich fortpflanzen konnten, somit nur diese Art übrigblieb. Sie hatten den Kampf ums Dasein gewonnen. Das sollte als ein Beispiel von natürlicher Zuchtwahl angesehen werden. Durch Gesetze, die in der Natur herrschen, können bestimmte Formen sich erhalten und andere müssen verschwinden. Man kann empfinden, daß der „Kampf ums Dasein" und die natürliche Zuchtwahl fließend ineinander übergehen. Dasselbe gilt für die Anpassung an die Umgebung.

Nehmen wir nun letzteres als Ausgangspunkt, so können wir sagen: Die Entstehung der Fische ohne Flecken ist ein Beispiel der Anpassung einer Art an die gegebenen Umstände. Damit sieht man aber das Problem nur vom Standpunkt dieser Fische aus. Muß man nicht auch einmal vom Haifisch ausgehen, der sich ebenso anpassen wird und der vielleicht dazu kommt, auch die fleckenlosen Fische zu bemerken?

Und was noch mindestens ebensowichtig ist: Woher kommen der Hai und die Fische? Wovon hat der Hai vorher gelebt? Wenn der Hai von Anfang an nur die gefleckten Typen gefressen hat, wie haben sie sich dann trotzdem fortgepflanzt? Eine

Menge Fragen, die in der Feststellung kulminieren: Die Fische müssen weiterleben, sonst kann der Hai nicht weiterleben.

Es ist allgemein bekannt, daß man in der Biologie von einem ökologischen Gleichgewicht spricht. Es ist sicher ein gültiges Prinzip, doch die Anzahl der Faktoren, welche bei seinem Zustandekommen eine Rolle spielen, ist größer, als man allgemein denkt. Diese Faktoren können jedoch nur an bereits bestehenden Formen abgelesen werden, zwischen denen das ökologische Gleichgewicht schon besteht.

Obwohl der Film nur eine Erfindung war, wofür es nicht viel an Phantasie bedurfte, mußte ich doch daran zurückdenken, als ich wieder einmal im Zoologischen Garten in Stuttgart im Gebäude mit dem Aquarium stand, das eine seltene Sammlung tropischer Fische beherbergt. Man sieht die verschiedensten grellen Farben, die verschiedensten seltsamsten Formen: Schwanz, Kopf, Maul, alles überraschend, alles verschieden und fast alles auffallend. Da eine große Anzahl Fische im selben, relativ kleinen Gebiet des Ozeans lebt, mußte ich wieder an die Versuche der Menschen denken, die diese verschiedenen Formen mit den soeben genannten Gesetzen zu erklären versuchen. Die Tatsache, daß so viele Arten zusammen an einem Platz leben, paßt natürlich nicht mit dem Gedanken zusammen, daß sie z. B. alle durch eine Anpassung an die Umgebung entstanden sind, wo diese Umgebung für diese große Verschiedenheit der Formen doch faktisch dieselbe ist.

Ich fand keinen einzigen Gesichtspunkt, der auch nur einigermaßen eine befriedigende Erklärung dafür geben konnte, daß die eine Form günstiger dastand als die andere, wo doch beide ruhig nebeneinander existierten. Ich ließ den ganzen Gedankengang fallen und begnügte mich damit, diese wunderschöne Welt zu genießen. Die Formen waren wirklich unbeschreiblich und einmalig „phantastisch".

Phantastisch, das war es! Plötzlich fühlte ich, daß ich auf der Spur eines total neuen Gedankens war. Den Ursprung dieser Formen finden wir vielleicht, wenn wir das Wort „phantastisch" einmal ernst nehmen. Phantastisch kommt von Phantasie. Wenn man nun von der Tatsache durchdrungen ist, daß alles in der Natur durch schaffende Wesen entstanden ist und man an das Wort Phantasie denkt, entsteht unwillkürlich die Frage: Gibt es in der schaffenden Welt auch so etwas wie Phantasie? Darf man einen solchen Begriff hier einführen? Bedeutet dies nicht die Einführung einer anthropomorphen Denkvorstellung vom Schöpfungsgeschehen?

Gleichzeitig drängte sich mir ein völlig anderer Gedanke auf. Am Anfang dieses Buches wird vom Menschen als einem schaffenden Wesen gesprochen, und es wird in der Besprechung über die Naturreiche gesagt, daß die schaffende Welt als „Geist" *durch* den Menschen erscheint, d. h. daß der Mensch ein schaffendes Wesen auf Erden ist. Nun kennt der Mensch aus eigener Erfahrung den soeben genannten Begriff der „Phantasie", in bezug auf seine Fähigkeit zu schaffen. Könnten wir uns nicht vorstellen, daß dieses menschliche und künstlerische Schaffen eine Fortsetzung des Schaffenden im Kosmos ist? Wenn der Mensch über schöpferische Phantasie verfügt, sollte man diese nicht auch der ursprünglichen, schaffenden Welt zuerkennen? Wir könnten dann die Aussage eines Paul Klee begreifen, daß die Kunst über die Natur hinausgeht. Das ist kein Hochmut. Es ist ein mehr oder weniger deutliches Bewußtsein von der Tatsache, daß die schaffende Phantasiekraft in den Naturformen zu einem bestimmten Ruhepunkt gekommen ist.

Es können in der Natur keine *wesentlich* neuen Formen mehr entstehen! In der Kunst aber ist das wohl der Fall. Kunst wäre dann eine Offenbarung von der Fortsetzung der göttlichen Evolution auf Erden. Dadurch ist der Mensch dann auch in der Lage, die Schöpfung als „göttliches Kunstwerk" zu erkennen.

Wenn wir diesen Gedankengang neben den Gedankengang der wissenschaftlich-rationellen Erklärungen der modernen Evolutionslehre stellen, kann das vielen unter uns die Empfindung geben, plötzlich von Fesseln befreit zu sein. Diese Befreiung versetzt uns in die Lage, ein völlig neues Verhältnis zur Natur zu entwickeln. Freilich wird man hier wieder erneut „gefesselt", aber nur durch die Geburt von unbekannten und neuen Gefühlen in unserer Seele, frei von jeglichem Dogma!

Die Vorstellung, daß man in der schaffenden Welt von Phantasie sprechen kann, beruht dann nicht auf der Tatsache, daß man das Göttliche anthropomorph anschaut, sondern darauf, daß man den Menschen als „theomorph“ erkennt.

Schlußwort

„BITTE ... ZEICHNE MIR EIN SCHAF ...“

Die Bedeutung unseres Lebens auf Erden

Zum Schluß möchte ich versuchen, eine bestimme Seite der menschlichen Evolution in einer noch anderen Weise zu beleuchten.

Der Mensch ist das *einzige* Wesen auf Erden mit einem Selbstbewußtsein. Er kann nicht nur die Naturreiche und die anderen Menschen, sondern auch sich selber kennenlernen. Auch sein eigenes Seelenleben kann Objekt seiner Wahrnehmung sein. Man spricht dann von Selbsterkenntnis. Der geheimnisvolle Punkt im Innern des Menschen, der er in Wirklichkeit selber ist und der der Welt der Erscheinungen gegenübersteht, wird dabei oft nicht beachtet. Dieser Punkt deutet auf ein Unteilbares im Menschen, das wir mit Individualität bezeichnen.

Die Lage des Individuums, des „Ich" – wie ich diesen Punkt nennen will –, hat sich im Laufe der Zeiten gründlich verändert. Vor Jahrhunderten war der Mensch noch völlig verbunden mit der geistigen Welt, die eine direkte Erfahrung für ihn bedeutete. *Wie* diese Erfahrung möglich war, über welche Wahrnehmungsorgane der Mensch verfügte, gehört zum Inhalt der Geisteswissenschaft. In den Zeiten, in denen der Mensch die schaffende Welt noch bewußt in seiner Umgebung erlebte, *erlitt* er in seinem Bewußtsein diese Welt. Mit unserer jetzigen Wahrnehmung ist eine neue Situation eingetreten. Wir stehen unserer Umgebung *gegenüber.* Das bietet uns eine einmalige Möglichkeit: Wir können dadurch die schaffende Welt in ihrer Schöpfung selber *kennenlernen.*

Das Kennenlernen dieser Schöpfung bedeutet, traditionell ausgedrückt, das Kennenlernen des „Göttlichen". Daß dieses nur den Menschen beschieden ist, hat Pico della Mirandola (1463–1494) in seinem Buch „Über die Würde des Menschen" mit den Worten ausgedrückt: *„Gott hat den Menschen geschaffen, auf daß dieser Ihn sehen und lieben kann."* Er deutete damit auf die eben genannte Ausnahmestellung des menschlichen Wesens hin. Daß Pico della Mirandola mit dieser Bemerkung gleichzeitig auf des Menschen Verantwortung hinwies, ist selbstverständlich. Über die Wirklichkeit dieser Verantwortung wurde schon oft gesprochen. Sie soll hier nur in Verbindung mit der *Liebe* zur Schöpfung noch einmal erwähnt werden.

Sobald der Mensch in der sinnlich wahrnehmbaren Welt die schaffende Welt wiedererkennen lernt, ist er wieder auf dem „Rückweg". Er kommt aber nicht mit leeren Händen „nach Hause". Er bringt das sinnliche Bild mit. Das bedeutet, daß er jetzt in der Lage ist, die schaffende Welt nicht nur zu erleiden, sondern auch in ihr unterscheiden zu können. Die Unterscheidungsfähigkeit konnte er sich jedoch nur in der *geschaffenen* Welt „erwerben". Die einfache Bemerkung von Pico della Mirandola bedeutet gleichzeitig, daß dieses „gesehen werden können" für die schaffende Welt eine Bedeutung haben muß.

Meines Erachtens ist das, was ich soeben zu verdeutlichen suchte, in dem ersten Satz zusammenzufassen, den der „Kleine Prinz" zu Antoine de Saint-Exupéry spricht: „Bitte ... zeichne mir ein Schaf ..."

Warum äußert der Kleine Prinz diese Bitte? Weil er nicht weiß, wie ein Schaf aussieht. Er kennt es jedoch.

Man darf sagen: Einst kannte die Menschheit die geistige Welt. Sie wußte aber nicht, wie sie aussah. Wir in unserer Abgetrenntheit wissen nur, wie sie aussieht. Wir kennen sie aber nicht mehr. Wir verneinen sie sogar. Es ist äußerst interessant, wie dieses „lernen, wie ein Schaf aussieht" in der Geschichte vor sich geht: Saint-Exupéry versucht zweimal ein Schaf zu zeichnen. Der Kleine Prinz findet, daß es krank aussieht oder Hörner hat wie ein Widder! Zum drittenmal bemüht er sich, aber auch dieses wird nicht angenommen. Es ist zu alt. Der Kleine Prinz will ein Schaf, das lange lebt. Saint-Exupéry hat dann keine Zeit und Geduld mehr. Er zeichnet eine Kiste mit ein paar Luftlöchern und sagt: „Das Schaf, das du willst, steckt da drin."

Das nun folgende möche ich als den Höhepunkt des Buches bezeichnen. Der Kleine Prinz schaut durch die gezeichneten Löcher und sagt mit strahlendem Gesicht: „Das ist ganz so, wie ich es mir gewünscht habe." Wie fein diese Kleine Geschichte komponiert ist, fühlt man unmittelbar, wenn man sich bewußt wird, daß, wenn Saint-Exupéry gleich am Anfang diese Kiste mit Löchern gezeichnet hätte, der Kleine Prinz gar nichts davon gehabt hätte und entschieden nicht zufrieden gewesen wäre. Zuerst muß er wissen, wie ein Schaf aussieht. Ist es nicht bezeichnend, daß er selber in der Lage ist zu beurteilen, ob die Zeichnung gut ist?

Auch wir müssen lernen, die Welt gut zu sehen. Wer die gegenwärtige Wissenschaft kennt, der weiß, daß sie auf einem gefährlichen Weg ist. Mit Lupe, Mikroskop und Elektronenmikroskop versucht man, die Wirklichkeit zu entdecken. Was man dabei aus dem Auge verliert, ist das Totale, der Ausgangspunkt, die Außenseite des Schaffenden. Daß man zuletzt bei einer Quantität eigenschaftsloser Elementarteilchen angekommen ist, braucht uns nicht zu verwundern. Es ist die Folge davon, daß durch die technischen Möglichkeiten unsere Sinnesorgane so „verlängert" wurden, daß man zwar in geistige Bereiche vorstößt, aber meint, diese mit den, wenn auch „verlängerten", Sinnenswerkzeugen durchschauen und denken zu können. Hier werden die Grenzen der Naturwissenschaft und Technik sichtbar und die Notwendigkeit der Geisteswissenschaft deutlich, um das Rätsel der Schöpfung zu entdecken.

Die Geisteswissenschaft führt uns zurück zum Ursprung, bereichert mit dem, was in der Zeit des Abgetrenntseins von der schaffenden Welt gewonnen wurde. Eigentlich bedeutet das eine Auferstehung.

Literatur

E. Blechschmidt, „*Sein und Werden*“, Stuttgart 1982
„*Wie beginnt das menschliche Leben?*“, Aschaffenburg 1976
Prof. Dr. L. Bolk, „*Gehirn und Kultur*“, Amsterdam o. J.
Ronald Fischer, „*The genetical theory of natural selection*“, Dover Publication 1958
Ds. W. J. J. Glashouwer (Hrsg.), „*Die Entstehung der Welt*“, Hilversum 1980
Johann Wolfgang von Goethe, „*Natürliche Verwandtschaft*“, Utrecht/Antwerpen 1979
Stephen Gould, „*Ontogeny and phylogeny*“, Cambridge, Mass./London 1980
Prof. Dr. H. J. Jordan, „*Die kausale Erklärung des Lebens*“, Amsterdam 1940
Prof. Dr. B. C. J. Lievegoed, „*Der menschliche Lebenslauf*“, Rotterdam, 1983
„*Entwicklungsphasen des Kindes*“, Stuttgart 1986
Macbeth, „*Darwin retried*“, Boston 1971
M. Maeterlinck, „*Das Leben der Bienen*“
„*Das Leben der Ameisen*“
Dr. med. L. F. C. Mees, „*Der bekleidete Engel*“, Stuttgart 1978
„*Krankheit als Segen, Heilung als Aufgabe*“, Zeist 1985
„*Helena und Penelope*“, Stuttgart 1984
„*Lebende Metalle*“, Stuttgart 1977
Pico della Mirándola, „*Über die Würde des Menschen*“, Basel 1557
Desmond Morris, „*Der nackte Affe*“, Utrecht/Aartselaar 1980
Pierers Lexikon, Teil 6
Dr. Hermann Poppelbaum, „*Mensch und Tier*“, Dornach 1975
A. Portmann, „*Zoologie und das neue Bild des Menschen*“, Hamburg 1956
Antoine de Saint-Exupéry, „*Der Kleine Prinz*“, Rotterdam 1951
Jean-Paul Sartre, „*Die Wege der Freiheit*“, Amsterdam 1948
Dr. Rudolf Steiner, „*Die Philosphie der Freiheit*“, Dornach 1973
„*Landwirtschaftlicher Kurs*“, Dornach 1975
„*Wie erlangt man Erkenntnisse der höheren Welten?*“, Dornach 1982
„*Theosophie*“, Dornach 1978
„*Wahrnehmen und denken*“, Zeist 1984
„*Wahrheit und Wissenschaft*“, Dornach 1980
„*Die Geheimwissenschaft im Umriß*“, Dornach 1977
Erwin Strauss, „*Vom Sinn der Sinne*“, Berlin 1935

Peter Tompkins und Christopher Bird, „*Das geheime Leben der Pflanze*", Leiden 1976
Dr. med. H. S. Verbrugh, „*Paradigmata*", Haarlem 1978
Sewall Wright, „*Physiological genetics, ecology of populations and natural selection*", 1960, Teil 1
Morris West, „*In den Schuhen des Fischers*", Utrecht/Aartselaar 1979

Von demselben Autor sind im Mellinger Verlag bereits erschienen:

Rauschmittel, warum
84 Seiten, 11 Abbildungen auf Kunstdruckpapier, kartoniert,
ISBN 3-88069-106-1

Lebende Metalle
Verwandtschaft zwischen Mensch und Metall
2. Auflage, 88 Seiten, kartoniert, ISBN 3-88069-176-2

Der bekleidete Engel
Auf der Suche nach dem Kleinen Prinzen
2. Auflage, 72 Seiten, kartoniert, ISBN 3-88069-193-2

Eine weitere Themenauswahl:

Liane Keller
Mythos der Sterne
120 Seiten, 4 Abbildungen, kartoniert, ISBN 3-88069-189-4

Irma von Lorenz
Sternenrhythmen in der Geschichte
200 Seiten, gebunden, ISBN 3-88069-029-4

Helmut Knauer
Erdenwelt und Sternenwirken
Beiträge zur Erkenntnis des Erdorganismus und der Planetenwelt
128 Seiten, 11 Abbildungen, gebunden mit Schutzumschlag,
ISBN 3-88069-174-6

Anna-Margret Derbe
Gestaltwandel im Geschichtswerden
Julian Apostata – Herzeleide – Tycho de Brahe
144 Seiten, 1 Karte, kartoniert, ISBN 3-88069-009-X

J. Ch. Mellinger Verlag, Stuttgart